知与行：
社会工作实务案例建设与应用

周冬霞 著

WUHAN UNIVERSITY PRESS
武汉大学出版社

图书在版编目(CIP)数据

知与行:社会工作实务案例建设与应用/周冬霞著.—武汉:武汉大学出版社,2021.7

ISBN 978-7-307-22111-6

Ⅰ.知…　Ⅱ.周…　Ⅲ.社会工作—研究—中国　Ⅳ.D632

中国版本图书馆 CIP 数据核字(2020)第 273245 号

责任编辑:聂勇军　　　责任校对:汪欣怡　　　版式设计:马　佳

出版发行:**武汉大学出版社**　(430072　武昌　珞珈山)

(电子邮箱:cbs22@whu.edu.cn　网址:www.wdp.com.cn)

印刷:武汉中科兴业印务有限公司

开本:720×1000　1/16　印张:15.75　字数:315 千字　插页:2

版次:2021 年 7 月第 1 版　　2021 年 7 月第 1 次印刷

ISBN 978-7-307-22111-6　　定价:48.00 元

前　言

目前，关于社会工作案例库建设的重要性和必要性已经在教育界和实务领域达成共识。我国社会工作教育因其学科性质及产生较晚，在案例库建设领域的研究尚处于起步阶段。作为一门新兴学科，社会工作专业领域已开始了案例教学方法及案例库建设的相关探索，呈现了部分优秀案例成果，这些为本书的撰写提供了基本框架，给予案例应用以重要启发。

本书案例库建设的思路是：以我校社会工作专业硕士(MSW)学位点为平台，以高级社会工作实务、社会工作伦理、社会工作理论等课程为载体开展。首先以实践导向的高级社会工作实务课程为切入点，探索案例教学与案例库建设，再逐步推广至其他适合采用案例教学法的课程，并邀请具有丰富实务经验的校外合作导师及机构督导人员参与案例教学及案例编写。我们以案例教学课题研究的形式，与企业或社工机构合作，开发教学案例，建设案例库。同时，实现案例资源共享机制。在本校教学团队、校企(机构)之间，乃至不同高校相关专业之间实现资源共享。基本建成一个分类齐全、质量优秀、数量众多且形式多样、适用性较强的社会工作专业案例库。

本书案例素材的来源既有课堂原创，也有实务界的典型案例。以统一的案例结构辑于一书，其目的有二：一是将案例与教学相融合，以教学丰富案例的血与肉，以案例彰显教学的灵与魂，使学生在案例教学中获得有别于其他学科的沉浸式参与体验。二是将知识与行动相统一，使知识成为专业实践的基石，用行动践行知识与专业使命，将本书命名为《知与行：社会工作实务案例建设与应用》用意即在此。

历时三年，本书即将付梓，回顾成书过程还是有很多感慨之处和感激之人。本书在撰写过程中，得到了中南财经政法大学哲学院、武汉市慈善总会、武汉市文澜社会工作服务中心的大力支持，特别要感谢为本书提供案例素材的社工界同仁，如《社区照顾模式下 3 岁以下婴幼儿托育的社会工作介入》案例的何艺；《希望之光：医疗权益维护的个案社会工作危机介入》案例的东莞市光正实验学校资深心理教师张萍；《历史加工模式下困境儿童的自我认知与情绪管理》案例的武汉科技大学社会工作系教师宁雯雯；《城市穿梭的精灵：外卖配送员城市融入项目》案例的江岸区卓然社会工作服务中心的汪洋，以及《青春健康俱乐部：流动青少年社会工作服务项目》《“勿忘我”：精神障碍残疾人社区康复计划》案例的武汉爱熙社会工作服务中心的张可可、郑伟、张浩。另外，也要感谢中南财经政法大学社会学系历届社工学生们，他们在课堂上与我进行思维火花的碰撞，激发了我潜心案例研发的决心和动力。

未来，社会工作案例库建设仍需在案例来源与筛选、案例编写与开发、案例库管理与维护、案例信息化水平与教学融合等方面进一步予以提升与加强。

周冬霞

2021 年 7 月于中南财经政法大学文沛楼

目　　录

社区照顾模式下3岁以下婴幼儿托育的社会工作介入

一、案例背景

（一）社区托育的社会背景

伴随着育儿成本高、照料负担过重，我国许多双职工家庭陷入了工作与育儿两难的困境。近年来，托育行业受到的关注越来越大，年轻的育龄夫妻对托育的接受度也越来越高，托育行业在我国有广大的需求和市场，托育服务对于婴幼儿无人照看的双职工家庭来说，在平衡家庭与工作上起到了关键作用。然而就目前的形式看，托育中心数量有限，服务标准及收费标准不一，且服务质量良莠不齐，托育难的问题并没有得到根除。对于职场女性来说，生育问题还是职业发展道路的一大挑战，婴幼儿照料问题一定程度上降低了女性的生育意愿。从普惠性的角度看，发挥社会工作者（书中有时也简称“社工”“工作者”等）的专业力量，发展政府支持、社工指引的社区托育服务，对于减轻育龄夫妻的生活压力、呵护婴幼儿的成长和健康发展乃至提升社会生育意愿，促进社会和谐发展都具有重要的积极意义。

（二）社区及服务对象基本情况

A社区为某科技园附近的新型城市社区，辖区内共有8个小区，户籍登记人口1213人，常住人口1618人；社区人口较为年轻化，居民受教育程度高；社区内环境优美，且背靠公园，周边的商圈和学校等社会资源丰富。社工入驻社区后，观察到社区老年人带娃的现象十分普遍，经过多次走访和调查，社工发现社区内有不少的学龄前儿童，其中1~3岁的婴幼儿有28人。由于父母工作原因，这些婴幼儿多由祖父母照看，上一代的帮助为新生代父母解了燃眉之急，但隔代养育带来的弊端也十分突出。老年人知识储备较为陈旧，学习新事物、接受新观念的能力差，往往凭借过去经验照看婴幼儿，与现代科学育儿观念出入较大，婴幼儿现代化的养育需求得不到满足，社区有托育需求的家庭不在少数。社工了解到这一情况后，以社区现有资源为基础，在得到政府惠民资金的支持后，联合社会力量，在社区内部开展了本土托育服务，旨在解决社区 1~3 岁婴幼儿托育问题，缓解社区育儿压力，呵护儿童成长，促进婴幼儿健康发展。

二、问题诊断与资源分析

(一)问题诊断

通过前期的实地调查和家庭访谈，社工发现该社区有极大的婴幼儿托育需求。个别家庭由于工作和育儿的冲突，夫妻中的一人中断了职业生涯，其他家庭即使有上一代的帮助，老一代人对现代育儿理念的认知不足，也使得婴幼儿获得基本生活照料及成长需要不能得到完全满足。社工将为婴幼儿提供专业科学的照料作为目前的中心工作。

(二)本土资源分析

(1)群众基础好。社区居民对托育接受度高，前期就是否支持社区开展托育服务的居民意愿调查数据表示，87.05%的居民表示支持社区开展托育服务。

(2)在以往的项目中，组建过社区环保小组志愿队，社区已有包括积分兑换的本土志愿服务经验，居民社区服务参与意愿较高，有望组建一支互助托育志愿服务队伍。53.85%的居民表示愿意为社区托育服务做力所能及的事情，大部分家长表示愿意在闲暇时间参与互助托育，减轻其他家长负担。

(3)社区硬件优良，有可利用的室内空间作为托育中心；社区基础设施完备，有优良室外活动空间。

(三)外部资源分析

社工的服务方案获得了政府部门的认可，获得了政府购买社工服务的资金支持；社区周边有多所学校，有望与学校通力合作，将学校的知识资源、人才资源引入社区，为社区注入新鲜血液；社区临近大型医院，医护人员能为家长普及婴幼儿护理保健知识；社区附近有两所托幼机构，可作为正式支持机构引入社区。

三、服务目标和介入策略

(一)服务目标

1. 总体目标

探索社工介入的社区普惠性托育模式，总结一套具有借鉴意义的社区托育服务经验；促进我国普惠性托育服务的发展进步，弥补当前托育服务供给不足的现状；保障婴幼儿的基本权益，呵护婴幼儿健康成长。

2. 具体目标

从软硬件上适当改造社区可利用室内场地，建成育儿中心；动员社区志愿者力量，为育儿中心的运行提供人员保障；链接专业的社会资源，为家长提供科学的育儿指导；为婴幼儿家庭提供喘息式的托育服务，兼顾婴幼儿“托”和“育”的双重需要。

(二)介入策略

社工立足于社区照顾模式，动员社区资源，运用非正式支持网络，联合正规服务，基于普惠性原则介入了本次服务，在一年的项目期内让有照顾需要的婴幼儿能在社区内获得专业照料。社工将服务的普惠性、服务的专业性和服务的安全性作为本次服务的指导标准。

(1)服务的普惠性

社区托育项目的活动资金来源于政府财政的支持，在社工和社区的共同努力下，政府设立了定向的惠民资金帮扶社区育儿项目，减轻社区家长的育儿经济负担。社区的托育中心也不以盈利为目的，社区托育服务高质低价。

(2)服务的专业性

社工通过有偿的方式，在社区中引入了取得专业资质的育儿师，为婴幼儿提供专业的育儿服务；发掘社区周边可利用的社会资本，联合高校资源，邀请相关的专家学者为居民宣讲育儿知识，提升社区居民的亲职教育能力。

(3)服务的安全性

婴幼儿的安全是服务中最为重要的问题。由于婴幼儿年龄小，自我保护能力差，服务的各个环节社工都将婴幼儿的安全置于首位。

四、介入过程

(一)前期准备阶段

打造社区托育中心。在严格遵守国家对于托儿所建筑设计规范要求的同时，还引入了专业的社会组织对场地进行设计，对场地做了安全防护、功能设计和空间处理，兼顾育儿中心的安全性与美观性。

扩大宣传，吸纳服务对象。前期的调查已经积累了一定的服务对象，社工再利用社区网格群，借助社区工作者的力量在社区加大宣传，吸纳潜在的服务对象。

链接资源，吸引社会资源，引入专业服务。通过有偿的方式，邀请相关的专家学者普及知识，引入托育专业人才提供服务。

组建一支志愿服务队伍，吸纳家长和其他有能力的居民参与托育服务之中，与托育师的专业服务形成互补。

(二)项目运行阶段

项目运行后接收了25名婴幼儿，托育费用按照当地标准每月收取2000元，为了真正做到普惠性，低保家庭、低收入家庭经过考察确认后可以获得优惠和减免。除了基础的照料外，托育中心还提供餐食服务，社区与周边的餐厅合作，餐厅以每顿饭四元的标准为婴幼儿提供符合婴幼儿饮食标准的早餐，以五元的标准为婴幼儿提供午餐，婴幼儿父母可以自愿选择。由于年龄小，部分婴幼儿不会自己进餐，托育中心的志愿者会辅助婴幼儿进食。

在具体的服务层面，社工结合社区照顾模式的服务特点，从社区层面和家庭层面两个层次着手，设计了“2+1”的托育方案，在社区层面，以婴幼儿照看与婴幼儿教育为中心；在家庭层面，以家长育儿指导为中心，兼顾婴幼儿的需要与家长的需求。

1. 社区层面

在前期积分兑换的基础上，社工将服务时长与托育优惠相挂钩，吸引有托育能力的居民和家长加入托育志愿服务之中，扩充服务队伍。确定加入托育服务的志愿者以不定期的方式，选择自己的空闲时间参与服务，负责照看婴幼儿的午饭和午休，在户外活动中维持秩序以保护婴幼儿的安全。志愿服务达到120个工时后，可以减免家长10%的托育费用(不包括餐食费和其他杂费)。

除了社区内的志愿服务队伍，社区与幼师专业的学生志愿者团队签署了长期合作协议，社区为学生提供实习机会，学生为社区提供专业服务，最终组成了执证幼师+幼师专业学生志愿者+社区志愿者的服务团队。团队中的婴幼儿照看工作主要由社区志愿者负责，专业的执证幼师负责婴幼儿教育工作，幼师专业的学生志愿者在其间起协调配合作用。

一日活动安排表

上午(9:00—11：30)		下午(2:00—4：30)	
教学活动	主题活动	语言学习	户外活动
健康知识：如何洗小手	音乐：《数星星》	学习问候	击鼓传花

一周活动安排表

时间		周一	周二	周三	周四	周五
上午 (9:00-11：30)	教学活动	安全教育	学习礼貌	语言学习	蒙氏科学	语言学习
	主题活动	绘本阅读	音乐之声	手指绘画	植物日记	爱的教育
下午 (2:00-4：30)	户外活动	老狼老狼儿点钟	彩虹毯	找朋友	热身操	爱的抱抱

2. 家庭层面

家庭层面的托育服务以家长育儿指导为中心，社工为婴幼儿父母和照看婴幼儿的祖父祖母提供了多种形式的育儿辅导活动。

(1)讲座学习

在社工的努力之下，社区链接到了附近高校和医院的专家资源，获得了儿童心理学专业教授和医院儿科副教授的指导，形成了稳定的长期合作关系。每个月社区会举办一次育儿讲座，社区居民(不局限于婴幼儿家长)都可以在网格员处报名参加讲座学习，储备育儿知识，提高自己的亲职教育能力。

(2)亲子活动

社区会在每月最后一周的周六举办一次主题亲子活动，通过在社区内集体露营、手工作业等方式，为家长和婴幼儿提供一个气氛友好的亲密接触契机，增进亲子之间的情感交流。

(三)项目结束阶段

项目期的最后两个月为结束阶段。在此阶段各方经过几个月的磨合已经形成默契，项目已见成效，社区已经能够独立运行托育服务，并制定和完善了相关的规章制度。项目期内，培养了社区骨干 3 人，组建了一支志愿服务团队，团队包括家长和一般居民共 20 人，引入了三股外部资源与社区达成长期合作关系。社区居委会对前期工作进行了经验总结，社工协同居委会重新界定了社区托育服务的未来方向，在普惠性原则不变的条件下提高服务的质量和专业性，切实解决社区家长托育难的问题。

五、服务成效与评估

(一)服务成效

社区有 28 位符合托育要求的婴幼儿，其中 25 位成为社区托育中心的成员。通过社区托育服务，社区双职工家庭的育儿压力得到了很大程度的缓解，能在忙碌的工作中得到一丝喘息，部分家长还能在工作之余提供互助育儿服务；家长的亲职教育能力得到提高，家长掌握了一定的科学育儿知识和育儿技巧，隔代养育问题在一定程度上也得到了改善；家长之中已形成互帮互助的风气，形成了非正式支持网络，居民的社区融入感得到了增强和提高；服务受众对活动满意度高，活动获得了居民和社区的认可。

(二)过程评估

为考察服务成效，社工在服务中穿插项目评估，通过问卷调查法和观察记录对服务项目的执行和效果进行了测度和评价。家长、社区工作者和社会工作者组成临时评估小组，每两周随机选择一天到现场评估服务效果。收到评估小组的反馈后，服务会做出适时调整。

(三)结果评估

项目的具体目标全部达成，社区最终改造可利用空间建成室内面积 65 ㎡的托育中心；组建了一支由婴幼儿家长和社区其他居民组成的志愿服务队伍，其中能长期提供服务的志愿者 8 人，不固定提供服务的流动志愿者 12 人；对外聘用了两位执证幼师，与两所高校建立了稳定的长期合作关系；托育服务做到了“养”和“育”的结合。该社区的托育服务经验对普惠性社区托育服务的推广有重要的借鉴意义。

六、建议与反思

本次服务社工是在尊重居民的需求上结合社区资源情况来开展的。在服务中，社工利用社区已有资本，因地制宜合理利用；调动社区人力资源，培养了互帮互助的社区氛围；链接外部组织，做到了非正式支持与正式支持相结合，形成了具有社区特色的服务方案。

然而有托育需求的社区不是个例，而是普遍现象，托育是现代化发展伴随而来的问题，在未来社会托育需求会越来越大。目前托育行业由市场主导，仅凭市场的运作难以满足广大家长的需要，而社区是居民生活的中心，以社区为辐射点，在社区内部提供婴幼儿照顾的渠道，能够较为精准地服务整个社区有需要的居民。相较市场主导的托育服务而言，社区托育服务能节省居民的时间成本、资金成本，减少或避免虐童现象，为家长提供安心优质的育儿服务。社区本土托育服务的发展对于增强社区凝聚力、居民融入感和归属感也有积极的促进作用。

促进全国范围内的社区托育服务发展，需要多个维度的支持。

(一)政策支持

社区托育的发展仍需政府发挥主导作用。政府完善社会政策，健全社区托育制度与规范，为社区提供财政支持，这些对于推动儿童社会福利的发展，解决当前托育难、托育贵的社会问题，乃至社会低生育意愿的现象都有积极的促进作用。

(二)资金支持

政策支持使得社区有资格、有底气提供托育服务，资金支持则赋予了社区能力和条件。普惠性要求社区的服务面向社区内全体符合要求的婴幼儿，如此一来势必会有一个相对较大的服务群体，社区的硬件开发、人员配置都需要大量财力来维持，政府部门应当针对社区提供一对一的专项资金，维持社区托育服务的开展。

(三)人才队伍的培养

开通幼师专业课程的高校不在少数，但针对3岁以下婴幼儿托育相关专业的人才仍较为稀缺，高校应关注社会需求，培养婴幼儿护理与早教的专业人才，为托育行业发展扩充人才队伍。

社工介入普惠性社区托育，也有多方面的优势。

首先是社工提供托育服务具有很强的可行性：其一，社区能为托育服务提供硬件条件。如今社工服务中心已经能够延伸到社区一级，在社区内有自己的服务站，社工开展托育服务能依靠社区内部的公共服务场地，在社区内部为有需求的家庭提供就近的优质服务。其二，社会工作者自身具备一定的专业素养。社会工作是一门包容性很强的学科，吸收了社会学、人类行为学、心理学等多个领域的发展成果，有了这些理论基础，社会工作者就能花费较少的时间成本投身于托育服务之中。

其次是社工资源与托育服务需求具有正相关性。我国托育需求最为强烈的大城市，也是国内社会工作发展最为前沿的地区，托育需求与社工资源成正相关，社工的价值能得到充分的发挥。再结合三社联动、五社联动的平台，社工无论是作为服务提供者还是作为资源链接者都能以社区为辐射，提供便捷且精准的家庭托育服务。

当下社会，我国的托育服务需求与社会工作专业服务需求只增不减，若能将二者结合，相互促进，无论是从行业或产业发展的角度，还是从社会福利的角度，都具有深远的社会意义。

◎案例应用指南

一、教学目的与用途

（一）适用的课程

本案例适用于社会工作实务课程中的“社区社会工作”“家庭社会工作”“妇女社会工作”“儿童社会工作”等相关领域的主要案例教学，也可用于“社区照顾模式”“儿童的照顾与教育”“亲职教育”“家庭辅导”等知识点的教学。

（二）适用的对象

本案例适用对象主要是社会工作专业本科生、硕士生。

（三）案例教学目标规划

1. 覆盖知识点

本案例在课程中覆盖的知识点主要有：社区工作；社区工作的服务方法与技巧；儿童社会工作；儿童的需要；儿童的社会化；家庭社会工作等。

2. 教学目标

（1）掌握社会工作实务社区照顾模式的特点及其内容。

（2）分析案例中的社会工作介入社区托育服务的方法与技巧。

（3）通过分析本案例中服务对象的困境与需求，明确社会工作服务的目标和思路。

（4）通过分析本案例的社会工作理念，学会如何将理论与实务相结合。

（5）通过讨论整个案例进展进行深入解析与探索，培养学生在社会工作实务中的创新能力。

二、启发思考题

本案例的启发思考题要结合案例教学目标，将案例和思考题同时呈现给学生，另外尽量让学生在课前对相关内容进行资料收集及分析。思考题的设置应根据项目开展步骤来进行，主要包括社会工作实务通用过程、社区照顾理论、儿童社会工作实务以及家庭社会工作等内容。

(1)在本案例中，谁是案主？是社区、家长还是婴幼儿？

(2)在本案例中社会工作者承担了哪些角色？哪个角色最重要？

(3)在本案例中，如何体现社区照顾模式"正式与非正式网络相结合"？

(4)在本案例中，社工团队应该如何平衡整体服务与个案辅导？

(5)若想保证案例中的服务的持续性，需要获得哪些支持？社工可以从哪些方面展开行动？

三、分析思路

(1)厘清职工家庭面临的问题和特殊需求是本案例分析的前提，对这一群体问题形成的背景、现状、现实表现和原因的探索是进行案例分析的起点。

(2)掌握本案例的基本思路：在社区照顾理论框架之下，以职工家庭婴幼儿托育服务需求为出发点制定服务方案和介入目标，在做好充分调查的基础上提出服务方案和介入策略，在服务中充分整合社区资源、联合正式与非正式支持服务开展婴幼儿服务、亲子辅导等，总结服务成效，评估服务过程，探索社工介入托育服务的模式，总结经验。

(3)反思服务效果，是否达成了服务目标：是否显著解决了职工家庭的育儿难问题，是否减轻了职工家庭的育儿负担，是否体现了服务的专业性，是否形成了良好的支持网络，是否真正实现社区托育的普惠性等。

四、理论基础及分析

本案例以社区照顾理论为指导，在实务中也遵照社区照顾模式的要求与原则介入服务。社区照顾模式虽然起源于英国等福利国家，在我国社会工作本土化中应用也十分广泛，常见的有老年人照料服务、儿童四点半课堂托管服务等。社区照顾模式主张将照顾者留在社区内，通过非机构化的服务为照顾者提供照料，结合正式照顾网络与非正式照顾网络，为服务对象提供帮助。社区照顾包括在社区照顾、由社区照顾、对社区照顾三大实施策略。有托育需求的年轻父母通常处于职业的上升期，本案例从三大实施策略着手，通过社区照顾服务，使 1~3 岁婴幼儿获得良好的照料和社会化辅导，从社会福利的角度出发，既回应了社会托育难的重大议题，也保障了婴幼儿的应有权利。

(一) 在社区照顾

在社区照顾往往与“在机构照顾”相比较，受照顾者在社区内即可获得专业人士的照顾。本案例对 1~3 岁的婴幼儿及其家庭开展的日常照料和家庭辅导等综合服务都是在社区内进行的，社区引进专业的托育机构，聘用有从业资质的幼师，在社区内将服务辐射到社区内所有有需求的居民，同时充分利用社区资产，整合调配社区资源，让家长不出社区就可以享受安心便捷的托育服务。

(二) 由社区照顾

由社区照顾强调支持网络的建设。除了专业的机构和人员，亲友、邻里、志愿者等非正式支持网络也十分重要。本案例中，除了引进专业的托育机构和有资质的幼师外，由社区居民和受益人家长本身组成的志愿服务队伍提供的互助托育服务也起到了重要的辅助作用。

(三) 对社区照顾

对社区照顾更加彰显正规照顾和非正规照顾的相互融合。社工从个案、家庭、社区等多个角度出发，提供一系列、多层次的育儿辅导，既包括正规照顾又有非正规照顾，两者相互融合、共同促进，对于解决社区托育问题，培育科学育儿观念乃至建设社区文化、营造社区氛围、提高居民的归属感都有积极的促进作用。

五、关键要点

本案例关键在于厘清服务的介入问题，既包含了对相关政策的解读，也包含了对社区需求与资源的评估，社工要清晰地认识到项目开展需要的资源与支持，本案例教学的关键要点在于：

(1)熟悉相关的政策，包括儿童福利与社区治理两个方面，既界定政策的准许范围，同时也要界定政策所能提供的支持。

(2)将儿童社会工作相关理论、社区照顾模式与社会工作实务开展进行有机结合。

(3)托管服务开展前开展充分的评估工作，评估社区的需求与可利用资源，评估社区与居民对服务的接受意愿，评估服务所需的资金以及可利用的资金。

(4)保证服务的专业性和可持续性，托育服务对项目的专业性和持续性要求较高，社工无论是从自身的角度还是链接资源的角度都要综合考虑这两个要素。

六、课堂教学计划建议

本案例编写从社区照顾的角度出发，以社工的视角为我国托育难提供解决思路。本案例也涉及多个社会工作领域的内容，因此学生对相关领域知识的学习与掌握十分重要。教师应在课前布置案例学习，要求学生查阅学习儿童社会工作、社区社会工作以及家庭社会工作的重要知识点，掌握1~3岁婴幼儿的特征、社区照顾理念与模式，熟悉我国相关的福利政策和三社联动背景。学生可以分成几个小组对案例进行学习，并进行反思与深究。

课堂计划主要是在案例教学过程中各项教学内容的时间分配，以及教师应如何对该案例进行组织引导、分析讨论。在时间安排上，本案例按照2课时进行设计，课堂教学安排为90分钟。课堂上进行小组讨论、案例分析、提问与回答，以及知识的归纳总结等环节。具体课堂安排如下：

教师案例回顾：10分钟。

小组讨论：20分钟。

知识梳理总结：20分钟。

课堂练习：25分钟。对相似社会工作服务项目进行设计、实施与管理(只需呈现服务项目的主要思路、基本框架以及社会工作介入的方向、方法与途径)。

学生提问和教师解答：10分钟。

机动时间：5分钟。

希望之光：医疗权益维护的个案社会工作危机介入

一、个案基本情况

服务对象阿秀(化名)，女，46岁，小学文化，外来务工人员，租住在D市H镇三屯某民宅内。案主从小在单亲家庭中长大，父亲在案主1岁时离世，母亲在案主12岁时再嫁，案主后与兄嫂同住，经常受到兄嫂的责难。案主的婚姻生活充满坎坷，因与前夫感情不和而离婚，经同事介绍再婚，家庭生活并不幸福。

服务对象找到D市卫生行政部门，投诉与H镇医院的医疗纠纷，医疗纠纷复杂，存在较大的处理困难。另外，服务对象面临家庭关系方面的问题，长期生活在压力之下，精神面临崩溃，几度燃起自杀念头。社会工作者主动与服务对象建立专业关系，做好个案跟进计划，开展危机介入服务，协助其顺利渡过危机，帮助案主重拾生活的希望和信心。

表1　案主家庭结构情况表

姓名	年龄	职业	备　注
阿秀	46	鞋厂工人	湖北人
丈夫	48	工厂工人	系案主第二任丈夫，广东梅州人，同在D市H镇工厂务工
女儿	24	在成都读大学，大三	系和前夫的子女，7年未见
儿子	19	在上海读大学，大一	系和前夫的子女，4年未见

二、案例背景信息

2016年10月服务对象因疑似子宫肌瘤入住H医院，在H医院实施子宫切除手术，住院31天。术后服务对象双腿疼痛，多次向医院反映病情，却没有引起医院足够重视，后在案主要求下重新进行检查，查出患有血栓。案主认为H医院负有一定责任，与医院产生医疗纠纷。另外，服务对象面临家庭关系方面的问题，其与丈夫感情不和，与儿女不得团聚，长期处于生活压力之下，几度燃起自杀念头。

服务对象曾多次与H医院就医疗纠纷进行协商，但协商无果，且服务对象称医院工作人员对其态度恶劣，经常拒绝、嘲笑她，给她带来了极大的心理伤害。因术后身体状况变差，丈夫对其不闻不问，造成阿秀悲观失望，甚至想用自杀来结束生命。其工厂某领导帮助阿秀分析该医疗纠纷情况并给予建议，认为医院应承担一定的责任。阿秀向医院索赔无果后，逐到D市卫生行政部门信访，请求解决医疗纠纷案件，以期获得相应的赔偿。

三、案例分析

服务对象来访时情绪比较激动，处于无法自控的状态，言谈中一直痛哭，向社会工作者倾诉已无生活下去的勇气。社会工作者在接待期间，倾听、尊重服务对象，给予同情，请服务对象慢慢讲述自己的情况，迅速了解服务对象的问题。在了解医疗纠纷经过的同时，社会工作者发现服务对象阿秀存在长期情绪抑郁的状况。在社会工作者的鼓励下，服务对象向社会工作者讲述了十年来生活毫无幸福感，和前夫离婚后同现任丈夫的关系不和，感受不到家庭温暖，身体状况恶化后，看不到生活的希望，几度想到自杀。

社会工作者聆听服务对象的哭诉，迅速做出危险性判断。服务对象自称两个孩子都在读大学，社会工作者通过孩子这一血缘纽带，为服务对象注入希望。社会工作者运用自己和父母相处的经验，向案主自我披露，告诉她孩子长大后可以分担父母的烦恼，希望服务对象能够增进和儿女的交流，减轻自己的心理压力，以此有效稳定服务对象的情绪。因为服务对象此番遇到的医疗纠纷问题，从未向孩子提及，也没有向家中兄弟姐妹提起，丈夫对自己又不关心，社会工作者介入后，阿秀感受到社会工作者的关心，几次流泪，向社会工作者表达了感谢，重拾生活的希望。

四、服务计划

（一）服务目标

1. 长期目标

及时介入，协助服务对象解除危机，提供情绪辅导，渡过困难；注入希望，协助服务对象处理医疗纠纷和建立家庭关系，增强服务对象的福祉和应对未来的信心和希望。

2. 短期目标

(1)危机介入，协助服务对象把心中的感受痛快地发泄出来，帮助服务对象宣泄情绪，有效稳定服务对象的情绪问题。

(2)协助服务对象处理医疗纠纷，提供资讯支持和情绪支持，以及相关资源链接服务，维护服务对象的合法权益。

(3)为服务对象建立支持系统，并在服务对象与儿女及丈夫在家庭关系建立方面寻找支持、给以协助，为案主注入希望和增加生活的信心。

(二) 服务策略

社会工作者根据与服务对象的会谈，评估服务对象的问题和需要，采取如下服务策略。

(1)及时介入，避免悲剧的发生，为服务对象创造情绪宣泄的时间和空间。社会工作者运用倾听、眼神鼓励等同理心支持服务对象。

(2)采取行动，找出造成服务对象陷入危机的事情，以及问题无法得到解决的原因。

(3)移除困难，建立希望及正面期待。社会工作者与服务对象一起制定目标，包括医疗纠纷处理、家庭关系建立等，帮助服务对象减压，获得心理的平衡。协助服务对象设定将来的目标，重建信心和希望。

(三) 困难预计及解决

案主长久以来的负面情绪积压了六七年，案主不幸的童年经历亦影响到案主解决当前生活事件的信心和能力。案主极不自信，小学没有读完，喜欢重复表达，思维能力薄弱，把社工当成倾诉对象，甚至想象成是自己七年未见的女儿。社工在介入的过程中，需要处理好移情与反移情。

社工在个案介入过程中，运用同理心鼓励支持案主，帮助案主解除危机，适时提醒自己作为专业社会工作者的身份和角色。另外，社工可向带队督导请教如何处理工作中的移情问题。

五、介入过程

根据危机包含的要素，一件危险的事件往往是由一连串不良事件累积起来的。

服务对象来访时情绪失控，几度痛哭，身体发生的病变导致其无法承受各种压力，甚至想通过自杀来了结痛苦。社会工作者需要通过专业努力，帮助服务对象调适和治疗，达到新的身心平衡状态。

第一阶段：社会工作者了解服务对象需要和主要问题，帮助服务对象宣泄负面情绪，初步建立专业关系。

在第一阶段的跟进中，社会工作者通过与服务对象两次面谈，围绕会谈目标，舒缓服务对象的情绪压力，找出服务对象陷入危机的事件。社会工作者在为案主提供情绪支持的同时，引导服务对象通过建立目标而移除困难，获取生活的希望。另外，社会工作者努力增进与服务对象的信任关系，给予同理心，让服务对象感觉谈话舒适和放松，从而减轻目前的情绪压力，慢慢放弃自杀的念头。

第二阶段：协助服务对象分析医疗纠纷案件，给予有关纠纷处理的资讯和信息，稳定服务对象情绪，深化信任关系。

服务对象返回后经常主动来电给社会工作者，表现得很无助，对社会工作者表现出一定的依赖性，多次提到“你要帮帮我啊，张社会工作者”。社会工作者与服务对象进行了三次电话会谈，社会工作者围绕服务对象身体状况、家庭关系、纠纷处理进展与其展开会谈，并在谈话过程中给予情绪支持与辅导，帮助服务对象舒缓情绪压力。社会工作者帮助服务对象梳理处理医疗纠纷路径，并向有关部门汇报情况，希望通过申请行政调解为其维权。服务对象对社会工作者的信任程度有所增加，但在谈话中涉及家庭关系时还有所保留，社会工作者需要继续增强与服务对象的信任关系，从而在下一步跟进阶段协助服务对象恢复和建立家庭支持网络。

第三阶段：引导服务对象选择合适的途径处理医疗纠纷，帮助服务对象获得家庭支持，巩固专业关系，链接多方资源。

服务对象主动来访，一方面希望向社会工作者倾诉自己近来的情况，与社会工作者一起讨论医疗纠纷的进展，另一方面寻求卫生行政部门工作人员的帮助，了解工作人员调解情况等。社会工作者引导服务对象与卫生行政部门建立联系，寻求支持。同时，社会工作者与服务对象一起制定短期目标，帮助她找到一份短工，让她主动向女儿倾诉，联系家乡亲人等。通过社会工作者不断的鼓励与支持，服务对象思想发生了重大转变，并争取到家庭关系的支持。

第四阶段：建立希望及正面期待，给予支持，协助服务对象认识自我，帮助服务对象建立自尊。

服务对象情绪因为调解不成而产生情绪波动，社会工作者安抚服务对象情绪，并引导其通过申请鉴定明晰相关责任。鼓励案主克服困难，与医院负责人进行交流和沟通，澄清有关事宜，消除其心中的疑虑。

鉴定结论出具后，为三级医疗事故，服务对象表达出自己的维权决心，并声明自己一定要讨回公道。社会工作者理解服务对象的想法，鼓励案主积极与H医院进行沟通、协商，采用理性的方式，维护自己的合法权益。案主最终通过自己的谈判，与H医院达成一致，获取了相应的赔偿。获赔之后，案主开始积极配合身体治疗，恢复常态生活，并在社会工作者的鼓励下，与女儿建立了情感支持。

六、结案与服务成效

社工与案主在2017年7月16日上午开了最后一次结案会议，社工在肯定案主的同时希望案主在以后的生活中继续保持希望，案主亦对社工的关心、鼓励、陪伴表示感谢。社工的帮助让案主重拾勇气和信心。

案主在社工长达9个月的跟进服务中，摆脱生命危机，建立了来自家庭、邻里、朋友、单位等的社会支持系统，并学会了如何与家人进行良好沟通，通过积极理性维权捍卫了自己的合法权益，提升了生活的信心和勇气。服务目标已经达成，该个案正常结案。

七、总结与反思

在本案例中，第一阶段冲动期，服务对象感觉已经失去生活下去的勇气，不停地掉眼泪，非常沮丧，有种被重击的感觉。服务对象多年来压抑自己的情绪，不与其他人沟通交流，有自杀的念头。社会工作者运用危机介入的八大步骤，及时介入，采取行动，引导其宣泄情绪，取得比较好的成效，有效稳定了服务对象的情绪问题。

在个案跟进中，服务对象因为自己的失败婚姻而自我否定，产生了羞耻感，认为亲人看不起自己，拒绝和家人联络。由于文化程度低处理不了医疗纠纷，而强烈的自尊心使服务对象不愿再寻求丈夫帮助。社会工作者协助服务对象搜集有关资料，协助分析医疗纠纷处理路径，帮助服务对象减压，使服务对象心态慢慢平和下来。

社会工作者对于服务对象的支持，是一种非常有力的介入。在服务对象心理历程发展到第三阶段适应期时，服务对象的情绪时好时坏，开始有积极的态度，对未来充满希望，愿意接受新东西。服务对象经历了医疗侵权无处申诉到诉诸鉴定的方式，已经过了幽谷，开始往上爬。因为在这个阶段，服务对象心态时有起伏，社会工作者需从她的角度看问题，继续提供帮助。在个案介入的过程中，社会工作者通过帮助服务对象联络家庭成员，扩大支持系统，减低对社会工作者的依赖，并协助她改善与其他系统的沟通，取得了比较好的效果。服务对象在鉴定申请的过程中，通过联系远在四川的女儿帮忙回老家办理第二代身份证件，保证了鉴定申请的顺利进行。此外，她还得到了家乡姐姐的援助，筹到一笔医药费，进行了身体检查。社会工作者支持和协助服务对象，并不断巩固服务成效，帮助服务对象设定将来的目标，从处理医疗纠纷的案例中总结为人处世经验，重建她的信心及希望。

当服务对象自然地流露出希望时，就进入到重建期。社会工作者需要注意服务对象的反应，此时服务对象已经能做出合理的决策，怀疑和自怜逐渐消失，服务对象开始向社会工作者表达维权的决心。社会工作者协助服务对象认识自我，在处理事件时，帮助其找出正面、成功的做法。在服务对象因鉴定费用高而导致鉴定受阻时，社会工作者不断鼓励其与H医院沟通，表达社会工作者对她的尊重。在服务对象成功解决自己的问题时，社会工作者察看服务对象对自我形象的认识，判断是否得到提升。鉴定结论出具后，服务对象向社会工作者表达对婚姻关系处理的想法，社会工作者尊重其决定，相信她可以处理，并对其追求幸福生活的做法表示赞赏。在这个阶段，社会工作者重在帮助服务对象确立自尊，助其自立。

然而，理论中有一些问题可能没有全面展示出来，某些层面理论问题涉及较少，如在服务对象状况改善后，如何持续地协助其确立自尊及自立，这是后续需要进一步改进和完善的地方。总之，社会工作者将危机介入模式理论运用到此个案上可以说是适当的，对于类似问题的社会工作危机介入具有重要启发与借鉴意义。

附录

会谈记录(部分)

<table>
<tr><td>个案编号：HBDC-C1</td><td>会谈对象姓名：阿秀</td><td colspan="2">与服务对象关系：案主本人</td></tr>
<tr><td>日期：2017.9.17</td><td>时间：16：30—17:00</td><td colspan="2">地点：案主家中</td></tr>
<tr><td colspan="4">会谈目的：跟进案主纠纷处理情况，缓解案主情绪压力，增进与案主的信任关系。</td></tr>
<tr><td colspan="3">会谈过程及内容：(服务对象的语言及非语言表达、社会工作者的相关处理、服务对象感受和反应)
案主9月7日返回H镇处理医疗纠纷，9月11日案主打电话给社工，询问H镇卫生行政部门受理信访事宜，社工鼓励案主亲自到那里和受理工作人员进行沟通，以便工作人员了解详细情况。根据督导建议，在建立个案关系初期，社工跟进要紧密，增进与案主的信任关系。社工9月17日主动联系案主，以下为本次会谈内容：
社工：你好，是秀姐吗？我是社工张小姐啊。</td><td>督导意见</td></tr>
</table>

续表

案主：（听到社工声音，开心……）你好，是你啊，张小姐，谢谢你来看我啊。 社工：（笑……）嗯，不客气，你到镇街那边处理事情顺利吗，上次你走后，我一直担心你呢，所以想了解一下你现在的情况。 案主：嗯，我听你的建议，写了投诉材料，送到H镇卫生行政部门了，不过他们现在还没有给我答复，我也不知道有没有用啊。 社工：按照信访工作条例，60个工作日之内应给你做出答复，不过一般也不会那么久，你有没有留下他们的联系方式，想了解处理进度时也可以问他们。 案主：留了他们的号码，他们还没有打给我，刚过一个多星期，我也没打过去问。 社工：可以啊，留下电话好处多呢，你走路腿部会疼，这样方便你处理事情。刚打你电话几次都没接，是不是在忙什么事情？ 案主：哦，我出去买菜了，所以没有听到你的电话。谢谢你关心我！ 社工：嗯，没事啊，上次你说现在没有工作生活很困难，你也提到有老乡介绍手工活可以做的，你回去问他了吗？ 案主：有啊，我现在在接一个穿珠子的工作，带回家里穿，不过我不太会，一天才挣十几块，人家会的都能赚六七十呢。 社工：嗯，慢慢来啊，你刚开始学，已经很不错了，有没有人教你呢，你可以跟有经验的人学习一下，这样等你熟练了，你就可以多挣一些了。 案主：嗯，是啊，我在跟他们学，我的腿不能坐太久，也不能站太久，我还要抽时间按摩腿。 社工：你回去后到医院复查了吗，身体现在怎么样了，疼痛还是很厉害吗？ 案主：还没有，到H医院复查要500多元，到市人民医院300多元，去市里又比较远，我现在没有钱。 社工：那你现在不复查不治疗吗，那样你天天受腿疼折磨，很痛苦啊，主要是钱的问题吗？ 案主：也不是啊，邻居给我介绍了一个老医生，我从那里拿了中药敷脚，还吃一些西药。 社工：嗯，那用了药有没有效果呢？你现在穿珠子的工作还能应付吧？ 案主：好一点，一阵一阵的。医生说可能一年半载才能有效果吧，现在还没有太大的效果。目前只能做一点是一点了。 社工：是这样啊，对了，母亲节女儿给你打电话了吗？ 案主：没有，我打给她的，就聊了一会儿，我就没话说了。 社工：为什么呢，是怕女儿担心你吗？还是你上次说的那样，和女儿说多了就想哭，控制不了自己，是吗？ 案主：是啊，我就说了几句，我不敢说多了。	督导意见

续表

社工：你现在正处于非常困难的时期，经济不宽裕，又生病了，你一人承担会很辛苦的，我们需要家人的支持力量。女儿有没有听到你最近的事，主动关心你呢？ 案主：有，她问我是不是身体不舒服，我没和她说，说了几句就挂了。我女儿是很孝顺的，她经常和我说："妈妈，以后我一定要让你幸福。" 社工：嗯，你有一个孝顺的女儿，是你的福气啊，虽然七年未见了，女儿已经是大人了，可以为妈妈分担忧愁了，你说是不是？如果你怕女儿担心，可以有保留地和她说一些自己的情况，女儿是比较细腻的，相信她能感觉到你的情况。 案主：不敢说，我怕我会忍不住想哭，每次我和妈妈和姐姐打电话也是这样，说不了几句我就挂了，我总想哭。我在外面的事情，我也不会告诉她们。 社工：嗯，你觉得心里很委屈，其实你是需要她们的，对吗？你不和她们说主要是怕她们担心，我理解你的心情。 案主：我也怕我在外面不好的事传到她们那里，让她们脸上不好看。 社工：你担心别人在背后说你的闲话，是不是？其实，你和家人分享你的事情，他们也不会和外人说的，你也不是每一件事都告诉他们，对吧？有时候心里觉得难过，就和他们说说，这样也可以缓解一下情绪，你说呢？ 案主：这么多年了吧，习惯了不说，所以一直都是这样，我一个人承受着，我觉得自己不幸福，我唯一的希望就是供孩子读书。每当我想到死，就想到孩子还没走向社会，那多可怜。 社工：女儿和儿子都上大学了，等他们毕业了，他们会和妈妈一起分担，他们也会供养你，你想到那时该多好啊。 案主：感觉平时太累了，得不到温暖，我和丈夫虽然没有离婚，但是和离婚差不多，在家里两个人都不怎么讲话，像个陌生人一样。 社工：这种情况持续多久了呢，两个人都在厂里打工，平时也会见面的吧。 案主：没有，我和他不在一个厂，我听人家说他在外面有人，我也懒得管，我第一次离婚也是因为丈夫有外遇，那时候年纪轻，脾气大一些，现在我不想离婚了，就这样过吧。 社工：那你有没有想过和丈夫好好沟通，重新修复你们的关系呢？ 案主：没有用的，好几年了都这样，他不管我，我也不管他，在一起睡觉时也不说话，好几年都没有夫妻生活了。 社工：我们有句俗话形容夫妻关系，"床头吵架床尾和"，会不会因为你们一直没有好好沟通，关系才一步步疏离了呢？没有夫妻生活，也还有感情生活啊。 案主：（哎……）不说了吧，张小姐，我和你说的，你不会告诉别人吧，虽然我和他关系不好，却不想让别人知道，每个人都是要面子和尊严的。 社工：嗯，你放心，我会保密的，做社工一定要遵守的就是保密原则。 案主：好，我丈夫快回来了，我就不和你说了啊。	督导意见

续表

<table>
<tr><td>社工：好的，你是担心他在不方便和我谈话对吗，那我下次再联系你啊。再见！
案主：是啊，谢谢你这么关心我，谢谢，再见！</td><td>督导
意见</td></tr>
<tr><td>总结：
社会工作者对这次会谈的总体感受和建议：
本次会谈社工紧紧围绕会谈目的，舒缓案主的情绪压力，主动关心案主，采取行动，找出案主陷入危机的事情，并建议她正面对待。社工在为案主提供情绪支持的同时，引导案主通过建立目标而移除困难，获取生活的希望。另外，社工增进与案主的信任关系，给予同理心，让案主感觉谈话舒适和放松，从而减轻了目前的压力。
下次会谈的计划和安排：
根据个案服务危机介入步骤，社工计划一周后联系阿秀女士。</td><td></td></tr>
</table>

备注：适用于个案跟进记录

会谈记录(部分)

<table>
<tr><td>个案编号：HBDC-C1</td><td>会谈对象姓名：阿秀</td><td colspan="2">与服务对象关系：案主本人</td></tr>
<tr><td>日期：2017. 12. 12</td><td>时间：14：15—15：10</td><td colspan="2">地点：电话</td></tr>
<tr><td colspan="4">会谈目的：跟进案主鉴定相关事宜，情绪疏导，以及案主自身能力提升。</td></tr>
<tr><td colspan="3">会谈过程及内容：（服务对象的语言及非语言表达、社会工作者的相关处理、服务对象感受和反应）
社工从医鉴办同事处得知，案主与H医院的医疗事故技术鉴定会于2017年12月11日开展。社工在12日联系案主，了解鉴定情况及案主的情绪。
电话接通后，社工首先礼貌性问好，案主听到社工的声音很开心，社工询问案主鉴定结束后有怎样的感受，案主回应，拖了这么久鉴定终于做了，但不知结果怎样，有一些担心。社工感觉案主对于鉴定时间的安排还算满意，没有如之前一直抱怨医院有意拖延时间。社工赞赏了案主，并安慰她鉴定结束了，可以先轻松一下。接下来，社工向案主了解其身体状况，案主的声音透出一些无奈，称自己身体最近不是很好，眼睛不舒服，社工询问是不是因为做手工制作影响了休息，案主称也不知道。社工安慰案主多注意休息，平时多和邻居接触，遇到不开心的事情就不会像以前闷在房里哭了。案主回应，近期自己没有哭了，社工赞赏这是很好的表现，案主在处理问题方面比以前进步多了，案主微笑。
社工继续询问案主，在鉴定会中，是否有丈夫的协助。案主回应，丈夫一直陪同自己。社工从同事那里得知，案主丈夫本次帮案主陈述事实，帮了很大的忙。社工提议，案主可以向丈夫道谢，一来表达对丈夫的感激，二来和丈夫的关系看看如何发展。案主听到社工提及丈夫，就与社工说了自己的打算，和丈夫的关系已经走到这</td><td>督导
意见</td></tr>
</table>

续表

<table>
<tr><td>一步，想转头有点难度，已经和家里的弟弟联系过，他们建议案主在处理完医疗纠纷后返回老家。社工询问案主对此的感受，案主向社工吐露，已经有很多年没有关注过自己的幸福，“弟弟他们说我过得太辛苦了”。社工听到案主这样的话，心里也不是滋味儿。社工安慰案主，如果心中已有答案，社工会支持案主的选择，去勇敢追求自己的幸福。案主感谢了社工，并说道：“这么多年，没有人像你这样关心我，我真的很感谢你，不知该怎样报答你。”社工回应案主，如果能帮到案主，就是最开心最满足的事情。
案主向社工倾诉自己对鉴定结果的担心，并表达自己的心愿，如果鉴定不构成医疗事故，一定会向上级部门继续申诉，直到讨回公道为止。社工回应案主，结果未出具之前，仍然抱有希望，并向案主了解怎样才是公道。案主称医院对她现在的损害后果负有一定责任，如果不是医院疏于责任，就不会搞得她整天行走困难，坐立不安。社工同情案主，身体的病痛让她很不舒服，对医院的不满情绪也很正常，目前鉴定会已经结束，鉴定结果在两周后出具，如果真的不能如愿，社工亦会继续协助案主向上级部门申诉。案主感激了社工的鼓励和陪伴。
社工安慰案主，结果一日未出，都有希望存在，案主自己不要先放弃。案主回应自己会调适好心理，等待结果的出具，到时会和社工进行分享。社工赞赏案主今日会谈的表现，思路清晰，表达流畅，对自己未来的生活已经有了初步规划。社工最后请案主继续保持这种良好的心态去处理事情。</td><td>督导意见</td></tr>
<tr><td>总结：
社工对这次会谈的总体感受和建议：
本次会谈，社工围绕案主医疗事故鉴定后的情绪方面、身体状况、对鉴定的感受及与丈夫关系等几个方面积极跟进，会谈比较顺利，案主情绪稳定。鉴定后，案主表达对结果的担心，并说明自己一定要讨回公道。社工理解案主的想法，并鼓励和安慰案主。社工提醒案主注意与丈夫的关系，之前案主一直不愿触碰这方面，鉴定结束后，案主不得不面对这个问题。案主向社工倾诉了内心的想法，并提出要追求自己的幸福生活。社工听后，感觉到案主的变化和成长，向案主道出“追求幸福生活是值得欣赏的”，案主亦觉得开心。
案主一方面感激社工的帮助，另一方面觉得自己对社工的关心无以为报。社工感怀案主的感恩之心，并说这是自己的工作职责所在，能够帮助案主是一种满足，也是一种幸福体验。案主听后释然，庆幸能够遇到社工，社工给的关心和帮助是以前从来没有感受到的。社工虽已从医鉴办获悉“鉴定结论”为三级医疗事故，但正式文书未下达，因此没有透露结果，对于案主的担心和忧虑，社工报以鼓励和安慰，请案主耐心等待鉴定结论。
下次会谈的计划和安排：
鉴定结论出具后，请案主联系社工分享，社工亦会在两周后安排案主的跟进事宜。</td><td></td></tr>
</table>

备注：适用于个案跟进记录

个案结案评估表

案主姓名：__________个案编号：__________日期：__________

1. 你对社工的表现满意吗？

   A. 非常满意　　B. 满意　　C. 一般

   D. 不满意　　E. 非常不满意

2. 社工对你提供了何种帮助？请从下列范围挑选(可多选)

   A. 没有提供帮助　　B. 提供有用资料　　C. 婚姻关系

   D. 家庭关系　　E. 生活适应　　F. 情绪辅导

   G. 转介服务　　H. 管教子女技巧　　I. 司法矫正/安置帮教

   J. 行为问题　　K. 学习问题　　L. 康复工作

   M. 健康问题　　N. 人际关系　　O. 就业辅导

   P. 经济援助　　Q. 其他（请注明）________

3. 总体而言，服务能否协助你面对/解决你的困难？

   A. 完全不能　　B. 完全解决

4. 自接受服务后，你的情况有否改善？

   A. 完全没有改善　　B. 完全解决

5. 与社工接触时，你对解决困难的积极性如何？

   A. 非常积极　　B. 积极　　C. 一般

   D. 不积极　　E. 非常不积极

6. 本个案结束之时，你与社工双方协定的目标能否达到？

   A. 能　　B. 不能　　原因：____________________

7. 其他评语或意见

   ____

案主签署：________

◎案例应用指南

一、教学目的与用途

(一)适用的课程

本案例适用于“社会工作理论”“高级社会工作实务”“社会工作伦理”“医务社会工作”“妇女社会工作”等课程案例，教学活动中适合作为综合课程的辅助案例，也可作为“危机介入模式”单一知识点案例进行应用。

(二)适用的对象

本案例主要适用于社会工作专业本科生及硕士生，对于社会工作专业的博士生教学也具有较好的适用性。

(三)教学目标

1. 案例覆盖的知识点

本案例在课程应用中覆盖的主要知识点有：

(1)个案社会工作

(2)医务社会工作

(3)妇女社会工作

(3)需求调查与预估

(4)个案服务方案设计

(5)危机介入模式的理论及基本观点

(6)危机介入的方法与原则

(7)个案结案与服务效果评估

2. 案例的能力训练点

本案例在课程规划中的能力训练点有：

(1)学习与掌握社会工作者与服务对象接案会谈、问题界定、同理心、自我披露等技巧。

(2)学习与掌握个案社会工作的价值观与专业伦理，其中包括尊重案主的权利和能力、民主参与和决策、赋权、个别化、非批判等原则。

(3)学习与掌握开展个案社会工作的技巧与实务原则。其中包括社工要有专业修养与专业技巧，在服务跟进中应遵循程序性原则、知情原则、保密原则、尊重组员原则、理论联系实际原则等。

(4)学习如何从多层面、多因素分析与思考个案工作的开展、推进和完善。

(5)学习与掌握个案服务方案设计与具体实施。

(6)掌握个案社会工作危机介入模式的基本理论及主要观点，并在此理论指导下开展危机介入个案辅导。

二、启发思考题

思考题主要在于提示学生思考问题的方向，启发学生进行深层思考。

(1)如何进行危机个案的接案与会谈？有哪些注意事项？

(2)如何从危机介入模式的角度设计服务方案？

(3)危机介入模式的工作流程及基本原则有哪些？

(4)社会工作者在危机介入过程中如何进行专业反思？

(5)试从不同的理论视角分析危机心理干预。

(6)本案例的危机干预对国内其他危机介入服务有什么启示？

三、案例分析思路

案例分析思路是给出案例分析的逻辑路径，是教师事先设计好的问题提问思路，按照此思路开展案例研读与讨论。本案例的分析思路如下：

(1)如何界定案主的问题？

(2)案主的社会支持系统状况如何？拥有哪些社会资源？

(3)案主能否整合与合理运用这些资源？社工在这个过程中发挥什么作用？扮演什么角色？应遵守哪些社工伦理与价值观？

(4)如何协助案主理性维权？当案主出现非理性行为时，社工如何处理？

(5)在危机介入中，社工应按照何种流程来处理？遵循哪些介入原则？

(6)在为案主寻求问题解决思路过程中，案主处于什么角色？其他支持系统如何发挥作用？

(7)反思服务过程的专业性、科学性、合理性，有哪些需要改进的地方？

四、危机介入理论与分析

危机介入模式是社会工作领域重要的工作方法之一，有一些重要的理论假设和基本概念。它围绕着服务对象的危机而开展调适和治疗工作，注重不同服务介入技巧的综合运用，目的是在有限的时间内快速、有效地帮助服务对象摆脱危机的影响。由于服务对象处于危机的状态中，社会工作者必须在非常有限的时间内快速、有效地解决服务对象的困扰，让服务对象摆脱危机的影响。

在本案例中，社会工作者分析了服务对象的正常生活受到意外事件的破坏而产生的身心混乱状态。服务对象在遇到医疗纠纷之后，身心俱损，表现出迷茫、不安和不知所措，经常去 H 医院哭泣、闹事，被医院保安强行送走。同时，服务对象获悉丈夫在近期与其他女人有来往，内心十分伤心，感觉孤苦无依。危机发生后，服务对象面对生活中的意外事件而无法控制自己的紧张和不安，哭泣、失眠、想自杀。社会工作者根据服务对象的心理结构和心理状态，从服务对象的具体情况出发，根据危机介入模式的原理和服务特点针对具体问题制订服务介入计划。

五、关键要点

关键要点是案例分析中的关键所在，本案例的关键在于把握危机介入模式的基本原则与介入程序，发现引起案主情况变化的复杂影响因素，特别是导致案主情绪波动、改变动机下降、自我应变能力丧失的关键信息。教学中的关键点包括：

(1)自杀危机的判定与类型；

(2)危机介入理论的核心观点；

(3)危机介入模式的方法、过程与基本原则；

(4)危机介入的阶段性特征；

(5)危机介入中不同社会支持体系之间的关系与角色；

(6)危机情况解除后社会工作服务的跟进。

六、课堂教学计划建议

课堂计划主要是对案例教学过程中的时间安排及如何就该案例进行组织引导提出建议。本案例课堂计划可以根据学生知识掌握程度的差异，尤其是对案例的阅读和课前相关知识的掌握程度来进行有针对性的设计。

为了取得更好的案例教学效果，避免出现忽视学生个体化与差异化问题，教师可以事先调查了解学生的实务经验及擅长领域，将擅长开展个案社会工作或熟悉危机介入模式的学生分为两组，将实务经验不足或基础知识掌握不充分的学生分为两组。在课堂上讲解本案例前，教师应该要求学生至少读一遍案例全文，对案例启发思考题进行回答，具备能力的还要以小组为单位围绕着所给的案例启示题目进行讨论。

本课程中案例主要按照 2 学时进行设计，分为两种方案，教师可根据学生特征与能力选择其一。

方案一：适用于两种情况，一是学生按照教师要求预习到位，但是实务经验不够丰富；二是学生课前预习不一定完成得很好，或者学生之间实务经验的差异较大。在这两种情况下，案例讨论过程中需要教师引导的内容相对多一些，将重点放在个案社会工作服务程序和步骤部分。

具体课堂教学安排如下：

(1)课外：教师将案例相关材料事先发送给学生，并附加一些基本问题或启发思考题，学生按照问题解决思路课前阅读案例及相关资料和文献 2 小时。课外小组讨论 1 小时，可根据学生的知识基础和理解能力差异适当增加讨论结束后的知识总结时间。

(2)课内：课堂时间按 2 课时进行。其中，教师案例解析 20 分钟，学生自由讨论 25 分钟，学生就自己的发现与问题解决思路积极发言 25 分钟，教师知识点梳理 20 分钟。

方案二：适用于学生有比较丰富的理论与实务经验，教师可以将小组讨论置于课堂讨论之中进行，将重点放在个案社会工作服务的总结与反思部分。

具体课堂教学安排如下：

(1)课外：教师将案例相关材料事先发送给学生，并附加一些基本问题或启发思考题，学生按照问题解决思路课前阅读案例及相关资料和文献 0. 5 小时，并准备 2~3 个阅读中发现的重点难点，以待课堂上讨论分析。

(2)课内：课堂时间按 2 课时进行。其中，教师案例解析 20 分钟，学生自由讨论 25 分钟，学生就自己的发现与问题解决思路积极发言 40 分钟，教师知识点梳理 5 分钟。

重塑自信：农村留守儿童社会工作服务介入

一、案例背景

近年来，我国农村留守儿童这一庞大群体越来越受到国家乃至社会各界的关注与关怀。随着父母外出务工，农村留守儿童缺乏管教与关爱，再加上受网络等一些社会不良信息的传播影响，他们的心理问题逐渐增加。其中，性格孤僻自卑更是成为影响留守儿童成长的重要原因之一。帮助农村留守儿童摆脱孤僻自卑的性格困扰，探讨留守儿童性格问题的干预策略，化解留守儿童成长中所遇到的心理困惑，促进儿童全面发展，具有重要的现实意义。

H村全村人口702人，有四个村民小组，耕地面积138亩，山林面积1741亩，经济林面积300多亩(其中茶叶120亩，板栗180亩)，全村主要经济收入以务工为主。据2018年初步统计，在县外务工人数248人，县内务工、短期务工45人。

由于大量青壮年劳动力的外出，H村留守人员数量不断增加，2018年有留守老人25人，留守妇女36人，留守儿童15人。因村庄耕地面积少，经济收入水平低，青壮年都外出务工，剩下老弱病残在家无人照看，看病就医有困难；留守儿童生活缺乏相应照顾，隔代教育问题突出；留守妇女因家庭氛围严重缺失，精神文化生活非常单调。

H村的留守儿童多由祖父母或者母亲照看，留守儿童的健康状况良好，基本能够自理。家庭收入主要来源于父母或父亲的外出务工，月收入在2000~6000元不等，基本满足每月的支出。家庭住房均为自建住房(两层或三层)，面积为200~300平方米。在身心健康状况方面，儿童身体健康状况良好，但有多名儿童不爱交谈，性格较为孤僻自卑。在养育上，仅有4名儿童日常由母亲照料，其余11名儿童为隔代照顾。

二、案主基本情况及问题

案主小Y是H村开展暑期夏令营活动的成员，今年8岁，小学二年级，家里一共有 6 口人。父亲 45 岁，初中文化，常年在外务工；母亲 46 岁，小学文化，在县城上班，早出晚归；爷爷 78 岁，未上过学，如今卧病在床；奶奶 77 岁，未上过学，在家务农；哥哥 24 岁，初中文化，常年在外务工。夏令营活动前期，社工发现小 Y 虽然在课堂上很听话，做作业也非常认真，但性格比较内向、孤僻。课上课下不与其他同学沟通、玩耍，一个人在课桌上写写画画，不主动与老师进行互动，总是独来独往，经常一个人在一个角落做自己的事，老师找她说话时她的声音微小到难以听清。社工根据案主的情况，从优势视角、提升自我效能出发，运用个案会谈与小组活动相结合的方式，通过发现案主自身优势、找寻身边的资源优势帮助她建立自信，提升自我效能。整个暑期夏令营结束后，案主的性格发生了较为明显的变化，主动与同学和老师交流，言语也变得多了起来。此外，案主还结交了新朋友，并和新朋友一起上学或放学回家。

三、接案与问题诊断

(一) 接案过程

发现小 Y 性格比较孤僻之后，社工向每天来接送她上课的奶奶询问其情况，同时向其简要介绍了社会工作者的工作内容和社会工作者能为案主提供的服务和帮助，向其解释社会工作者的工作性质是义务的，不会收取任何费用。奶奶对社会工作者非常信任，对所提供的服务没有意见。之后社工向小 Y 介绍了社会工作者的工作，并告知社工针对她提供的具体服务内容，最后小 Y 同意社工对她进行服务，在个案服务知情同意书上签了字，与社工建立了专业关系，接案过程非常顺利。

(二) 服务对象问题的预估与诊断

社工在对案主小 Y 的个人情况和家庭情况了解后，对她所存在的问题进行确认，小 Y 当前存在的问题有：

(1) 性格内向孤僻，比较害羞，敏感而脆弱，自卑，不敢大声说话。

(2) 小 Y 对父亲的感情很淡薄。由于父亲常年在外务工，再者父亲总是责怪小 Y，所以，小 Y 最不喜欢的人就是父亲，对在外务工的父亲没有一点想念之情。

(3) 案主还非常讨厌自己的爷爷，因为爷爷总是喜欢骂奶奶。

(4) 小 Y 在家里非常孤独。妈妈要去县城上班，奶奶要去干农活，爷爷卧病在床，她没有朋友，基本上是整天一个人在家。

四、服务理念与价值观

本案例中，社工的服务对象是整个夏令营中的留守儿童，在夏令营活动开始之前，社工团队对H村的留守儿童作了一个初步预估，而后再在夏令营开展过程中逐步去发现、处理问题，再经过一段时间的接触，社工发现了小Y的情况，并决定主动对小Y进行个案服务。

在接案之初，社工秉持尊重、案主自决的原则与小Y进行沟通，是否决定接受社工的服务完全由小Y自己决定。虽然她只有八岁，社工依然把她当成独立自主的个体来看待，相信她有自我决断的能力。在对小Y开展服务的过程中，社工一定要遵循个别化的原则，持有同理心，针对小Y的问题做到具体问题具体分析，不批判、不指责，不把任何个人情绪带到服务开展过程中，更不将自己的观点和看法强加给案主小Y，干扰她做出决定。在这个案例中，社工始终相信小Y可以就某一事物形成自己独特的观点和看法，社工应该充分尊重她的想法，在接下来的介入过程中每一步都应先听取小Y本人的意见，即便是小Y想中途结束社工服务，社工依然要尊重她的决定和选择。

本案例中社工将小Y置于“人在情境中”，对她的问题进行确认和成因分析，发现引起小Y性格孤僻的主要原因后，社工决定以提升小Y的自我效能，帮助其恢复自信为抓手，从挖掘小Y的个人优势与身边可利用的资源入手，帮助她摆脱性格孤僻的问题。这不仅是针对小Y，在对整个留守儿童的服务中，社工都依照这种理念进行服务。虽然社工的服务对象是农村留守儿童，但是不能以外界惯有的对留守儿童刻板印象去看待他们，社工一直相信农村留守儿童有自己独特的优势与资源。因此，在H村开展的社工服务，不论是针对小Y还是其他留守儿童，社工们一致认为服务重点不是解决具体的个案问题，而是希望通过社工服务能够帮助他们在原有的基础上增能，促使他们在成长之路上走得更有信心。

五、服务计划与介入过程

(一)服务计划的制订

针对案主小Y的问题，社工制定了具体的干预目标和工作计划。

1. 干预目标

帮助案主小Y摆脱孤僻的性格，从离群变成合群。通过发掘小Y自身优势，帮助她提升自信心，勇敢表达自己，展现自己。帮助案主培养兴趣爱好，认识新朋友，消除孤独感。纠正案主对父亲和爷爷的误解，改善亲子关系。

2. 工作计划

（1）与案主逐步建立信任关系，挖掘案主自身优势与资源，协助小 Y 认识到自身的优势与资源，并学会利用它们。

（2）社工针对案主拟开展 6 次个案会谈。

（3）招募在人际交往方面有困难的同学，开展 6 节人际沟通小组活动。在小组活动中帮助案主建立自信。

（二）介入过程

1. 个案工作会谈

第一次会谈（2018 年 7 月 16 日）。社工第一次接触案主小 Y，在课间时社工主动与案主小 Y 进行交谈，此次会谈了解到小 Y 的家庭情况，包括家庭成员、家庭关系等基本情况，会谈间发现小 Y 对爸爸有较深的误解，因为爸爸对自己要求很高，管教的方式严格，导致小 Y 对爸爸产生了较深的抵触情绪。社工通过帮助小 Y 学会换位思考，回忆爸爸对自己做的一些小事，比如过年回家买的礼物等这些细节上的事情，让她知道爸爸对自己的高要求其实是爱她的另外一种表现，帮助小 Y 重新理解爸爸对自己的爱，逐步化解小 Y 对爸爸的误解。

第二次会谈（2018 年 7 月 18 日）。此次会谈主要了解案主小 Y 在学校的学习和交友情况。小 Y 的学习成绩比较好，此次期末考试数学和语文分别考了 90 分和 89.5 分，但小 Y 对此分数并不是很满意，尤其是语文成绩，这也说明小 Y 对自己的学习要求很高。社工在知道小 Y 的学习成绩后对其进行了表扬，鼓励案主不要灰心，再接再厉争取下次取得更好的成绩，同时社工也告诉案主不要过于纠结自己做得不够好的地方，要看到自己的进步，学会肯定自己的努力成果。此外，社工了解到案主在学校不活跃，性格比较内向，导致没有什么朋友，在学校没有存在感。社工也注意到，小 Y 其实是非常渴望得到别人的关注的，非常想交朋友，跟其他同学一起玩。

第三次会谈（2018 年 7 月 20 日）。此次会谈主要了解小 Y 平时在家里的情况。由于家里的大人白天都不在家，小 Y 基本上处于独处状态，内心比较孤独，因此小 Y 很喜欢到社工站参加夏令营活动，并且每天都来得很早。同时，社工也发现小 Y 是一个特别乖巧懂事、有较强自律性的孩子，在家时主动完成家庭作业，不需要家长督促，她还能主动帮助家里做一些简单的家务，对这些优良品质，社工对小Y进行了表扬，希望她能持续保持下去。但社工也意识到，小Y在家时太过孤独，需要家长的长期陪伴，社工只能把小Y的情况告知她的父母。对于留守儿童父母而言，孩子的成长陪伴与挣钱养家是他们难以做出的抉择。

第四次会谈(2018年7月27日)。此次会谈社工发现小Y发生了较为明显的变化，她开始主动与社工聊天，每天早上会主动与各位老师打招呼，语言多了起来。经过几次手工课程，社工发现小Y很喜欢做手工，每次学做手工时非常认真、细心，学得很快而且做得比较精致。社工把小Y在手工课上的作品拿出来向其他伙伴展示，小Y得到其他老师和同学的赞扬，社工通过此举让她有成就感，建立自信心。同时，小Y还告诉社工自己会一字马，社工对此表示惊讶。在这一阶段小Y逐步有了自信心，开始寻找自身的优势并乐意把这些优势展现出来，社工相信这是一个良好的转变。正是由于小Y在夏令营中获得了其他人的关注，她的优点被人看到，所以她在课堂上的表现就更加积极，课下也愿意和其他同学一块玩耍。

第五次会谈(2018年7月28日)。这次会谈主要是就课堂上的所学与小Y进行交流。社工发现小Y有良好的学习习惯，每次不仅主动写完作业，写完后还会再检查一遍，即便是老师在课上教的舞蹈，小Y回到家后也会主动练习。社工把小Y的学习习惯在课堂上分享给其他同学，希望其他同学向她学习，这进一步提升、加强了她的自信心。在交谈中社工知道小Y每次早上来上课都没有吃早餐，每次上完课等到中午再回去吃饭，这是因为家里的大人一大早就全部出门，没有人准备早餐，也没有准备其他代餐，大人们可能也没有意识到早餐的重要性。因此，社工就这一情况与小Y的奶奶进行了沟通，告诉她早餐对孩子的重要性，希望能够引起她的重视。

第六次会谈(2018年8月1日)。因为暑期夏令营即将结营，每个成员都要准备表演，虽然小Y此前从来没有表演经历，但她会一字马，社工决定让她学习舞蹈并作为领舞。小Y起初因为害怕不敢去领舞，社工发现小Y有较强的表现欲，只是缺乏经验比较胆小，经过耐心劝说，最终小Y答应上台领舞，社工相信这对于小Y而言是一次有益的尝试。社工就未来的期许与小Y进行了交流，小Y表示希望以后能够去大城市读书，去外面的世界看看，社工鼓励小Y要对自己有信心，相信自己的能力，通过努力一定会实现自己的梦想。

2. 小组工作

对于儿童来说，人际交往是他们认识自我、他人和社会的基本形式和途径。善于与人交往，有利于儿童自我意识的增强和自我同一性的发展，满足儿童的内在需要，有助于他们以后更好地融入社会。相反，不善于与人交往，则可能导致儿童不能正确地认识自己、他人和社会，影响他们今后的成长和发展。

留守儿童交往的范围相对狭窄，甚至出现社交恐惧、自闭等情况。除此之外，留守儿童还缺乏人际交往的技巧，在人际交往中往往处理不好与朋友的矛盾，给自己带来许多情感的困扰。这时候对他们进行适度的引导和生活技能的学习培训，对他们人际交往能力的提升会很有效果。因此，此次小组活动就是让留守儿童在活动中认识自我和他人，体验人际交往的感受，改善与他人交往和沟通的方式，提升他们在人际交往中的自我效能感。社工让小 Y 也参与该小组中，通过小组活动帮助她实现自我改变。

第一节小组活动主题为“认识你真好”，目标是与组员们一起订立小组规范，让小组成员们彼此熟悉，慢慢建立关系，在小组中分享各自的期望。具体通过“抢凳子”“手牵手”等游戏形式开展，通过不同的游戏来活跃小组氛围，促进组员的相互熟悉。

第二节小组活动的主题为“我想了解你”，目标是让组员建立初步的互动关系，协助组员自我觉察与分享，促使组员学会聆听、积极表达。具体内容是前半部分通过“五指山”“捉虫子”两个游戏帮助组员了解各自的兴趣、爱好，促进小组成员进一步相互了解，后半部分社工引导小组成员倾听他人故事和分享自己的收获，让组员们学会倾听，并及时了解各组员现阶段的期望，以便在接下来的小组活动中及时调整。

第三节小组活动的主题为“我信任你”，目标是培养和增进成员之间的信任，让参与者感觉到人与人之间相处的重要性。主要是通过“快速通过”“我听你的”“情有千千结”三个游戏进行，目的是增进组员彼此的信任感，同时也能增进小组凝聚力。

第四节小组活动的主题为“你是最棒的”，目标是培养参与者的自信心，鼓励他们突破自我，勇于表现自我。首先社工引导组员回顾前几节活动，而后通过“找变化”游戏活跃小组气氛，调动组员激情。接下来社工引导组员学习如何正确处理人际冲突，教授组员解决人际冲突的办法与技巧。最后通过“胜者为王”游戏，鼓励组员们敢于自我展现，增强他们的自信心。

第五节小组活动的主题为“我期待的朋友”，目标是让组员思考平日与他人相处的方式，分享与朋友相处的方式。首先通过抱团游戏激发组员参与热情，让组员进入状态。随后社工让组员们在卡片上写下自己最好的朋友以及朋友的优点，在组内进行分享。接下来通过“我来替你说”“你画我猜”两个游戏让组员分享他们喜欢的相处方式，并让每个组员总结与其他人相处方式的优点及缺点。

第六节小组活动主题为“我们要幸福”，本节活动内容主要为协助成员回顾前五次活动内容，鼓励成员将所学运用于日常生活中。通过“大风吹”游戏，观看《寻找失落的一角》视频启发组员，社工引导组员总结收获，并填好满意度调查表，宣布小组结束。

六、服务效果评估

(一)个案会谈效果

在与案主接触的过程中，案主每天早上都会来上课，社工充分利用课余时间开展个案辅导，按计划进行相关工作。

社工先后与案主进行了6次会谈，在第一次会谈中，基本上是社工问一句案主答一句，案主非常配合，每次提问都会如实回答，在进行了两次会谈之后，案主开始跟社工亲近，主动跟社工说话，每天早上见到社工都会主动问好，告诉社工她回家之后都做了什么，一些不懂的问题会主动询问社工。在会谈中，社工了解到案主的学习成绩很好，平时在家都会主动做作业，每天会给自己定学习任务，在假期还剩一个月的时间就提前把所有暑假作业做完了，还额外给自己增加了学习任务。除此之外，案主很喜欢做手工，每次手工课都非常认真，学得也很快，并把自己的制作成果向老师们展示。案主在学校和家里得到的关注较少，更缺少积极正面的赞扬，当社工对案主表示认可和赞美过后，案主非常开心，尤其是在舞蹈课上社工让她领舞，这给予她极大的鼓励和信心，之后无论是上课还是开展活动她都变得更加积极，每天早上也来得更早了。

在后面与社工的沟通中，社工引导案主慢慢改变对爸爸和爷爷的看法，从案主日常生活中的点滴小事进行分析，让她认识到爸爸和爷爷其实是非常爱她、关心她的，可能爸爸和爷爷的关心方式有点不对，但对她的爱却是不变的。

(二)小组活动效果

为了提高案主的人际交往能力，同时考虑到有很多同学也存在人际沟通方面的困难，社工组织开展了人际沟通能力提升小组，一共招募10个小组成员，共开展了6节活动。小组中产生的团体经验，不仅有利于团体目标的实现，更有助于个人在未来的社会生活中能够运用相似经验去处理遇到的问题。而在小组过程中产生的矛盾冲突解决方法，也让组员提高了适应危机情境的能力。当然，在小组过程中习得的角色规范，也会让他们在今后的生活中去担当更为积极有用的角色。最后组员在小组中学会了用集体的力量去解决问题，提高了他们整合资源的能力，能用身边的资源去解决问题。

第一、二节小组活动的目的是让组员之间相互熟悉，建立初步信任关系，对活动目的有初步认识；第三、四节小组活动的目的是让组员之间相互交流、彼此更加了解以及掌握化解冲突的技巧；第五、六节小组活动的目的是帮助组员建立自信心，发掘自身所拥有的优势资源，最后进行小组总结，巩固已取得的成果。在第一、二节小组活动后，组内成员彼此已经很熟悉，整个氛围非常活跃，组员都敢于吐露自己在学习和生活中遇到的困扰以及在与人交往中遇到的问题，组内积极讨论解决办法。同时，社工观察到在小组活动之前，案主都是一个人玩耍，在参加小组活动后，案主主动与其他人交流，跟其他人熟悉起来，还新交了一个朋友，一起玩耍打成一片，活动成效明显。

6节小组活动提高了组员的交往能力，帮他们树立了自信心，培养了兴趣爱好，缓解了消极情绪，促进了有效沟通，在结束小组活动时大家都表示了不舍之情。在对案主小Y进行了6次会谈和6节小组活动之后，她从开始的性格孤僻到主动与同学和老师交流，还通过小组活动结识了新朋友，并和新朋友一起上学和放学，整个干预过程结束后，案主小Y变得更加乐观自信，对自己的未来更加充满信心。除此之外，案主与社工的关系变得更亲密，对社工也更加信任，会主动与社工分享生活中很多事情，案主自身的变化显而易见。

七、服务总结与反思

(一)服务总结

此次社会工作服务的意义在于，社工一起帮助案主小Y逐渐摆脱孤僻胆小的性格，通过发掘自身优势与资源，提升自我效能，帮助案主实现自我改变。此次服务的开展立足于案主小Y的生活系统和资源优势，这些优势资源包括：首先，案主自身的学习能力强，有较强的自律性，对绘画与手工感兴趣；其次，案主小Y的妈妈和奶奶是其强大的支持力量，尤其是案主的妈妈对她的学习非常关心；最后，案主在夏令营中认识的新朋友以及老师，都是案主身边的资源。

服务的开展形式较为多样，如：社工使用一对一的个案形式使案主小Y感受到被人重视与关怀；社工运用小组工作的方法，带领小Y参与到一系列小组活动中去，在小组中通过做游戏、老师讲授、影片观赏、发言分享等形式，激发组员的兴趣和积极性，从而带动组内氛围，即便在活动结束之后，组员们也能记住在小组中学到的知识点，以保证在实际生活中得以运用。

在H村举办的留守儿童暑期夏令营活动，主要是由武汉大学和中南财经政法大学社会学和社会工作专业的研究生们开展的，博士生负责本次夏令营活动的督导工作，他们可以给工作人员专业技巧、理论知识以及情感上的支持与指导，整个服务团队具有专业性，能够最大限度地保证服务质量。

(二)服务反思

通过小Y这一个案，社工看到社会工作在农村留守儿童中发挥的专业作用，但社工也从中发现了诸多不足与局限。首先，理论与实务的结合更能促进专业作用的发挥，但如何更好地把理论运用到实务中既是重点也是难点，这需要社工在不断总结实务经验中，慢慢熟知熟用。

其次，由于整个夏令营是在暑期开展，暑期一结束，各个成员都要回到校园，在夏令营中学习到的各项知识和技巧、取得的服务成效能否继续在留守儿童们身上保持，我们不敢做出肯定的回答。社工在试图改善小Y与爸爸、爷爷之间的亲子关系时发现，短期的介入成效甚微，一方面是家庭经济困难，使得父母不得不离开孩子外出务工，没有足够的精力关注孩子的成长；另一方面，由于留守儿童的父母文化水平不高，更多只关注孩子的学习成绩，对于孩子成长过程中出现的其他心理问题关注不够，即便发现了孩子存在心理异常却也不知道采取何种方法去改善。

最后，大众常常会认为农村留守儿童生活在贫困地区，家庭经济困难，各种资源匮乏。在没来到H村开展服务之前，社工也是持这种看法的。通过夏令营活动我们发现，虽然H村的留守儿童家庭条件比较困难，物质资源相对匮乏，但这并没有妨碍他们健康快乐地成长，他们中的大部分人并没有出现任何心理问题，类似于小Y的这种情况是较为少见的，与他们接触的那段时间里，社工切实感受到他们的童真与童趣。

◎案例应用指南

一、教学目的与用途

(一)适用的课程

本案例适用于“高级社会工作实务”“儿童社会工作”“农村社会工作”“个案社会工作”“小组社会工作”等综合课程的辅助案例教学，也可用于社会工作介入农村留守儿童问题这一知识点的案例教学。

(二)适用的对象

本案例适用对象包括社会工作专业本科生、硕士生。

二、教学目标规划

(一)覆盖知识点

本案例在课程中覆盖的知识点有：

(1)优势视角理论与基本观点

(2)自我效能理论与基本观点

(3)个案社会工作

(4)小组社会工作

(5)儿童社会工作

(6)社会工作实务的通用过程

(二)能力训练点

本案例在课程中规划的能力训练点有：

(1)掌握优势视角理论、自我效能理论的基本观点，并根据此理论设计、分析社会工作服务及开展服务。

(2)学习掌握社会工作实务的通用过程模式，熟悉接案、预估、计划、介入、评估、结案这六个环节的重点实务内容。

(3)学习运用个案社会工作中一般性会谈技巧、个案档案的整理。

(4)掌握小组社会工作中小组活动的设计、组员的招募、小组活动的开展等技巧。

(5)掌握与分析儿童社会工作的类型，明确儿童的成长和发展的需要，尤其是农村留守儿童的需要。

(6)服务项目的成效评估。

三、启发思考题

本案例的启发思考题主要是依据案例教学目标设定的，案例文本与思考题同时发送给学生，学生课前研读案例，同时思考下列问题：

(1)服务方案的设计是否有待进一步完善？哪些环节存在不足？

(2)如何增强社会工作者的文化敏感度？

(3)在本案例中，社会工作者充当了哪些角色？

(4)本案例中的理论基础是否充分运用？有没有更为合适的理论运用于此案例？

(5)本案例在实务开展中，哪一个环节做得较好？哪一个环节有待改进？

(6)针对农村留守儿童提供社工服务，你认为还可以在哪些方面开展？

四、理论依据与分析

社工针对小 Y 开展个案服务，根据小 Y 的个人情况，社会工作者决定采用优势视角理论和自我效能理论开展具体服务。

(一)优势视角理论

优势视角理论认为，每个人都有其自身优势与资源，社会工作者在开展服务的过程中，对待服务对象要从“解决问题”转换到“强调个人能力，要注重去发现、挖掘服务对象的自身优势和资源”，引导服务对象朝着正向的目标努力，帮助他建立积极正面的自身形象。社会工作者在优势视角理论的指导下，重点帮助服务对象寻找自身优势与资源，更为重要的是让服务对象自己能够看到、认可、利用这些优势与资源。社会工作者在开展具体服务的过程中，要以挖掘和利用人的潜能为出发点，善于发现、寻求、探索及利用案主自身及周边的优势和资源，而非问题本身和病理，并协助案主学会利用这些优势和资源，勇敢地面对生活中遭遇的不顺与挫折，帮助他们达成自己的目标。

在本案例中，首先，案主虽然缺少父母的陪伴，性格比较腼腆内向，缺乏自信，但是案主自身的学习成绩比较好，在与案主的接触中我们发现其动手能力比较强，爱好画画和做手工，并且有较强的自律性，这些是案主自身的优势，要帮助案主认识到自身所拥有的优势；其次，案主的妈妈和奶奶是其强大的支持力量，尤其是案主的妈妈对她的学习非常关心；最后，案主在夏令营中认识的新朋友以及老师，都是案主身边的资源，可充分利用案主的这些优势和资源帮助案主建立自信，形成外向的性格，乐观待人。在农村留守儿童社会工作中，要充分利用儿童的兴趣、爱好、梦想并将其作为帮助的起点，此外还要充分利用外部资源，帮助留守儿童克服困难，实现成长。

(二)自我效能理论

班杜拉在 1977 年发表的论文《自我效能：关于行为变化的综合理论》中首次提出自我效能概念。班杜拉认为，当人们受到某种强化后，会认识到自身行为与强化之间的关系，从而产生进一步强化的期盼，这种期盼就会促使积极行为的产生。自我效能感是指个体对于自己处理生活中出现的各种困难或问题的信心程度，自我效能感并不是一个人处理某一件事情的真实能力，而是这个人认为自己是否有能力去做某一行为的信心程度。自我效能主要有五种形成途径，包括以往的成功经验、替代性经验、言语劝说、建立积极的情绪和生理状态、运用鼓励和称赞的技巧。

本案例中，通过在个案会谈、小组活动中运用自我效能的这五种形成途径，去帮助案主小 Y 发掘自身潜能，找到自己的优势，从而使小 Y 改变了对自己的看法，重新认识了自己，提升了自我效能。

五、分析思路

案例分析的基本思路是：

(1)从农村“三留守”人员的现实背景出发，根据当地的现实情况与服务对象个人及家庭情况分析问题与成因。

(2)从优势视角理论、自我效能理论的基本观点设计服务方案与开展服务。

(3)干预过程以个案工作与小组工作两种方法相结合，即一对一个案会谈、小组活动的形式对服务对象开展服务。

六、关键要点

本案例关键在于分析个案及小组社会工作介入农村留守儿童问题的实务过程，厘清每一个实施步骤的主要技巧及方法，教学中的关键点包括：

(1)选择适合社会工作服务项目的理论支持；

(2)注重理论在社会工作实务中的具体运用；

(3)社会工作服务的过程模式；

(4)社会工作服务对象的问题界定与成因分析；

(5)社会工作专业关系的建立，寻找需要的资源；

(6)个案社会工作与小组社会工作的实务技巧；

(7)社会工作服务成效的评估方法与内容；

(8)社会工作服务中地区文化差异。

七、课堂教学计划建议

本案例按照2学时进行设计，课堂教学详细安排如下：

(1)课前阅读2小时

要求学生提前预习农村留守儿童的需求与问题、优势视角和自我效能理论、个案和小组社会工作等相关知识点，查找和阅读相关文献资料。在启发思考题和案例分析思路的引导下阅读本案例，并尝试对思考题进行回答。

(2)课堂安排90分钟

在查阅文献和熟悉案例的主要内容之后，进行课堂小组讨论、案例分析、提问和回答、总结与归纳等，时间安排如下：

案例回顾15分钟。

小组讨论20分钟。

讨论结果分享20分钟。

教师与同学双向提问：20分钟。

案例总结：15分钟。

化茧成蝶：农村精神障碍妇女的蜕变之路

一、案主基本信息

小王，女，35 岁，因患有轻微精神疾病而离异，带着 8 岁儿子与父母在农村共同生活。父亲 72 岁，母亲 69 岁，一家人主要靠务农为生。父母原本生育一子二女，即案主小王和一个哥哥一个姐姐。其家庭有遗传性精神病史，据悉哥哥、姐姐均在发病期意外去世，小王丈夫因小王的疾病与她离婚并再娶，离婚后小王带着年幼儿子回到父母家中同父母共同生活。但是父母年迈，一家人的劳动能力有限，村里人也因其疾病不接纳她家人。小王希望能够有稳定的收入，满足一家人的温饱并获得村里人的接纳，但是小王所在的 X 村是一个村民受教育程度普遍较低的偏远贫困村，对精神疾病不了解，经常对小王指指点点，背后议论，甚至因为担心小王的疾病具有传染性，因此排斥小王及其家人。小王的儿子在学校也受到了排挤与孤立，儿子为此不想上学了。

一直以来，妇女都被视为弱势群体，哪怕是在高速发展并且男女平等意识广受重视的今天，妇女仍然面临着种种困扰。农村女性生活在经济文化水平较低、发展缓慢、人口密度低且医疗条件落后的村落，不能享受城市中优渥的各种资源，维权意识薄弱，不懂如何争取自己应有的权利。本案例聚焦的这位女性不仅是一位农村妇女，更是一位患有遗传精神疾病的单亲妈妈；不仅要独立承担抚养孩子的责任，还要承受外界给予的各种压力。据案主陈述，近年来单亲妈妈的身份已经让她喘不过气来，微薄的收入难以负担自己与孩子的生活支出，父母年事已高亦无法为她带来帮助，社会工作者对这位单亲妈妈进行个案介入，并运用赋权理论指导本次服务。

二、核心问题及介入目标

在与社会工作者接触几次之后，案主逐渐放松了警惕。在一次家访中，社会工作者鼓励和引导案主讲述自己的情况，小王再也忍不住哭了起来，精神状态十分低落。

通过入户调查、接案会谈、相关资料查阅后，我们发现案主存在以下问题：

(1)收入较低，难以维持温饱。因为小王的精神疾病无法找到合适的工作，加之父母年事已高，无法外出务工，一家人只能靠务农与个别邻里的接济维持生存，儿子读书的费用也难以支付。因此，社会工作者的介入目标之一是提高小王的家庭收入，解决基本的温饱问题，并保障其子女的受教育权，不至于辍学。

(2)当地村民的不接纳。因为当地居民的文化教育程度普遍偏低，对精神疾病不够了解，甚至认为精神疾病就是疯子，还会传染，大部分人对她非常抗拒，这也是导致小王难以找到合适工作的主要原因。根据赋权理论，开放的环境有利于赋权增能。因此，社会工作的介入目标在于让居民们参与进来，搞清楚精神疾病并非传染病，使小王获得独立与自助。

(3)自卑与自我否定。因为患病、离婚、无工作等艰难生活处境，导致小王产生了严重的自卑、自我否定等情绪，自我认知与自我概念淡化，也影响了她对自身能力的看法。而小王的儿子也因为母亲的疾病“抬不起头来”，希望妈妈是一个正常人。小王的父母也是面带愁容，希望能隐瞒女儿的病史，托人给她介绍一个好归宿。从中可以看出小王的家人并未对她形成强有力的支持，分别有各自的立场与想法。根据中观与宏观层面上的赋权理论，同伴的支持与家庭成员的参与对小王来说是非常重要的，所以社会工作者的介入目标是帮助小王解除自卑情绪，并让其父母、儿子共同参与其中。

社会工作者的具体目标为：

(1)协助小王完善自我，提高小王的家庭收入，运用优势视角理论，找到小王的优势，并运用其优势为自身创造收入。

(2)改善小王周围的环境，降低居民的抗拒情绪，对居民开展知识讲座，提高他们对精神疾病的了解，认识到不会传染，也并非神经病，从而接纳小王。

(3)帮助小王提升自我意识，缓解她的自卑心理与个人无力感，鼓励儿子与父母参与社会工作介入过程，形成案主强有力的家庭支持系统。

三、介入计划与过程

社会工作者在赋权理论的指导下对本案例强势介入，“赋权”取向的社会工作认为，个人或群体所拥有的权力是会变化和发展的，无权或者弱势地位状况是可以改变的。本案例分别从微观、中观、宏观三个层面介入，社会工作者从微观层面增强个人和家庭的权能，中观层面的同伴支持是一股强大力量，宏观层面通过案主、家庭成员和倡导者在服务设计和改进过程中的参与，最终实现整个系统的变革。社会工作者认为案主所处的环境以及周边的资源都能为其带来帮助，故针对案主问题的微观层面、中观层面、宏观层面进行全面介入。

(一)第一阶段——微观系统的赋权

微观系统专注个人在场境中、在时间轴上建立关系的行为。在此个案中，微观系统包括：

1. 案主个人

生理方面由于有遗传性精神疾病，虽然在案主小王身上体现为偶发性和潜伏疾病，但是由于长期以来整个家庭遭受这种疾病的折磨，她的丈夫因为她的疾病而选择与她离婚，她的哥哥姐姐更是因为病情严重，早些年因意外而去世。长期的生活苦痛使她体重骤减，身形消瘦，整日沉默寡言。认知方面，小王存在悲伤难过的情绪，经常唉声叹气，觉得生活无望，想到父母如此年迈还要辛苦劳动来帮助自己养育年幼的儿子，想到儿子因为自己的原因而失去一个完整的家庭，她常常觉得很绝望，觉得命运不公。行为上，由于自身动力不足，缺乏技能，并且无法有效辨识和管理自身情绪，案主小王并未采取任何措施来改变目前处境。

2. 案主与前夫的夫妻系统

夫妻次系统具有特殊任务和功能，它是家庭功能中不可缺少的部分。案主与其丈夫的夫妻系统由于案主的丈夫发现案主小王的疾病，及嫌弃案主的家庭而被破坏。但是离婚不是案主的选择，是由于其前夫缺乏责任感，对孩子的健康成长漠不关心所致的结果，其前夫对家庭的维护也有责任，对孩子的成长、教育应该担负起应有的责任，所以必须与其前夫取得相应的联系。

3. 案主与原生家庭系统

手足次系统是个体学习与朋辈关系建立的第一个社会性试验场所，通过家庭系统，个体学习到彼此支持、互相学习。通过父母兄妹，学习如何相互陪伴、支持，合作与妥协。在个体成年以后，兄弟姐妹也是永远的依靠和支持。但是在本案例中，小王的大哥和姐姐都已去世，留下年迈的父母，无法给自己提供支持。

案主始终被父母接纳和关爱着，在离婚后便回到娘家，在农村和父母共同生活，父母也始终帮助小王照顾着外孙，并且，案主的父母虽然年纪比较大，但是身体较为健康，生活上不仅可以自理还可以做农活，经常自己编织手工产品拿到市场上去卖。

4. 案主与邻里系统

案主回到娘家后，起初村里的人还很热情，到后来奇怪案主为何长居娘家，渐渐地开始有一些闲言碎语和各种推测，尽管大家也渐渐开始接纳小王，但并非主动接纳，小王一家经常遭邻里白眼。

5. 案主与朋辈系统

与案主面谈后我们了解到，案主的朋辈支持系统十分有限，她初中毕业后就离开老家去市里打工，打工时认识的朋友在她与前夫结婚辞职后就断了联系，在与前夫生活时认识的邻居现在也没有了联系。

综上，微观层面的介入从以下方面入手：

1. 使案主应对危机的个人能力得到提升

社工协助案主疏导悲伤情绪，对案主进行心理抚慰，让其承认并且接纳痛苦的客观现实，通过合理的方式来舒缓情绪，比如可以向第三方如社会工作者、村里的妇女干部、家人等倾诉。

2. 链接资源，协助案主接受技能培训

社会工作者了解到，案主所居住的乡村是国内“银杏谷”旅游景区，遂引导案主小王进入乡村旅行社上班。同时，由于当地特殊的地理优势，香菇种植业比较发达，通过与村委会取得联系，案主小王接受了特色产业种植技巧培训。同时，该地区民俗特色产品也较受市场欢迎，包括石磨豆腐和竹编制品，案主父母完整地掌握了这些技能，通过联系当地旅游局，使得他们的编织产品有了销路。

3. 获得前夫的支持

社工辗转联系上案主的前夫，给他观看儿子生活的视频与照片，使他认识到自身应该对小王母子承担的责任，和案主小王和解，日后能够承担部分儿子的抚养费。

4. 与案主的父母沟通

案主父母都会当地传统的手工编织技术，并且还种植香菇。通过与村干部沟通，我们将案主父母的特殊手工技巧进行推广，组织村民前来学习，加大手工制品的产出，为案主家庭乃至整个村里的村民增加收入。

5. 同邻居和村委会沟通

我们开展健康知识讲座，科普关于精神疾病的知识，然后通过与村民的沟通，使其接纳案主，构造良好的邻里关系，形成社区支持系统。我们通过与村委会联系，获得村委会相关政策的支持，借以链接社区资源和社区网络。

(二)第二阶段——中观系统的赋权

中观系统重在建立案主的各种互动关系，在此个案中，系统与系统之间的互动不明显，仅有的夫妻系统与其原生家庭系统的互动以及朋辈群体互动也因为案主离婚，婚姻系统被破坏，且婚前朋辈群体断了联系而中断。因此，在中观系统的介入上，应该尽量建立支持网络，共同给予案主支持，让案主感受到存在感，重塑对生活的希望。

在中观系统的介入上，社工需扮演好协调者和联络人的角色，促成系统间的互动和联系，特别是邻里和村委会支持。组织帮扶活动，在社工的带领下促进村民与案主家庭的交流，增进互动。

(三)第三阶段——宏观系统的赋权

在此个案中，涉及案主微观系统以外的其他个人和单位并不多，争取到的政府政策支持，可以看做此案例中外界系统的重要组成部分。因此，社会工作者在介入中，应该持续跟进事件的发展，整合有利于案主发展的机构资源或政府资源，提供给案主使用。

在实现全面建成小康社会的攻坚阶段，国家对农村贫困人口提供了大力支持，如贫困人口的政策托底和精准扶贫政策支持等。社会工作者在此有利的政策背景下，可以作为政策的践行者和资源的链接者，确保政策落实。社工将该案主的情况反馈给当地政府，帮助其申请低保救助以及其他社会救助政策的支持。

四、服务成效与评估

几个月来，社会工作者对单亲妈妈小王进行了个案干预，在村里开展常见疾病的预防与治疗知识讲座，并与村委会工作人员取得联系，共同对小王一家进行帮助，目前取得了一些成效。

(1)服务对象的经济收入基本稳定。以前小王一家依靠务农为生，通过社会工作者资源链接和开展技能培训，小王基本掌握了香菇种植技术，并且在乡村旅行社有了一份工作，虽然工资不高，但较为稳定。在村委会的帮助下，小王申请了农村低保等社会救助，基本生活得到保障。

(2)服务对象周围的环境得到了改善。通过开展知识讲座，使居民了解到常见疾病的相关知识，村民对案主一家人更加接纳。有了村民们的接纳和认可，小王更加自信，并且生活的自我管理能力也获得了提升。

(3)由于邻里们的接纳，小王儿子的厌学情绪得到缓解，服务对象的自我认识能力也得到了提升，小王以及儿子的自卑情绪缓解了很多。

在服务开展过程中，由于该村偏远，很多资源无法协调与利用，导致很多预期目标无法完成，比如小王学习的种植技术，按照规划是想推动整个村落的发展，尽量让整个村落的经济水平得到提高，但由于社工介入的时间短，能力有限，无法推动整个村落的经济发展，这也是非常令人遗憾的地方。

社工撤离之后，无法再持续开展知识讲座，居民的固有观念是根深蒂固的，对于有些居民来说知识讲座带来的只是新鲜感，并不是观念上的根本转变，很容易返回到以前的老传统、旧思想里。另外，在结案时，小王有明显的依赖情绪，对于即将结案、社工撤离有些许失落，但案主明确表示会靠自己双手努力生活下去。

五、总结与反思

经过几个月的干预和介入，社会工作者从微观层面、中观层面、宏观层面对小王进行了赋权增能，对小王的原生家庭、邻里关系、亲子关系都进行了干预与赋权，使小王实现了从茧到蝶的蜕变，但服务过程中尚存在一些有待改进的地方。

(1)社工以往对女性的干预停留在职场女性，很少对农村女性进行干预，对农村单亲妈妈的服务经验不够，尤其是首次接触患有精神疾病的案主，多种问题交织在一起，社工在接案初期一度茫然。

(2)没有开发和利用当地的政府资源，虽然在村委会的帮助下为小王找到了稳定的工作，帮她申请了低保等，但其收入水平仍处于下游。

(3)社工开展行动的过程也需要反思。服务过程中商讨的一些方案比较想当然，没能在需求评估时准确掌握村里的情况，缺乏工作的严谨性。

(4)在结案时，没能进行结案前的各种适应准备，造成案主对社工形成依赖。

◎案例应用指南

一、教学目的与用途

（一）适用的课程

此案例适用于“高级社会工作实务”“妇女社会工作”“个案工作”等课程中的妇女群体的实务干预部分的教学，也可作为学习“赋权理论”这一知识点的教学案例。如将本案例应用于其他课程，教学安排需要作相应调整。

（二）适用的对象

本案例的适用对象主要是社会工作专业本科生、硕士生。

（三）教学目标规划

1. 案例覆盖的知识点

需求调查与评估、赋权理论、个案社会工作的技巧、农村社会工作、妇女社会工作、个案服务方案的设计、社会工作的价值观与伦理等。

2. 案例覆盖的能力训练点

（1）掌握需求调查与评估的技巧，撰写需求评估报告；

（2）学习及掌握赋权理论及其基本观点，并根据此理论开展服务内容设计与服务执行、效果评估；

（3）掌握个案社会工作的基本流程及会谈、搜集资料、资源链接等服务技巧；

（4）了解和掌握妇女社会工作、农村社会工作的主要内容及方法；

（5）注意在实务过程中将社会工作价值观和伦理观念作为行为准则，内化为社工的专业行动；

（6）通过案例研读与思考，培养学生分析问题、解决问题的能力。

二、启发思考题

(1)如何开展复杂个案的需求评估？

(2)你认为本案例运用赋权理论是为了培养小王哪方面的能力？

(3)请你为该案例设计社工撤离后的服务内容，应该如何进行跟进？

(4)造成该村不接纳小王一家的主要原因是什么？

(5)服务开展过程中遇到哪些困难，应该如何应对？

(6)本案例对妇女社会工作有什么启发？

(7)请以小王的儿子为案主，尝试设计小王儿子服务介入的方案。

(8)尝试从“社会性别分析”的理论框架，探索妇女与发展、妇女赋权路线。

(9)尝试从“广域的临床视角”，从个人与环境的双重改变入手，建构面向农村精神障碍妇女的社会工作干预策略。

三、案例分析思路

本案例的分析思路也就是案例分析的基本逻辑：

(1)首先分析了在偏远农村地区开展残疾妇女社会工作的案例背景，如案主本身的基本情况，案主所在村庄的现状，以及案主周围所处的系统等。

(2)对案主的问题和需求进行综合评估与诊断，基于赋权理论设计和安排针对案主的服务，增强案主应对风险的能力。

(3)制定案主服务目标，在赋权理论指导下进行干预，开展专业社会工作服务，包括服务遇到的问题及解决对策，以及服务成效评估等。

四、理论依据与分析

案主小王是有轻微精神疾病的单亲妈妈，在偏远农村地区生活且知识水平不高，无疑属于单亲妈妈中更加弱势的群体。社会工作者决定采用赋权理论为这位单亲妈妈提供帮助与支持。

“赋权”是西方现代社会工作理论和实践中一个重要的概念和工作方式。赋权总体上可以理解为增加个体、群体或者社区的权力，使其拥有权力和权能。这里的“权力”是个体所拥有的能力，包括获得所需东西的能力，影响他人思考、行动、信念的能力，影响资源在诸如家庭、组织、社区或者社会等社会系统中分配的能力。赋权的目标在于通过削弱影响个体决定权、行动权的社会性或者个体性障碍，通过增强个体运用权力的能力与自信，帮助服务对象获得对自己生活的决定权与行动权。

赋权理论本质上是一个广泛而又具有相当一致性的概念、方法与模型的集合，旨在发展个人、家庭、团体和社区中的权力。赋权理论认为，有很多长期存在的权力缺失问题，由于权力分配不平等而造成的资源获取不平等，使受压迫的个人和群体无法获得他们所需要的社会产品。因此，易受伤害的个人无法摆脱压迫的消极影响，包括家庭和社区系统运作不良。值得注意的是，在赋权模式下，社工与案主之间的关系是建立在协作和共同责任的基础上的，而不是传统的专家—客户关系。赋权干预的成功在很大程度上取决于这种关系的成功，这种关系也被称为“平等的同行伙伴关系”。通过对话和批判性分析，社会工作者既要与案主合作，又要推动案主的赋权过程。与社会工作者一样，案主也为问题情境带来了许多有价值的专业知识。

小王生活在农村，且知识水平不高，不懂得运用法律手段与社会政策保护自己，女性是弱势群体中数量较多、所占比例较大的群体，家庭妇女往往受到“从夫居”等传统文化影响，家庭权力逐渐被剥夺，成为一个无权、少权的个体，所以对赋权的典型案例进行分析，是探索妇女增能的有效途径。

五、其他背景信息

当社工即将离开 X 村时，便进行了结案，案主问题基本解决，最初的服务目标基本达成。在案例进展的过程中遇到过一些小波折，比如小王前夫的不配合，据他讲，结婚之前，小王隐瞒了自己患有精神疾病的事实，他婚后发现后便一怒之下选择离婚，他认为自己是受害者，不用对小王及其儿子承担责任。村委会也表示，小王是精神疾病，并未丧失劳动能力，不符合领取国家救助的条件。与村民交谈的过程中我们发现，小王曾在村子里发过病，她的哥哥、姐姐也因发病意外死亡，很多村民比较害怕，这也是导致村民们对小王不接纳的主要原因。

六、关键要点

本案例的关键要点包括：

(1)本案例专业服务体现的社会工作价值理念。

(2)本案例对服务对象的需求与资源进行评估，以及运用的评估方法。

(3)在社会工作理论与实务整合框架下，赋权理论在案例中的体现与应用。

(4)在资源链接中，社会工作者在其中扮演的角色。

(5)个案社会工作介入的过程与步骤。

(6)社会工作者的成效评估与反思。

七、课堂教学计划建议

本案例课堂教学计划可以根据学生对知识掌握的程度，尤其是对案例的阅读和课前相关知识的掌握程度来进行有针对性的设计。

为了取得更好的案例教学效果，避免出现忽视学生个体化与差异化问题，教师可以事先调查了解学生的实务经验及擅长领域，将擅长开展个案社会工作或熟悉赋权理论的学生分为两组，将实务经验不足与基础知识掌握不充分的学生分为两组。

本课程中案例主要按照 2 学时进行设计，分为两种方案，教师可根据学生特征与能力选择其一。

方案一：适用于两种情况，一是学生按照教师要求预习到位，但是实务经验不够丰富；二是学生课前预习不一定完成得很好，或者学生之间实务经验的差异较大。在这两种情况下，教师应将重点放在个案社会工作服务程序和步骤部分。

具体课堂教学安排如下：

(1)课外：教师将案例相关材料事先发送给学生，并附加一些基本问题或启发思考题，学生按照问题思路课前阅读案例及相关资料和文献 2 小时。课外小组讨论 1 小时，可根据学生的知识基础和理解能力差异适当增加讨论结束后的知识总结时间。

(2)课内：课堂时间按 2 课时进行。其中，教师案例解析 20 分钟，学生自由讨论 25 分钟，学生就自己的发现与问题积极发言 25 分钟，教师知识点梳理 20 分钟。

方案二：适用于学生有比较丰富的实务经验，教师可将小组讨论置于课堂讨论之中进行，将重点放在个案社会工作服务的总结与反思部分。

具体课堂教学安排如下：

(1)课外：教师将案例相关材料事先发送给学生，并附加一些基本问题或启发思考题，学生按照问题思路课前阅读案例及相关资料和文献 0.5 小时，并准备 2~3 个阅读中发现的重点难点，以待课堂上讨论分析。

(2)课内：课堂时间按 2 课时进行。其中，教师案例解析 20 分钟，学生自由讨论 25 分钟，学生就自己的发现与问题积极发言 35 分钟，教师知识点梳理 10 分钟。

桑榆非晚，为霞满天：社会工作介入社区居家养老服务

一、问题背景

(一)L社区基本情况

L社区坐落于武汉市武昌区东部，山水环绕，风景优美，占地面积6.1万平方米，社区有33栋楼房，布局合理。该社区共有住户2780户，常住居民4173人(其中男性1994人，女性2179人)，社区中60岁以上老人共有1757人，占社区人口总数的42%，属于典型的老龄化社区。

随着老龄人口的不断增加，原有的单位养老服务体系已经不能满足老年人的养老需求，该社区响应国家"居家养老"服务政策，于2013年建立了居家养老服务中心，为居住在家中的老年人开展社会化养老服务，提供综合性的集中照料服务。该社区居家养老服务中心占地面积150平方米，现有专职人员3名，场地、人员以及配备设施远远无法满足近两千人的服务需要。社工在入驻该社区之后，通过前期需求调查，决定将该社区的服务重点放在老年社会工作服务上。

(二)服务对象基本情况

通过摸底调查，该社区1757名老人中，60岁至70岁的老人占42%，71岁至80岁的老人占39%，81岁至90岁的老人占17%，90岁以上老人占2%。同时，社会工作者发现，在1757名老人中，近70%的老人未与子女居住在一起，处于空巢状态，其中还包括32%的老人由于丧偶或其他原因目前处于独居状态。同时，该社区老人还具有以下几个特点：

老年人个人素质较高，学习能力强，对精神以及自我实现层面的需求要求较高。该社区老人多数为退休教师或其他事业单位人员，他们具备丰富的个人阅历，在年老之时也希望能够有所作为，在物质生活已经满足的情况下，认为精神生活尤其重要。

血亲关爱缺乏，日常交往不足，导致生活空虚寂寞。社工在调查时了解到，该社区70%的老人未与子女一起居住，部分老人子女在武汉市外乃至国外，平时与子女见面沟通机会不多，老人不能经常性地得到亲情的慰藉，此外老人孤僻的性格又导致与周边人员沟通不多，因此精神生活状态不佳。

老年人需求多样，由于职业生活、经济条件、社会环境等诸多方面的差异，该社区老人向社工表达了各自不同的诉求，但也有共同的一面，就是希望得到周边人群的关注，更有意义地“打发时间”。

社区中存在部分“边缘老人”，部分老人家庭贫困，面临着就医、生活保障的问题，他们不愿意参加社区活动，长期以来成为被社区排斥的边缘群体。

二、核心问题确定与资源分析

经过一个月的实地调研，社工对L社区开展老年服务情况进行预估。

(一)核心问题

通过调查，L社区面临的主要问题是严重的老龄化，而社区中的老人多数处于空巢或独居状态，老人精神生活严重匮乏，严重影响了老年人的生活质量。社工要解决的问题主要是：社区老人的照料问题以及如何丰富老人的精神生活。

(二)优势资源分析

前期社工链接护理志愿者与社区门诊医生对老人进行义诊，运用GDS、MMSE量表对老人进行健康预估，该社区老人确实存在一些慢性疾病，但从医疗人员那里了解到，患大病的老人不多，老人整体健康水平高于武汉市平均水平。

老人有意愿参加社区活动，部分老人同时也期望做一些能够回馈社会、体现自我价值的事情。

该社区毗邻武汉某知名高校，有大量学生志愿者愿意为社区中的老年人服务。

该社区存在大量已退休的中年女性，这些退休的阿姨们在社区非常活跃，所以她们也构成了社区中非常重要的志愿者力量。

相关单位和部门对该社区养老工作非常支持，为老年社会工作的开展提供了坚强后盾。

(三)限制性资源分析

专业人力资源匮乏。目前负责居家养老服务中心的专职人员仅3名，且不具备相关专业资质，人员配备与专业素质难以满足老人需要。

活动场地有限。居家养老服务中心仅有150平方米，但实际使用面积更小，难以满足千名老人参与社区活动。

老年服务工作基础薄弱。老人对居家养老服务这个概念十分陌生，且老人警惕性高，社工介入后还需要与老人建立专业关系。

三、服务目标与介入策略

(一)服务目标

服务的总体目标：探索社区居家养老模式；呼吁社会对老人予以关注，改变社会对老人的刻板印象；构建社区老人支持系统，重塑社区守望相助新观念；增加老人社会融入，促进老人自我价值实现。

服务的具体目标：呼吁老人走出家门，积极参与社区活动；以兴趣爱好为基础，帮助老人建立兴趣爱好组织以及以老年人为主体的志愿服务组织；在社区中争取场地资源、帮助链接社会公益力量参与老人服务；提供老人参与社会活动的机会，帮助老人实现年轻时的梦想。

(二)介入策略

居家养老服务应以老年人日常生活照料为主，把生活照料和精神慰藉相结合，使老人在生活和精神的双重服务下安享晚年，结合该社区实际情况，我们对该社区社会工作服务介入策略主要包括：

基本生活服务。响应国家“无偿低偿有偿”养老要求，在社区中引入家政公司，由社工整合，采取“多家联合购买家政服务”的方式，以低于市场价格为生活不能自理的老人提供上门送餐、生活护理等服务。

精神慰藉。通过建立兴趣小组的方式，吸引老人自行结对，帮助建立朋辈支持系统，增加老人的沟通交流，消除寂寞感、孤独感；同时，在日常服务中社工关注老人心理状态变化，对有需要的老人及时进行个案辅导。

康复保健服务。链接护理学院志愿者，为老人提供定期义诊、日常健康检测服务，根据不同时节为老人宣讲保健知识等。

社会倡导服务。一方面，由各个组织中的老人提供力所能及的社会服务，同时鼓励老人多多参与；另一方面，改善老人与子女关系，呼吁子女增加对老人的关注。

具体工作程序如下：

(1)需求调查与服务宣传(2014年9月)。我们采取“滚雪球”的方式，在社区中派发了100份需求调查问卷，召开3次焦点小组访谈，了解老人兴趣爱好和服务需求，同时向老人宣传社工服务。

(2)申请场地，链接志愿者资源。由社工联合社区居委会人员考察社区场地，向相关部门申请到了免费的某活动中心，缓解了场地不足的困境；同时，与L社区最近的W大学校团委联系，吸引W大学的志愿者来到L社区提供志愿服务；联系M家政公司，商讨解决该社区空巢老人的问题。

(3)建立、孵化组织。根据老人们的兴趣爱好建立兴趣小组，排列课程表，为小组购置相关设施，制定组织规章制度，设计活动规划。

(4)组织成果展览。帮助老人将其日常活动成果汇集，以展览或其他形式进行成果输出，满足老人的成就感。

四、介入过程与行动

结合本社区实际情况，社工认为，主要服务对象是社区中退休的老人，一方面，他们是服务的接受者，另一方面，他们其中的一部分人也是服务的提供者。基于此，社工将老年群体分为低龄(50~70岁)、中龄(71~80岁)、高龄(81岁以上)三个群体，但该社区70~80岁的健康中龄老人非常活跃，因此结合老人身体状况，将老人整体划分为健康的中低龄老人、健康的中高龄老人、身体条件欠佳的老人。结合他们自身特点以及需求调查，我们将服务进行如下分类：

(1)全社区老人普遍性服务：健康咨询、义诊、养生讲座、涉老信息提供、休闲娱乐等活动。

(2)健康的中低龄老人：兴趣爱好培训、志愿服务(主要是低龄老人服务高龄老人)、打造“圆梦舞台”促进社会融入。

(3)健康的中高龄老人：健康风险评估、例行体检、营养咨询与教育、慢性病防治、身体锻炼方案。

(4)身体条件欠佳的老人：送餐服务、家务服务、探访、出行服务。

该社区专职人员不足，因此社工主要的职责是链接社会资源，发掘老人自身潜能实现自助互助，并将其服务进行规范化管理。

(一)针对全社区老人的健康咨询及兴趣培训服务

定期体检，关注健康。通过社区义诊或家访的形式，为社区老人建立健康管理档案，及时发现病情变化及潜在的健康问题，使服务对象对自己的健康有掌控能力，更好地关注自己的健康。

自我管理，促进健康。以健康讲座的形式，对服务对象进行营养饮食管理、运动管理、慢性病管理、药物管理、康复护理、老年保健、妇科疾病预防等方面的健康教育，提升服务对象的健康意识和知识水平，促进生活质量的提高。

年轻心态，笑面人生。通过心理知识讲座和团体辅导(如冥想和肌肉放松训练)，针对老年人的心理特点、老年人常见的心理健康问题以及各种影响因素，对其进行心理干预，培养其良好的社会适应能力和人际交往能力，缓解心理压力，排除忧郁情绪的干扰。

根据老人们的兴趣爱好，形成社会组织，每个组织有其负责人，负责各自队伍的运营，社工则帮助建立制度，申请、链接资源。目前主要形成以下12个兴趣爱好组织：飞扬舞蹈队、花好月圆歌唱团、长青晨练队、风采依然时装队、青山依旧合唱团、翰墨情书画社、夕阳红京剧社、珞珈园艺社、凌波摄影队、善美义演团、梦之春艺术团、樱花门球队。老人可根据爱好，符合该组织的要求即可加入，每周活动安排如下(表1)：

表1　L社区每周活动安排表

时间	周一	周二	周三	周四	周五
上午	园艺	书画	手工	园艺	唱歌
	棋牌	保健护理	棋牌	棋牌	棋牌
下午	京剧	舞蹈	保健护理	民乐	时装

结合时节安排，每月有一个活动主题，即保证每个月都有文化节，为老人们提供更多的展示机会(表2)：

表2　L社区每月主题活动及参与者清单

时间	活动主题	参与者
一月	全国社区网络迎新春晚	各社会团体
二月	春联惠民、福送万家	翰墨情书画社
	新年茶话会　游艺会　团体联欢	所有团体及居民
三月	樱花节系列活动一：京剧圆梦舞台	夕阳红京剧社
	樱花节系列活动二：摄影书画展	凌波摄影队
	樱花节系列活动三：樱花快闪	青山依旧合唱团及青年社团
四月	园艺培训(聘请专家)	园艺兴趣组
	流金岁月项目(对老年慢性病、残障等实施关怀)	护理学院及志愿者
	组织各社会团体春游赏花、户外舞台表演	各团体

续表

时间	活动主题	参与者
五月	心心相印、关注健康(急救护理常识、养老护理培训)	护理学院及志愿者
	一键通使用 PPT 宣讲、K 歌大赛	合唱团及志愿者
六月	户外互动、老人趣味健康娱乐活动	社区老人与学生志愿者
七月	红色 7 月(探访、慰问老党员)	离退休社区老党员
	纳凉晚会	
八月	我的军旅生涯(晒老照片)	社区老军人
	讲革命故事	
九月	国庆、重阳联欢	所有社会团队
十月	K 歌 老年交谊舞	所有社会团队
	聚光灯下的霓衫秀(自制服装秀)	服装剪裁班
	第三届金秋笔会	翰墨情书画社
十一月	老年门球比赛、老年知识竞赛	门球队、社区居民
	我要上春晚(才艺比拼)	社区居民
十二月	全国社区网络春晚拍摄	所有社会团队
	贫困老人慰问(空巢、低收入、残障、高龄老人)	街道居委会等

目前已完成的项目：

网络春晚的录制、春联惠民送福活动、樱花节快闪宣传活动、服装秀、多次东湖探访等，现将已开展活动简单介绍如下：

1. 我要上春晚——网络春晚

由 L 社区党支部承接全国社区网络春晚，主要节目均出自这 12 个老年组织，节目均来自老人们业余的排练。以老年人为主体的网络春晚，对于参加表演的老人来讲意义非凡，一方面让老人在排练中得到锻炼，避免了生活的单调，并且在排练中结交好友，建立支持系统；另一方面也让老人在全国观众面前展示了他们优美的舞姿、嘹亮的歌声，改变社会对老人的刻板印象。

2. 弘扬国粹，让经典传承——樱花节京剧圆梦舞台

武大樱花闻名全国，樱花节成为武汉的又一张名片，京剧作为国粹，与武大的樱花相得益彰。长期以来，社区里有很多热爱京剧的老人，因此社工联合武汉大

学，策划在每年樱花节的时候，为京剧社的老人涂上油彩，穿上戏服，为他们搭建京剧圆梦舞台，弘扬国粹，让经典传承。

3. 知识养老，书写丹青——翰墨情书画展

医学研究证明，书写、朗诵犹如思维体操，使全身通畅，有怡情养性的独特作用，而书法、绘画的训练对于老人来说一方面宁静身心，另一方面使老人四肢及大脑得到长期的锻炼，预防老年痴呆及老人抑郁症的发生。书画是L社区的常驻项目，工作人员将老人的作品收集成册，目前已出版三本书画集，筹办画展近十次，在春节前由书画组老人为全社区居民送春联添富贵。

4. 用晚霞编织梦想——自制霓衫秀

老人们一般都比较节约，他们喜欢将家中的衣物、布料拿来改装。十几位老人组成了风采依然时装队，由自己购买布料，自己设计、裁剪，环保实惠，并且还完成一次时装秀，受到了居民以及媒体的极大赞扬。

以上几项活动只是L社区老年活动的掠影，近10个月来，老人们文化生活十分丰富，排演了水平极高的节目，受到了社区居民的热烈赞扬，也引起了多数媒体的关注，被各个报社报道十余次，也向武汉市民展示了老人们精神焕发、老当益壮的风貌。

(二)针对需要帮助的高龄老人

1. 敲敲爱志愿帮扶

根据老人意愿，健康的中低龄老人与W大学青年志愿者结成志愿帮扶队伍，制定排班表，每天登门去高龄空巢老人家中敲门或打电话，确保这一天该老人是平安健康的，以解决以往空巢老人缺乏关注的问题。

2. 联合购买家政服务

L社区空巢老人居多，但是以老人们目前的收入情况，聘请家政人员会造成较大的经济压力，而事实上对于家政人员来说，一个人针对一位老人则存在大量的剩余时间。因此，社工与家政公司沟通，一名家政人员可以为两到三位老人服务，费用多家平摊。此外，由居家养老服务中心联合专业护理人员对家政人员进行培训，提高其服务质量。

(三)针对社区中家庭困难的老人

对于困难老人的帮扶主要分两个方面：一是为老人提供相关的政策信息，获取

政府方面的正式支持；另一方面成立妈妈手工班，考虑到老年妇女经济能力较差，以及老年妇女自身健康状况，L社区成立了妈妈手工班，进行手工艺品的制作，帮助她们提升经济能力，也能起到一定的养生作用。

（四）针对志愿者的管理与激励机制

志愿者由社工统一建档管理。为了保证志愿者的积极性，我们利用“时间银行”和志愿者打卡器对志愿者进行管理。“时间银行”即中低龄老人在提供服务的时候由社工进行时间登记，待其有需要时可以志愿服务时长兑换相应的免费服务；志愿者打卡器是管理志愿者时长的App，青年志愿者利用手机，老人则携带前期制作的二维码，进行志愿时长登记，可通过积分兑换电影票、购物券等。

五、服务成效与评估

专业的社会工作评估方法从评估的阶段可分为过程评估和结果评估，L社区老年服务遵循专业评估原则，在总结服务成效的基础上进行过程评估和结果评估。

（一）服务成效

身体指标：通过PSQI量表，75%的对象睡眠质量提高；通过老年抑郁量表，83%的对象抑郁量表得分降低；通过GWB量表，64%的对象幸福感评分提高；通过SSRS量表，测得58%的对象社会支持评分提高。此外，志愿者教会老人使用电脑、视频等高科技软件，使老人与海外子女联系增多，受到了老人及其子女的一致好评。

组织活动：目前已开展大型专场活动7次，活动范围覆盖L社区及其周边社区。

社会效益：项目实施以来，L社区的老年活动受到了楚天都市报、武汉晚报、长江日报等多家媒体的关注，被报道十余次；此外，2015年网络春晚的录制在全国范围内引起了很大反响；L社区目前已链接了3个青年志愿者服务团队，志愿者达上百人；出版老人书画集3册，重复翻印120本。

（二）过程评估

过程评估主要考察有关达成项目的活动质量。在每次开展活动时我方都要配备一名观察员，对活动进行记录，活动结束后与社工进行讨论，总结本次活动优点和不足。同时，活动结束后会随机抽取活动参与者进行满意度调查，综合多次活动结果，活动满意度得分为4.89分(满分5分)。

(三)结果评估

结果评估也是对该项目的效益评估，主要考察目标达成的程度。现将L社区老年服务项目达成结果总结如下：

活动直接参与者：登记人数152人；

服务受众：1326人次；

孵化社会组织：13个，培养组织领袖22人；

确保工作日每周都有活动，活动场地利用率达100%。

六、反思

在入驻L街以后，社工起初将服务定位于传统的对老人的照护。某天，社工插着耳机走在社区的路上，被一位80多岁高龄老人叫住，他为社工讲了很多插耳机的危害。后来了解到，这位老人因患有颈椎病，每天都会在社区中散步锻炼，他遇到每一位插耳机的年轻人都会叫住他们并为他们讲解相关知识。老人说：我年纪大了，不想看到你们这些年轻人糟蹋自己身体，能帮一个就帮一个吧。

这件事情对社工触动很大，长期以来我们把老人定位于需要被照顾的对象，其实，有些老人也可以成为照顾者，更愿意为社会发挥余热，因此，在专业照料人员缺乏的情况下，调动、培育服务对象自身，实现自助和互助，更加符合社会工作价值理念，也能够提高服务质量。

(一)服务模式

在社区服务中，以我国现有的社工资源，每个社区至多两名社工，因此社工不可能做到事事亲力亲为，必须发挥其“整合、链接”社会资源的功能，将社区里的资源发挥到最大。根据L社区实际，我们探索出“由社工主导，服务对象自助互助，社会各界广泛参与”的居家养老服务模式(图1)，该模式主要有以下优点：

成立自治小组，充分发挥老人自身在居家养老服务中的重要作用，助人自助，发掘老人潜能。

动员社区居民积极参与，实现社区养老，让老人主动融入社会。

充分链接社会资源，发挥志愿者独特的专业优势，将科学知识融入日常服务，为老人提供更加科学、专业、优质的服务。

服务针对性强。根据需求调研结果，将老人分为不同需求种类群体，为其提供个性化服务。

项目独立性、可持续强。在该项服务中，由社工引导孵化了 13 个社会组织，每个组织进行自治管理，社工对其进行跟进，撰写组织发展评估报告，培训组织领袖，服务的运行不会因为社工的撤离而终止，可长期独立运行。

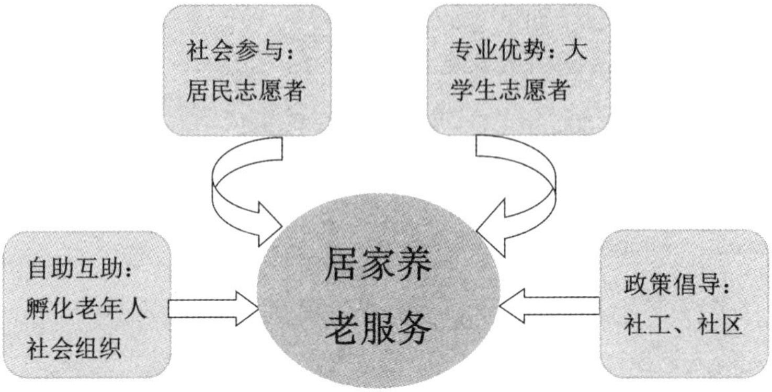

图 1　居家养老服务模式优点

(二)服务反思

L 社区的服务项目目前持续开展，着实取得了很多成绩，但也有许多不足之处，主要体现在以下几点：

由于老年人的异质性比较强，每个人的健康状况和社会关系有很大的不同，但是由于人员的短缺，目前无法实行一对一的帮助，策划的活动并不能满足每位老年人的需求。此外，每位老人在项目实施过程中的需求也是处于不断变化之中的，组内有时会出现需求冲突的情况，这些对服务质量都有一定的影响。

目前负责 L 社区居家养老服务的专职人员只有 3 名，外加 1 名社工，其余均为志愿者、家政员、参与活动的服务对象，这是本项目的特色。但志愿者流动性大，而老人必须要考虑到他们自身的身体状况，人员的不稳定成为制约项目发展的瓶颈。

经费不足问题。虽然我国一直倡导居家养老服务中的“无偿、低偿、有偿”养老，目前 L 社区采取的是向当地居委会申请经费以及购买公益创投项目来维持日常活动的开销，但是没有稳固的经费支持作为保障，项目的长久运行难免会出现问题。

◎案例应用指南

一、教学目的与用途

（一）适用的课程

此案例适用于 MSW“高级社会工作实务”“老年社会工作”“社区社会工作”等课程中老年群体的实务干预部分的教学，也可作为学习“居民自治”“社区参与”“社会组织孵化与培育”“自助与互助养老”“三社联动”等单一知识点的教学案例。

（二）适用的对象

本案例的适用对象主要是社会工作专业的本科生、硕士生。

（三）教学目标规划

1. 案例覆盖的知识点

需求调查与预估、老年社会工作的技巧、社区社会工作、社区工作服务方案的设计、社会工作的价值观与伦理等。

2. 案例覆盖的能力训练点

（1）掌握需求调查与评估的技巧，撰写需求评估报告。

（2）学习和掌握优势视角理论和社会支持理论的基本观点，并且在理论视角下设计、分析服务项目及安排、推进服务项目。

（3）学习和掌握社区社会工作、老年社会工作的实施方法和途径。

（4）注意在实务过程中将社会工作价值观和伦理观念作为行为准则，内化为社工的专业行动。

（5）通过案例研读与思考，学会独立分析问题、解决问题。

二、启发思考题

(1)本案例给老年社会工作、社区社会工作带来哪些启示？

(2)本案例是如何运用个别化原则对不同类型老人开展服务的？在整个服务过程中是否始终坚持了社会工作伦理原则和价值观念？

(3)尝试以“社区资源地图”的方式呈现社区相关资源。

(4)本案例中社工运用了哪些具体的服务技巧？

(5)在不同年龄段老人的自助和互助养老过程中需要注意哪些问题？

(6)你认为，社区工作中采用的“时间银行”兑换机制是否可行？有何利弊？

(7)案例中如何体现“三社联动”“居民自治”“社区参与”？其对于我国基层社会治理与社区建设有什么启示？

三、案例分析思路

本案例分析的基本逻辑：

(1)在老龄化日益加重的背景下，政府、社区、家庭对于老人生理、心理、社会问题的普遍关注，引发对于养老压力与问题的深思以及问题解决路径的探索。

(2)对老人需求与问题进行综合评估与诊断，基于优势视角理论、生态系统理论基本观点设计和安排老年人社区居家养老服务。

(3)在服务过程中，始终坚守社会工作伦理和专业价值观，使其成为指导社工实务行动的“指挥棒”。

(4)对老人各支持系统逐步推进与完善，包括资源的链接、服务对象自助、互助团体建设，以及家庭、子女、社区、志愿者等生态系统支持体系的构建。

四、理论依据与分析

本案例运用生态系统理论、优势视角理论进行分析：

(一)生态系统理论

生态系统是20世纪70年代兴起的一个具有整合意义的社会工作实践视角。该理论将生态系统分为微观系统、中观系统和宏观系统。生态系统理论认为问题产生的根本原因是个人与环境的不适。生态系统理论主张把服务对象放到组织和系统中去，要求从一个整体的系统视角去看待案主的问题，认为服务对象问题产生的原因不仅是案主个体自身的因素造成的，而且还是他所生活的环境系统与各种社会因素一起作用的结果。自社会工作专业产生以来，其使命就是改善人们与环境之间的交流与互动，而生态系统理论将生态观点与系统概念相结合，形成了“人、行为、环境之间相互依赖”的聚合理论，正好回应了社工实务整合的趋势。在L社区中，老年人因独居导致生态系统圈薄弱。那么，社工就需要对其生态系统进行重建，在老人间形成一个自助、互助的生态圈，构建社区支持系统。

(二)优势视角理论

“优势视角”是一种关注案主自身的内在力量和所拥有资源的视角。优势视角的两个核心概念为：一是抗逆力。它指当个人面对逆境时能够理性地做出建设性、正向的选择和处理从而在困境中生存下来的能力。抗逆力这一概念的提出使人们意识到，逆境或危机有可能带来问题，但也有可能激活生命的潜能，唤醒生命中沉睡的部分，推动生命走向更高的发展。二是优势，即每个个体、团体、家庭以及社区都有各自的优势与强项。社会工作者应充分挖掘案主的优势和资源，激发和挖掘案主自身潜在能力，协助案主更好更快地走出困境。

优势视角理论认为，每个人或群体都有其自身内在的能力，如果存在适当的环境或条件，他们就能够发挥自身的功能。在优势视角理论指导下的实践表明：社会工作者应该立足于寻求、探索并利用案主自身的优势和资源去帮助他们达成目标。优势视角理论通过五个理念来建立增能概念：建立与服务对象间的伙伴关系，注重增强服务对象自身的能力和优势，重视个人与家庭或环境关系，视服务对象为能动主体，将个人的潜能指向一直受到剥削和压制的群体。优势视角理论认为，社会工作者的角色不是为他人增能，而是帮助他人实现自我增能。

五、关键要点

本案例的关键要点包括：

(1)服务介入前的资料搜集工作非常重要。如对L社区的类型、人口结构、区位优势、资源分布等情况的掌握无疑会影响服务工作的开展成效。

(2)传统社区“需求为本”的理念认为社区需求的满足往往需要外来资源的引入和对外力的依赖，将问题的焦点归于社区的“缺陷与不足”，从而给社区贴上负面标签。本案例分析关键在于，实现从社区“需要为本”到社区“资产为本”的转变，强调社区建设和发展必须走“内生型道路”，实现“由内至外”的转变。依靠社区内部资源，发掘社区成员的优势和潜能，自我团结互助，寻找新的发展机遇。

(3)社会工作者要注重组织的孵化和培育工作，同时注重社会组织类型的多样性、规范性和协同性，注意引导现有社区社会组织朝公益性社区社会组织转变。

六、课堂教学计划建议

本案例课堂计划可以根据学生知识掌握程度的差异，尤其是对案例的阅读和课前相关知识的掌握程度来进行有针对性的设计。

按学生的特征与能力可以将学生分为三类：一是学生按照教师要求预习到位，但是实务经验不够丰富；二是学生课前预习一般，或者学生之间实务经验的差异较大；三是学生理论与实务经验都掌握得较好，也会按照教师要求仔细阅读案例。在前两种情况下，案例讨论过程中教师引导的内容应相对多一些，将重点放在社区社会工作和老年社会工作服务程序与步骤部分。

为了取得更好的案例教学效果，避免出现忽视学生个体化与差异化问题，教师可以事先调查了解学生的实务经验及擅长领域，将擅长开展老年社会工作、社区社会工作或熟悉生态系统理论、优势视角理论的学生分为两组，将实务经验不足及基础知识掌握不充分的学生分为两组。本课程中案例主要按照 2 学时进行设计，分为两种方案，教师可根据学生特征与能力选择其一。

方案一：适用于前两种情况的学生，具体课堂教学详细安排如下：

(1)课外：教师将案例相关材料事先发送给学生，并附加一些基本问题或启发思考题，学生按照问题思路课前阅读案例及相关资料和文献 2 小时。课外小组自由讨论 1 小时，形成初步讨论结果。

(2)课内：课堂时间按 2 课时进行。其中，教师案例解析 15 分钟，学生自由讨论 20 分钟，学生就自己的发现与问题积极发言 30 分钟，教师知识点梳理与答疑 25 分钟。

方案二：适用于第三种情况的学生。教师可以将更多的课堂时间交给学生自己分析讨论，形成对问题全面清晰的认识。教师可以将小组讨论置于课堂讨论之中进行，将重点放在老年社会工作和社区社会工作服务的总结与反思部分。

具体课堂教学安排如下：

(1)课外：教师将案例相关材料事先发送给学生，并附加一些基本问题或启发思考题，学生按照问题思路课前阅读案例及相关资料和文献至少 0.5 小时，并准备 2~3 个阅读中发现的重点难点问题，以待课堂上讨论分析。

(2)课内：课堂时间按 2 课时进行。其中，教师案例解析 10 分钟，学生自由讨论 25 分钟，学生就自己的发现与问题积极发言 40 分钟，教师知识点梳理与总结 15 分钟。

钢花新颜：武钢退休职工情绪辅导与志愿服务组织培育

一、案例背景

随着社会的不断进步和人口老龄化问题越来越严重，国内老年人口的比例也在增加，中国早已进入老龄化社会。城市地区的退休工人占城市老年人的比例很大，做好退休职工的管理和服务，对于企业的稳定和社会的改革与发展具有重要意义。

武汉钢铁集团(公司)是新中国成立后兴建的第一个特大型钢铁联合企业，工人以自己是武钢人为荣，将毕生心血和青春挥洒在工作岗位上，从公司退休意味着告别繁忙的车间生活，许多退休职工产生心理落差。本案例运用小组工作的方法，为该企业的退休职工提供帮助，对其进行心理疏导，普及养老健康知识，最终孵化培育社区志愿服务组织；帮助退休职工逐渐实现角色转换、适应退休生活，培养社区人际交往能力，丰富退休职工的精神世界；建立社会支持网络，以实现助人自助。

我们通过对武汉市青山区武汉钢铁集团某小区走访招募，采取自愿报名的方式，最终确定了10名退休职工为小组成员，其基本信息如下：

表1 “钢花新颜”支持小组组员基本信息

序号	组员	年龄	健康状况	个人条件	家庭状况
1	徐伯伯	68	身体健壮，视力、听力、记忆力、行动力等方面一切正常	退休之前曾任工程师，退休金丰厚。爱好养花养草	老伴去世多年，子女一直在海外居住，一直是独居
2	王阿姨	70	目前行动灵活，身体良好，曾患有眼科疾病，通过手术，现已痊愈	某部门会计，退休后在家，无业余爱好	女儿已经出嫁，老两口一起生活

续表

序号	组员	年龄	健康状况	个人条件	家庭状况
3	孙阿姨	63	身体状况良好，无重大身体疾病	退休工人，现每月退休金约为 2500 元，享受社会医疗保险	有两个儿子，都已各自成家，只有逢年过节才会回家看看
4	宋伯伯	67	目前身体很健康，行动自如，眼不花，耳不聋	退休干部，每月退休金有 6500 元左右，生活条件不错	子女移居海外多年，家中仅有一条狗陪伴
5	周阿姨	65	生活能基本自理，有轻微的风湿病，活动能力良好	以前是劳动模范，享有退休保障	目前和丈夫生活，有一儿一女
6	乔伯伯	70	患有风湿病和高血压	有新农合保险，每月有 1000 元左右的退休金	老伴前些年因病去世，有四个子女，目前和大儿子住在一起
7	汪阿姨	60	身体状况基本良好，偶尔有偏头痛	普通退休职工，爱好网购、看电视剧，不爱社交，性格内向	目前和老伴一起生活，女儿还未成家
8	李伯伯	63	身体状况良好，烟瘾较大	退休干部，喜欢参与各类社区活动	是汪阿姨的老伴，情况相同
9	郭伯伯	67	目前身体状况良好，先天性左眼弱视	普通退休职工，退休工资较低。退休后情绪波动较大	未婚，无儿女，独自生活
10	王伯伯	63	身体较为健康，未曾患过重大疾病	喜欢参加户外运动，性格开朗，人际关系良好	与老伴一起生活。儿子未婚，在外地工作

二、核心问题的确定及介入目标

(一)核心问题的确定

通过对以上小组成员充分了解，我们发现组员的核心问题有：

生理问题：随着年龄的增长，退休职工的生理衰退越来越明显，各种生理功能和认知能力逐渐退化。

心理问题：由于角色的转变，退休职工会产生心理落差以及否定自己的不良情绪，在心理上抗拒退休。

社会角色转变问题：从在职者转变为退休者，退休职工容易出现矛盾心理，认为退休即退出社会舞台，不能较好地适应退休后的社区生活。

人际交往问题：退休职工活动范围缩小，一般只限于家里，在社区内缺乏社区归属感和凝聚力，缺乏社区人际交往的方法和技巧。

(二)介入目标

通过系列小组活动，帮助退休职工逐渐实现角色转换，适应退休生活，培养社区人际交往能力，丰富退休职工的精神世界；建立社会支持网络，为社区退休职工建立志愿服务组织；实现老有所依，老有所为，促进社区和谐发展。

具体介入目标：

(1)减轻心理压力，给予退休职工心理安慰，减少其不良情绪，同时通过小组活动丰富其精神世界。

(2)帮助退休职工顺利实现角色转变，适应生活环境的变化，养成与社区相适应的生活方式。

(3)提升退休职工社区人际交往能力，逐渐在社区形成社会支持网络，从而增强退休职工的社区归属感和凝聚力。

三、理念与价值观

在本案例中，社工的服务对象是由退休职工组成的一个小团体。本案例为服务对象开展工作，主要基于以下的假设：

(1)通过提供保护性的支持，可避免这些退休职工紧张和防御心理，有利于建立社会工作者与他们之间的信任感，发展良好的专业关系，减少问题探索过程中可能出现的障碍，有助于退休职工将内心的烦恼和压抑倾诉出来，与社工一起坦诚地探讨和交流自己的内心世界，逐渐适应角色的转变，接受并安排好自己的退休生活。

(2)身体和心灵是相结合的，调节身体可以改变心境。每个人身上都会有多多少少的疾病，特别是年老的退休职工，从关怀和改善服务对象的身体出发，引导他们关注健康，从而达到调节心理的目的。

(3)人类的生存需要与他人的协作互助，退休职工也不例外，不能因为退休了就封闭自己，不与人打交道。社会工作者需要提供专业帮助，对退休老人进行心理疏导，普及健康养老知识，最终孵化培育社区志愿服务组织。

四、介入计划与介入过程

社会工作者在活动理论和角色理论的指导下对本案例展开小组工作介入，按照社会工作实务的通用过程开展，即接案、预估、计划、介入、评估、结案、跟进。基于小组成员的基本情况进行需求评估，开展三个阶段的介入计划，其中包含七次具体的小组工作。

(一)介入计划与过程

小组名称：钢花新颜——武钢退休职工情绪辅导与志愿服务组织培育。

小组成员招募方法：在社区广场上进行宣传；社区工作人员及居民帮助招募活动对象；电话招募活动对象。

1. 第一次活动：初次见面

活动时间：2018 年 9 月 15 日(15:00—16:00)

活动过程：自我介绍与活动介绍；破冰游戏；制定小组规范；分享总结。

活动目的：通过此次活动使退休职工相互认识，寻找相同兴趣爱好的朋友。

时间	过程	目的	内容	所需物资
5 分钟	自我介绍活动介绍	通过活动介绍，使组员熟悉活动流程	社工先进行自我介绍，接着简要介绍此次活动的主要内容及基本流程	笔、登记表、名牌
10 分钟	破冰游戏	促进组员间相互认识和了解，营造出轻松愉快的小组气氛	“传气球”：把组员分成两组，让组员依次传递气球，哪组最快则获胜	气球
30 分钟	兴趣介绍	让退休职工分享自己的兴趣爱好以及退休后理想的生活方式	先由一名社工引出话题，然后请各个组员依次分享	无
10 分钟	制定小组规范	建立共同的小组规范，要求小组成员遵守	双方共同协商制定小组规则	无
5 分钟	分享总结	通过小组成员分享，让其他组员表达自身感受，增强组员间的认同感	小组成员分享参加本次活动的收获和对活动的建议，以及自己的需求	无

2. 第二次活动：镜中你我

活动时间：2018 年 9 月 22 日(15:00—16:00)

活动过程：活动介绍；自画像；天使与魔鬼；总结分享。

活动目的：通过此次活动舒缓退休职工因退休带来的负面情绪，帮助他们安排好退休生活。

时间	过程	目的	内容	所需物资
5 分钟	活动介绍	工作者作一个简单的介绍，让组员了解本次小组活动情况	社工进行人员登记，并向参加活动的退休职工说明本次活动的内容和目的	笔、登记表、名牌
20 分钟	自画像	1. 使团队成员找准自我定位，改变成员对退休这一事实的认知。一方面帮助他们努力调整心态，另一方面使其能够尽快适应角色变化且融入全新的生活环境 2. 团队成员需要改变对自身现状的焦虑，理性认识并理解退休前后所带来的变化，从而主动接受退休后的生活	团队成员画自画像，写出自己的优点和缺点，营造积极轻松的团队氛围，提高团队成员对自己的正确认识	饮料、小纸片、小纸盒、彩色水彩笔
20 分钟	天使与魔鬼	通过成员之间的角色转换，让团队成员了解角色转变的影响，增强人际融合，在退休后能建立新的人际关系	情境模拟，让组员分别体验天使与魔鬼的角色	无
5 分钟	总结分享	让小组成员表达对参加本次活动的感受	邀请小组成员总结并说出对参加活动的感触、意见以及自己的需求	无

3. 第三次活动：情绪管理

活动时间：2018 年 9 月 29 日（15:00—16:00)

活动过程：活动介绍；情绪管理；总结分享。

活动目的：帮助团队成员利用较为理性的方式释放自身压力及负面情绪，帮助他们树立自信心，对生活重拾热情；纠正团队成员因自身、他人和退休所带来一系列问题而产生的认知偏差，从思想、心态及行为上达成一致的合理认识；强调退休后人际关系的重要性，使其对人际交往形成良好积极的态度。

时间	过程	目的	内容	所需物资
5 分钟	介绍活动流程	工作者作一个简单的介绍，强调小组规范，让组员了解本次小组活动情况	社工进行简单的自我介绍和人员登记，并说明本次小组活动的内容和目的	笔、登记表、名牌
20 分钟	情绪管理	1. 帮助团队小组成员理性地释放负面的情感，减少消极的心理，从而建立起团队成员的自信心 2. 帮助团队成员纠正对退休的认知偏差，形成合理的认知，并全面了解他们的人际关系问题 3. 让团队小组成员了解到退休后人际关系的重要性，从而对退休后的生活形成一种积极乐观的态度	通过让团队成员观察"情绪脸谱"的方式，鼓励他们踊跃表达自己的想法，相互讨论"情绪脸谱"中展示各种情绪所带来的好与坏，与此同时，工作人员需要做好相关记录；之后要求每组成员回忆自身生活中较为容易产生的情绪，并对退休后人际交往中所显露的不良情绪进行深刻的反思，理性认识该情绪会给自身带来什么影响，自己应通过何种方式进行调节，成效如何等。情绪分析：工作者结合埃利斯的理性情绪疗法，解释了非理性情绪可能产生的不利影响，并描述了各种情绪。讲述多种调节情绪的方法，增进组员的学习了解	无
10 分钟	总结分享	让小组成员阐述参加本次活动的感触	邀请小组成员总结并说出自己对参加活动的感触、意见以及需求等	无

4. 第四次活动：知识加油站

活动时间：2018 年 10 月 6 日(15:00—16:00)

活动过程：活动介绍；正话反说；优点大轰炸；总结分享。

活动目的：帮助团队成员掌握恰当的社区人际交往方式和技能，特别是沟通的技巧，促进其良好人格和行为习惯的形成。

时间	过程	目的	内容	所需物资
5 分钟	活动介绍	通过活动介绍，使组员熟悉活动流程	社工进行自我介绍，带领服务对象回顾上一次活动的过程及意义，并简要介绍此次活动的内容及流程，重述小组规范	无
10 分钟	正话反说	营造轻松的团队气氛，让团队成员了解恰当的沟通方法、表达方式，增进与社区同龄人沟通的能力	社工带领组员参加正话反说，如“健康”反过来就是“康健”	无
20 分钟	优点大轰炸	促进团队成员之间的深入了解，引导每个成员看到他人的优势，增进团队成员之间的互信和诚意，增强他们的人际交往能力和表达沟通技巧	每个团队成员都表示在之前的活动中发现了其他团队成员的优势，并且被点名的成员分享了他们的心得和感受	无
10 分钟	需求调研	了解小组成员对社会组织的认识以及社区对社会组织的需求	通过事先准备的问卷来了解退休职工对社会组织的认识与需求	问卷、笔
5 分钟	分享总结	通过小组成员的分享，让组员表达自身感受，加强组员间的认同感	邀请小组成员总结，说出对参加活动的感触、意见及自己的需求	无

5. 第五次活动：志愿服务型社会组织的孵化

活动时间：2018 年 10 月 13 日(14:30—15:30)

活动过程：组织需求界定；相关知识培训；组织架构搭建，人员招募。

活动目的：确定社区需要什么类型的社会组织，为社会组织的成立提供指导。

时间	过程	目的	内容	所需物资
10 分钟	社会组织需求分析	明确社区对于社会组织的需求状况	对上次需求调查表进行分析，确定社会组织的类型为老年志愿者组织	PPT
20 分钟	社会组织相关知识培训	让小组成员对社会组织的相关信息进行了解，以便建立社会组织	社工通过讲课的形式让退休职工了解老年志愿组织的相关信息，了解该组织的运行以及可以开展的活动	PPT
20 分钟	组织人员的招募	为老年志愿者组织招募成员	在现场招募组织成员，并组织成员在社区内通过宣传招募更多成员	无

6. 第六次活动：社会组织培训

活动时间：2018 年 10 月 20 日(14:30—16:30)

活动过程：活动介绍；组织成员培训；分享总结。

活动目的：通过外界力量对小组成员进行社会组织相关知识的培训，便于以后他们开展志愿活动。

时间	过程	目的	内容	所需物资
5 分钟	活动介绍	通过活动介绍，使组员熟悉活动流程	社工带领服务对象回顾上一次活动的内容及意义，并介绍此次负责培训的专家	无
60 分钟	社会组织成员培训	让成员了解社会组织如何运行及开展活动	社工邀请相关专家通过讲课的形式为老年志愿者组织介绍社会组织如何运行、管理及开展活动	PPT、投影仪
5 分钟	分享总结	通过小组成员的分享，让组员分享自己的学习成果及心得体会	邀请组员总结，说出对参加活动的感受、意见，并分享自己的学习成果及对于社会组织的认识	无

7. 第七次活动：小组结束

活动时间：2018 年 10 月 27 日(14:30—18:30)
活动过程：活动介绍；志愿活动的开展；活动分析；小组结束。
活动目的：让老年志愿者组织开展一场活动，并在此后结束小组活动。

时间	过程	目的	内容	所需物资
5 分钟	活动介绍	通过活动介绍，使组员熟悉活动流程	社工带领服务对象回顾上一次活动的内容及意义，并介绍此次活动的流程	无
60 分钟	开展志愿活动	让组织成员亲身参与活动的组织开展	志愿者组织开展一次环保活动，如垃圾分类，社工担当督导的角色，在活动中积极给予指导	无
10 分钟	活动分析	帮助组织成员了解此次活动的效果及经验	活动结束后，社工就此次活动进行成果分享，并对活动进行总结，希望下一次活动办得更好	无
20 分钟	小组总结	肯定组员的不同改变，鼓励、支持其继续努力保持良好的生活状态，积极参与交往，与同伴间建立良好的朋友关系	社会工作者带领小组成员一起回顾小组的历程(PPT 展示)	PPT、投影仪
10 分钟	自由互动	组员表达情感	组员间自由表达感受，并赠送礼物，相互道别	无
20 分钟	活动总结	小组离别情绪的处理	社会工作者作总结，合理调节组员间分离情绪，结束小组活动	无

(二)介入阶段

(1)情绪辅导阶段。从原来的工作岗位退休后，退休人员会有更多的时间照顾自己，他们的主要精力也从原来的工作场所转移到日常生活中来。退休后如何适应和管理时间是每个退休人员面对的新课题。通过前期需求调研，社会工作者组织社区中具有共同心理护理需求的退休职工，并开展一系列小组活动，帮助退休职工改变角色。例如在活动中，组员之间进行角色转换，让退休职工了解什么是角色转变，学会正确看待自己的角色转变，从而正视自己退休的现实，并通过情绪管理活动，释放退休职工的负面情绪，让其能够更好地在社区进行人际交往，培育积极的心态。

(2)普及健康养老知识。社工将该小区退休职工探访的情况进行汇总，帮助服务对象制定作息时间表，结合小组活动内容，积极进行电话回访。通过对服务对象进行城市老年人生活习性科普，并请相关健康专家讲解老年健康知识，从而提高服务对象的生活质量。

(3)孵化培育社区志愿服务组织。通过活动的开展，社工在活动中观察有威信以及比较积极的退休职工，并选出有领导能力的退休职工，培育社区退休职工中的领袖人才，组建一支社区志愿服务组织，帮助解决社区中存在的问题，开展社区活动，以增进邻里关系，促进社区和谐发展。

五、服务效果与评估

(一)服务效果

社工通过小组工作，帮助退休职工进行角色转换。例如在活动中，组员之间进行角色转换，让退休职工了解什么是角色转变，学会正确看待自己的角色转变，从而正视自己退休的现实，并通过情绪管理活动，释放退休职工的负面情绪，让其更好地在社区进行人际交往，培育积极的心态。

根据对该小区退休职工探访的情况，帮助服务对象制定作息时间表。通过对服务对象进行城市老年人生活习性科普，并请相关健康专家讲解老年健康知识，提高服务对象的生活质量。

通过活动的开展，社工在活动中寻找有威信以及比较积极的退休职工，选出了有领导能力的退休职工，培育社区退休职工中的领袖人才，在退休职工中组建一支社区志愿服务组织，帮助解决社区中存在的问题，通过开展社区活动等，增进了邻里关系，促进社区的和谐发展。

(二)小组评估

过程评估：采用基线测量法，建立一条基线对社会工作者开展的活动效果进行衡量，评估介入前后退休职工在态度和行为等方面的变化。

结果评估：首先，运用科学的研究方法和技术，系统地评价本次小组活动的介入结果。其次，总结整个介入过程，考查小组活动的开展是否顺利，社会工作者对武钢退休职工生活的介入是否有效。最后，通过对社区、社工以及服务对象进行满意度调查，调查小组活动是否达到了预期目的。

六、总结与反思

(一)成功经验

小组目标设计合理，基本上得以实现。小组目标是社工与武钢退休职工共同商定的，每位组员积极投入小组活动中，并与大家分享自身参与活动的经验。退休职工在参与活动的过程中身体得到有效的锻炼，也使得他们的性格更加开朗，拓宽了武钢退休职工的社交范围，满足他们对自我实现的需要，提升自我效能感。

小组活动获得了武汉钢铁集团(公司)和武钢退休职工的支持。因为各种影响因素导致武钢退休职工退休后的社会活动较为单一，平时和其他人接触较少，他们需要一个平台与其他人交流。通过多次小组活动，一方面让这些退休职工重新感受生活的意义；另一方面通过与其他的退休职工交流，可以排解内心的孤独感和寂寞感。

理论与实际联系较紧密。将理论与实践相结合可以更好地指导实践，在小组活动过程中，社工分析、应用所需的理论模式，制定更加明确的小组目标，有了理论的指导，活动设计显得更加合情合理，组员在参与活动的过程中获得成就感，提升了社会交往能力与自我效能感。

(二)不足及改进措施

在小组活动后期，小组凝聚力比较强，成员对小组具有很强的归属感和认同感，对小组的结束具有较强的排斥心理，不希望结束小组活动，希望社工能够继续提供服务。另外，小组结束之后，小组在后期的持续性上还存在问题。社工针对武钢退休职工开展小组活动只进行了七次，时间持续一个半月左右，整体时间相对较短就进行了结案，后期缺乏对小组的指导和帮助，无法及时了解和推动小组的持续发展。为此，社工应该注意以下几点：

第一，要恰当地处理好离别情绪。组员的离别情绪比较浓，在小组后期，组员排斥、拒绝小组的结束。因此社工应在活动结束前几次活动中就应该告知组员活动结束的时间安排，让组员有一定的心理准备，避免组员在小组结束之后出现悲伤和失落的情绪，同时举办分享会以愉快温馨的方式终结小组活动。

第二，培养小组领袖，带领小组继续开展活动。在社工离开小组之后，小组的效果仍然要保持。在小组活动即将结束时，应培养小组领导者，使活动得到进一步的开展。同时，小组领袖也可以开展后续活动，带动更多合适的退休职工参与到小组活动中，满足他们的社交需求。

◎案例应用指南

一、教学目的与用途

(一)适用的课程

本案例适用于 MSW“高级社会工作实务”“企业社会工作”“小组社会工作”“老年社会工作”等课程中老年群体实务干预部分的综合教学，也可用于个别知识点的案例教学，如“支持性小组”“社区社会组织孵化与培育”“社区社会组织公益转型”等。如将本案例应用于其他课程，教学安排需要作相应调整，可参考本案例应用指南。

(二)适用的对象

本案例的适用对象主要是社会工作专业本科生、硕士生。

(三)教学目标规划

1. 本案例覆盖的知识点

(1)需求调查与评估
(2)角色理论与其基本观点
(3)活动理论与其基本观点
(4)小组社会工作
(5)老年社会工作
(6)企业社会工作

2. 本案例覆盖的能力训练点

(1)掌握需求调查与评估的技巧，撰写需求评估报告；
(2)学习及掌握角色理论和活动理论及其基本观点，并根据理论开展服务内容设计与服务执行、效果评估；

(3)掌握小组社会工作的基本流程及搜集资料、资源链接等服务技巧；

(4)了解和掌握企业社会工作、老年社会工作的主要内容及方法；

(5)注意在实务过程中将社会工作价值观和伦理观念作为行为准则，内化为社工的专业行动；

(6)通过案例研读与思考，培养学生分析问题、解决问题的能力。

二、启发思考题

结合教学目标及案例使用规划，设置如下启发思考题：

(1)如何开展全面的小组需求评估?

(2)你认为本案例汇集了哪些支持网络?

(3)请你为该案例设计社工撤离后的服务内容，应该如何进行跟进?

(4)造成该社区退休职工角色转变难的主要原因是什么?

(5)服务开展过程中遇到哪些困难，应该如何应对?

(6)本案例对企业社会工作有什么启发?

(7)适合本案例的社会工作角色定位是什么?

三、案例分析思路

本案例的分析思路也就是案例分析的基本逻辑：

(1)首先分析了在社区开展退休职工社会工作的案例背景，如社区的基本情况，以及案主周围所处系统的资源提供情况。

(2)对退休职工的问题和需求进行综合评估与诊断，基于角色理论和活动理论设计和安排针对案主的服务，增强案主退休后的适应能力，实现角色转换。

(3)制定案主服务目标，在角色理论和活动理论指导下进行干预，开展专业社会工作小组服务，包括服务遇到的问题及解决对策，以及项目服务成效评估等。

四、理论依据与分析

(一)活动理论

活动理论是罗伯特·哈维格斯特提出的一种针对社会撤离理论(高龄人群因活动能力下降和生活中角色的丧失而愿意自动地脱离社会的观点)的理论，其主要观点为：活动水平较高的高龄人群的生活满意度会比活动水平低的高龄人群更高，而且更能够适应社会。高龄人群(老年人)应该尽可能改变目前现状并长久地保持中年人的生活方式，从而去否定老年生活习惯的存在，用新的兴趣点或社会关系来取代因丧偶或退休等客观因素带来的各种问题，从而把自身与社会的距离缩小到最低限度。

活动理论对于退休职工社会工作的意义不仅在于它是从医学和生物学的角度去分析，更是从日常生活观察的角度进行问题分析。生物界的法则基本上是"用进废退"。在本案例中，退休职工在自己热爱的岗位上奉献了一生的热情与心血，退休后难免会有一些情绪上的问题，一时间不能接受退休后的生活。为此应该用活动理论去指导社会工作者的实务工作，让这些退休职工虽然退休了，但是仍然保持高水平的活动和生活方式。通过小组活动，增加社交技能，为退休职工的社会参与提供更多的机会和条件；用新的人际关系和事物来取代旧的事物，从而使服务对象更快更容易地适应新的生活。

(二)角色理论

在美国社会心理学家 G. H. Meid 提出"角色"概念之后，许多学者用不同的观点和方法对角色问题进行了大量的研究，使角色理论进而形成一个独特而又完整的理论系统。社会角色是一组个人行为模式，其中个人在社会关系系统中处于某种社会地位并满足社会要求，在社会化过程中，个人必须不断发挥或改变各种角色。许多传统理论认为，退休后的老人应该以生活为目标，不再需要社会化。

然而，现代社会的发展证明，退休后老人仍需继续社会化，其主要理由就在于角色之间的转换，这种角色之间的转换及其影响表现为：当劳动角色转换为支持角色的时候，更容易让老年人产生经济危机感。决策角色转变为平民角色(在家庭中，"父母"的角色转换为被动接受的角色)时，退休职工很容易产生"被抛弃"感和孤独感。工具角色转换为感情角色，工具角色是指人们肩负着一定的社会公职，他们所扮演的角色是为了某种特殊的目的，如职业上的角色；情绪角色是满足身心情绪的角色，例如父母和孩子在家庭中的角色。退休职工的一个重要特点就是作为企业职工的工具角色转换为感情占主导的角色。

在角色转换期间，当个体的性格行为处于与角色认知或角色期望协调的状态时，个体将具有愉快和舒适的心理感受。相反，个体处于相互冲突的状态，就会引起焦虑和烦恼。如果在角色转换期间无法协调，退休老人可能会遇到角色冲突。研究表明，角色冲突是紧张局势的根源。角色的紧张对个人的身心健康是非常有害的。因此，在本案例中，探讨退休老人如何在角色转换期消除角色冲突，通过多次小组活动让他们了解到退休并不意味着退出"社会舞台"，而是应该创造新的环境和生活，从而有助于他们更好地适应社会。

五、关键要点

本案例的关键要点包括：

(1)本案例中对服务对象的需求与资源进行了哪些评估以及运用了哪些评估方法。

(2)活动理论在案例中的应用。

(3)角色理论在案例中的应用。

(4)开展服务链接了哪些资源。

(5)社会工作服务介入的要素。

(6)在社会工作理论与实务整合框架下开展服务的方案和步骤。

(7)如何开展小组工作服务。

(8)社会工作者进行了哪些评估与反思。

六、课堂教学计划建议

案例教学对教师和学生能力有一定要求，需要学生在案例教学前阅读和思考大量问题。教学效果与学生的知识储备和资料阅读有较大关联，因此，实施案例教学前，学生预习案例相关背景知识显得非常重要。教师在前次课就应将案例布置下去，并要求学生查阅离退休产业工人的生理、心理、社会特征，以及阅读企业社会工作、员工辅导、社区志愿服务组织培育等相关的知识。在理论学习上，关注老年人活动理论、角色理论，及其他老年社会工作常用理论，注意区分不同理论的核心观点及应用范围。课前预习时间 1.5 小时。

本案例按照 2 个学时进行设计，课堂教学安排时长为 90 分钟。课堂上安排了小组讨论、案例分析、提问与回答，以及知识的归纳总结等环节。具体课堂安排如下：

教师案例回顾：10 分钟。

小组讨论：20 分钟。

知识梳理总结：20 分钟。

课堂练习：25 分钟。相似社会工作服务项目设计、实施与管理(只需呈现服务项目的主要思路、基本框架以及社会工作介入的方向、方法与途径)。

学生提问和教师解答：10 分钟。

机动时间：5 分钟。

历史加工模式下困境儿童的自我认知与情绪管理

一、案例背景

救助管理站在照顾帮扶困境儿童方面起到了重要作用，为他们提供了一个生存的空间，并解决了温饱问题。然而，由于社会长期以来存在着对困境儿童的偏见，以及传统救助管理制度的缺陷和价值理念的落后等，困境儿童常常没有得到很好的发展，尤其是人格与心理方面出现了许多严重的问题。这为其以后的社会生活埋下了诸多隐患，成为社会不和谐的因素之一。

根据有关数据显示，困境儿童人数最多的是单亲家庭儿童，占总人数的49.3%；其次是父母患病残疾的儿童，占总人数的15.6%，其他类型的困境儿童主要包括留守儿童、孤儿、患病儿童等，人数较少。项目关注的重点对象包括家庭贫困儿童、单亲家庭儿童、留守儿童、自身重病重残儿童以及服刑人员家庭的儿童。通过开展小组工作，帮助困境儿童重新构建良好的心理状态，更好地融入学校生活、家庭生活和社会生活。同时通过对困境儿童保护工作的实务研究，发现社会工作在困境儿童保护工作中存在的问题，为社会工作介入困境儿童保护工作提出相应的意见和建议。

为建立健全困境儿童社会保护机制，本案例以某社工机构在救助管理站开展的针对困境儿童认知小组工作为例，结合困境儿童分级表，分析困境儿童存在的主要心理问题，并对其进行需求界定。通过整合家庭、社区、社会、政府的力量，为困境儿童及其家庭提供专业化、有针对性的接入服务，解决困境儿童的心理问题。社会工作者以筛选出来的6名困境儿童为小组组员，开展包括人际交往、认识自己、情绪控制等内容为主的小组服务，服务地点为社区小组活动室和社区广场。本案例依据弗洛伊德人格“三我”理论、心理预防机制，以历史加工模式为基础，对困境儿童的人格和心理进行调查与分析，提出影响儿童人格和心理的主要因素在于认知失调与角色认同缺失，进而通过小组工作方法，科学引导儿童发现自己的认知失调与角色认同问题，并在小组活动中帮助他们逐渐改善认知和获得角色认同，最终拥有良好的心理预防机制和健全人格，能够自然适应与融入社会生活。

二、核心问题的确定及介入目标

每个孩子都希望在父母陪伴下快乐成长，但由于监护不当或父母监护的缺位，部分儿童陷入困境。恶劣的生存条件，不良的成长环境，对困境儿童成长中的本我产生影响，甚至出现心理偏差。受偏差本我影响，在面临困境或挫折时，他们会采取一些错误的防御手段，如暴力手段等，甚至会走向犯罪。儿童是人类成长的最初阶段，这一阶段如果人格扭曲，会影响其一生甚至对社会造成危害。因此，对困境儿童早期阶段的认知偏差进行纠正十分必要。

历史加工模式的目标在于帮助那些困境儿童矫正不健康心理，修正其不良行为，重新回到儿童的纯真状态。同时，利用弗洛伊德的本我、自我、超我理论帮助那些儿童找回最初的本我，压制他们的欲望之我，让他们意识到社会之我的存在并开始学会发展社会之我，从而减少因人性的扭曲而产生的青少年犯罪事件，增加社会的稳定，维护社会秩序。

三、理念与价值观

(一)接纳尊重，唤醒自尊

接纳意味着在对服务对象开展工作的时候，积极主动地理解对方，接受对方作为一个独特的个体和人的价值，并尊重对方的人格。接纳的关键在于不以社会工作者个人的价值观评判或取舍对方，应该始终保持着一种信任、接受和尊重的态度。我们所接受的是他作为人所存在的这一个体，任何个体的任何言行都有其深刻的历史渊源。接纳是尊重的先决条件，通过尊重，社会工作者为困境儿童营造了一个安全、温暖和宽松的环境，使其放下防御、消除戒备，自由并安心地敞开自己的心扉。通过尊重，双方建立起相互信任的关系，真诚表达，真心互动。通过尊重，唤醒困境儿童的自尊，激发他们重新审视自己，肯定自己的价值，最终实现人生自助，回归社会。

(二)真诚信任，良性互动

真诚信任是指社会工作者在面对困境儿童的时候应该始终保持一种真挚、诚实的态度，表里如一。帮助困境儿童的过程是重塑其心灵、人格完整的过程。重塑心灵必然要开启心灵，在这其中关系的建立显得尤为重要，若双方无法建立和谐、良性、信任的关系，帮助就可能事倍功半，流于形式。

(三)维护自察，重塑自决

自察即自我察觉，自决即自我决定。由自察到自决必然要经历一定的过程，而其最终目的是为困境儿童灌注希望。在针对困境儿童的社会融入过程中，社会工作者仅起着引导的作用而非全权代理，为对象做出决定。这样做容易导致困境儿童对社会工作者的过度依赖，放弃自己的行为责任，导致各种无理要求的产生。所以，社会工作者应特别注意帮助对象拥有自我选择、自我决定的意识，使他们加强自我察觉，为自己做出负责的决定。但是，维护帮助对象的自决，并不等于社会工作者可以袖手旁观，而应留意受助儿童的点滴进展，及时反馈信息，积极对其进行鼓励。

四、介入计划

(一)第一次活动：破冰之旅

1. 目标

介绍小组成员相互认识，协助小组成员融入群体；介绍小组的具体情况，让小组成员了解活动内容以及要达到的小组目标；点明小组期望，订立小组规范。

2. 内容安排

自我介绍、破冰游戏、小组规范制定、角色厘清。

(二)第二次活动：认识你自己

1. 目标

让困境儿童充分了解自己的梦想，然后引导他们运用正确的方式追逐梦想。通过别人眼中的自己让孩子们认识到自己的优点和缺点，从而使他们对自己有一个正确的认识。引导小组成员探究自己的内心世界，体验自我。

2. 理论

“镜中我”理论认为我们可通过别人对自己的评价和态度来认识自我的行为和

态度，从而更好地认识自己的优缺点。通过自我认知，让他们清楚认识到自己内心真实的想法，并勇于进行自我展示。

3. 服务内容

梦想之旅：小组工作者先提前准备几张白纸，然后把它们分别交到孩子们手上，让孩子们在纸上画出自己心中的梦想，分别让他们描述自己的梦想是什么样的，最后小组工作者作总结，并用一些成功示例引导他们如何实现梦想，矫正他们的不自信和不正确心理。

认知自我：小组工作者要提前准备一些小礼物、零食和一些白纸，然后让每个孩子在纸上写下自己认为的缺点和优点，之后让其他孩子来猜测这些优缺点，猜对的孩子会得到一些小礼品，猜不对的也会有一些零食，最后让每个孩子在活动结束时对这个活动作总结，说出自己内心的想法。

(三)第三次活动：忆童年

1. 目标

通过梳理童年记忆了解困境儿童成长过程中的重要影响因素，探索儿童内心世界，在儿童无意识的活动中找出对儿童人格影响的关键因素，以形成对孩子更全面的认识。

2. 理论

通过自由联想来解除儿童心理戒备，在无意识中围绕儿童早期情境、程序、动机展开联想，以达到探索儿童内心自我的目的。孩子自我固结形成时期在1~12岁之间，童年故事对孩子人格形成有一定影响。

3. 服务内容

将小组成员围坐在一起，让每个孩子轮流说出自己童年里印象最深刻的事，鼓励孩子说出童年故事对他们有什么作用或影响，或者事件发生后对他们有什么心理改变，在长大的过程中，所遇的事物和处理事情的方法是否受到童年事件的影响。

(四)第四次活动：远离坏情绪

1. 目标

协助小组成员学会控制自己的情绪，让组员掌握正确的沟通技巧。

2. 理论

通过 ABC 理性情绪理论识别坏情绪，找出错误认知，并重塑正确认知。

3. 服务内容

开展“你画我猜”游戏，内容为小组工作者让组员分成三组，两人一组，一人表演各种有关情绪的词语，注明是在与他人的沟通过程中产生的情绪，一人负责猜词；小组工作者让小组成员回顾刚刚在游戏中表演的词语，并让成员回想自己在日常生活中的不良情绪，引导组员如何调节自己的情绪。

(五)第五次活动：常怀感恩

1. 目标

通过观看家庭伦理视频，让小组成员明白父母养家的辛苦，让组员学会理解父母、感恩父母；通过角色扮演让组员正确认识到沟通的重要性。

2. 理论

角色扮演是对儿童进行持续性关怀引导，以找出儿童内心想法，然后释放出来以达到压力舒缓和心理重建的目的。关怀者是儿童的依赖对象，应发挥关怀者的作用，塑造孩子完美人格。

3. 服务内容

亲子主题视频：视频的主要内容是父母如何与孩子进行沟通，节选自家庭情景剧《家有儿女》当中的某一段情景。

角色扮演：让组员表演日常和父母吵架的情景，学会处理沟通障碍的技巧。

小组成员结合视频进行讨论，并发表自己的感受、观点和看法。

五、介入过程

(一)组员的招募与筛选

本次小组活动以自愿为原则，对 B 社工机构项目覆盖地区的困境儿童进行招募，在征得困境儿童及其家人同意后，开展小组社会工作。在对困境儿童的个人资料进行深入分析后，从中抽取6名典型困境儿童组成互助小组，如表1所示：

表1　组员(困境儿童)基本情况

姓名	性别	年龄	基本情况介绍
小夏	男	8岁	父母分居多年，小夏跟随父亲生活；父亲患有听力残疾，不能劳动；小夏是艾滋病患者，已辍学4年，无心上学
小喻	女	10岁	父母离异，父亲患有精神疾病；祖父中风在床，不能行动，小喻与其大伯一家生活在一起
小王	男	9岁	小王父亲2008年出走至今未归；小王与奶奶生活在一起，爷爷已去世
小曾	男	11岁	父亲去世，母亲患有精神病；小曾已辍学，如今在工地打工
小陈	女	9岁	父亲患有乙肝，母亲患有严重妇科疾病；父母外出打工，收入低，几乎不回家；奶奶以捡废品为生，爷爷已去世
小蔡	男	12岁	父亲去世，母亲有精神病，出走未归；爷爷无劳动能力，无收入来源；小蔡性格内向，不爱说话

(二)小组目标

总目标：合理宣泄不良情绪，矫正不良行为，学习沟通技巧，重新认识自我。

具体目标：引导小组成员建立信任关系。首先运用小组动力学原理，使小组成员之间能够相互融合；其次引导小组成员正确认识自我，发现自我的长处与优点，在社会工作者的引导下，提升自我效能感；最后协助小组成员掌握有效的沟通技巧，提高解决问题的能力。小组活动主题见表2。

表2　小组活动主题

小组活动名称	小组节次	小组主题	时间	地点
“情绪万花筒”——自我认知小组	1	破冰之旅	2017. 9. 25	社区广场
	2	认识你自己	2017. 10. 30	社区小组活动室
	3	忆童年	2017. 11. 6	社区小组活动室
	4	远离坏情绪	2017. 11. 13	社区小组活动室
	5	常怀感恩	2017. 11. 20	社区小组活动室

(三)具体实施

1. 破冰之旅

活动流程与内容：(1)自我介绍环节(25分钟)。社工首先进行自我介绍，并向小组成员说明此次小组活动的目的以及主要内容；然后引导小组成员进行自我介绍，并让组员对此次活动提出疑问，社工进行解答。(2)游戏环节(30分钟)。社工带领小组成员开展“萝卜蹲”“击鼓传花”等热身游戏，目的是调动小组气氛，增强小组凝聚力。(3)订立小组规范(20分钟)。小组成员集体讨论并签订小组规范，主要包括小组成员应该遵守的规则以及成员奖惩制度，如不打骂、不迟到等。(4)总结环节(15分钟)。社工就此次小组活动作简要发言，邀请小组成员说明参加此次活动的感受，约定下次小组活动的时间、主题。

活动评估：此次小组活动只是一个初始环节，目的是让小组成员相互熟悉，调动小组成员的积极性，并让组员了解小组工作的具体流程，总体而言此次小组活动是成功的，尤其是通过游戏环节，组员之间关系融洽，成员的积极性也很高，表示下次会继续参加。不足之处在于因为是初次活动，成员对规则不够了解，现场出现了一些小混乱。

2. 认识你自己

活动流程与内容：(1)社会工作者首先让组员回忆上次活动的主要内容，并对小组目的进行重申；着重强调遵守小组规则的重要性，提出要进行奖励和惩罚；简要介绍此次活动的流程(15分钟)。(2)社工引导小组成员表达对自己的看法，说出自己的优缺点，社工以第三人称立场对其中存在的关于自我认知的偏差进行解释(30分钟)。(3)社工带领小组成员任意画一幅画，引导其他小组成员说出对所画内容的理解。可以询问如下问题：这幅画有些什么内容？从这幅画中你们感受到了什么？通过一系列追问，引导小组成员相互交流，增进对彼此的了解(30分钟)。(4)社工让组员针对此次活动发表自己的看法，并让小组成员提出意见和建议，最后社工对此次活动进行点评，对活动中表现较好的成员进行表扬，鼓励其他组员向其学习(15分钟)。

活动评估：此次活动最大的成效就是小组成员之间的关系更密切了，组员之间相处融洽，尤其是社工暗中观察的几名困境儿童，组员小喻比之前更加开朗，结识了两个新朋友，其他人在游戏环节也更有积极性。同时通过描述自己优缺点的环节让组员逐渐进入主题，为以后的活动奠定了基础。

3. 忆童年

活动流程与内容：(1)回顾上次小组活动主题及内容，引导小组成员对自己形成正确认知和看法(10分钟)。(2)小组成员围坐在一起，每个孩子轮流说出自己童年里印象最深刻的事(20分钟)(3)鼓励孩子说出童年故事对他们的影响，或者事件发生后对他们有什么改变(20分钟)。(4)在长大的过程中，所遇的事情和处理事情的方法是什么，是否受到童年事件的影响(20分钟)。(5)分享忆童年活动中的想法与感受(10分钟)。

活动评估：此次活动通过回忆早期童年重要事件或人生经历对自己的影响，及处理问题的方式，使孩子们回忆以往的成功经验，对于应对当前问题具有一定的启发作用。

4. 远离坏情绪

活动流程与内容：(1)社工带领小组成员回顾上次小组活动的内容，巩固上次活动取得的效果，并对此次小组活动作简要的介绍(15分钟)。(2)开展"你画我猜"活动，社工让组员分成三组，两人一组。游戏规则是一人表演各种有关情绪的词语，注明是在与他人的沟通过程中产生的情绪。一人负责猜词(40分钟)。(3)社工让小组成员回顾刚刚在游戏中表演的词语，并让成员回想自己在日常生活中的不良情绪，引导组员如何调节自己的情绪(20分钟)。(4)社工对此次活动进行总结(15分钟)。

活动评估：通过此次小组活动，小组成员体会到日常生活中的各种情绪表达，明白了情绪掌握的重要性。学习了一些与父母、同学、朋友等交流沟通的技巧。

5. 常怀感恩

活动流程与内容：(1)社工带领小组成员回顾上次活动的内容，巩固上次活动取得的效果，并对此次小组活动作简要的介绍(10分钟)。(2)社工播放亲子主题视频，视频的主要内容是父母如何与孩子进行沟通。此处节选了家庭情景剧《家有儿女》当中的某一段情景(25分钟)。(3)角色扮演环节主要是让组员表演日常和父母吵架的情景，让组员学习处理沟通障碍的技巧(30分钟)。(4)社工让小组成员结合视频进行讨论，并发表自己的感受和看法。(5)社工进行最后总结，向组员表达了殷切希望，并告知此次活动是小组最后一次活动，处理好离别情绪。

活动评估：此次活动对组员的冲击力很大，尤其是视频环节，很多小组成员都深有感触。通过角色扮演形成的巨大反差，小组成员不仅感受到了父母的艰辛，还感受到了父母的爱。小组成员学会了自我反思。

六、效果与评估

在小组工作过程中，小组成员在情绪的改变与交流能力的培养上存在着较大的困境，表现在改变效果没有达到理想状态、同伴支持功能薄弱、持续性较差等方面。在具体的小组运行过程中，必须紧密结合困境儿童情绪问题的特点积极应对。在前期小组工作的开展过程中，小组成员主要通过体验式的方法进行情绪管理。但是在小组工作的后期，小组成员的积极性减弱，对情绪问题改善的动力降低，理论和实践没有进行有效结合。因此，在小组设计环节，我们增加了实践内容，让小组成员结合具体情境，获得情绪管理的体验，提升困境儿童应对挫折的自信心。同时，结合具体的时间过程，在小组活动开始阶段，安排多次小组活动的时间，强化小组成员管控情绪，提高应对挫折的能力。

同伴支持是构建情绪优势视角外在保护的关键因素。但是，小组前期工作开展过程中，以个体情绪察觉和管理能力的提升为重点，虽然有团队合作互动，但由于成员交流较少，相互之间的支持功能不足。为增强小组成员间的同伴支持系统，在小组工作开展的中后期，社会工作者聚焦小组动力，通过增加团队合作游戏的次数，增进小组成员彼此的了解与配合，促进成员间的有效沟通和交流，逐渐敞开心扉，从而增进了同伴支持的功能。

通过小组满意度调查表，我们发现小组成员对此次小组活动较为满意，基本达到了小组预期的目标。一方面通过小组活动的开展，小组成员学习了相应的沟通技巧，有利于以后的人际交往。另一方面，通过鼓励小组成员进行自我介绍，使性格内向、不善言谈、缺乏沟通能力的组员敞开心扉，积极发言。此外，小组成员在小组活动中也提高了自我反思、自我表达、换位思考的能力。

(1)服务参与度评估。社会工作者通过统计小组成员签到情况发现，在整个小组活动过程中，大部分成员都能够准时参加每节小组活动，服务对象的活动参与度为98%。从投入角度来看，据社工观察仅有三位组员在某些小组活动环节投入度略低，后期随着活动的不断开展和深入，组员的改变比较显著，活动的参与度与投入度不断提高，在小组活动的中后期，全体成员的投入度极高。

(2)目标达成度。为了解困境儿童在参加小组活动前后的变化，社工采用量表对困境儿童的效能感和乐观感进行评估。在小组活动结束之后，将困境儿童在解决问题能力、人际沟通技巧、目标制定、情绪管理、正面理解挫折、对未来充满希望六个方面平均得分与小组活动开展之前得到的平均分进行比较，来评估小组活动的效果。由表3小组介入服务前后的平均得分来看，困境儿童在上述六个方面的平均得分明显高于小组活动前，说明困境儿童在效能感和乐观感两方面有了一定的改善和提高，困境儿童的自我认知能力提升，小组目标也基本达成。

表3　小组服务介入前后对比

序号	维 度	介入服务前平均得分	介入服务后平均得分
1	解决问题能力	2.07	3.55
2	人际沟通技巧	2.38	3.70
3	目标制定	2.03	3.02
4	情绪管理	1.89	3.93
5	正面理解挫折	2.02	2.98
6	对未来充满希望	1.89	3.54

(3)对社会工作者的满意度。为了解小组成员对小组活动内容的看法和意见以及对社工的满意程度，社工在第五节小组活动结束之后，对每个小组成员进行了简单的访谈并记录。社工根据访谈记录统计分析得出：服务对象对社会工作者的表现十分满意。具体而言，93.5%的组员认为社工在活动中给了自己很大的鼓励和帮助；81.2%的组员认为社工协助其做出了改变，提升了自己的自信心；85.3%的组员认为社工能够帮助其处理和解决问题；93.7%的组员认为社工帮助其学习人际沟通的技巧与方法，并且效果十分显著。由此可以看出，小组成员对社会工作者的服务态度普遍满意。

(4)社会工作者角色完成情况。在困境儿童自我认知发展的过程中，社工主要扮演着服务提供者、引导者、支持者、协调者、使能者、评估者的角色，并开展了一系列小组活动，其中包括组员分享、互动游戏、角色扮演、团队竞赛等。在形式多样的服务中，社工都是服务提供的实践者。为服务对象提供专业的服务时，社工还是积极的引导者，引导组员进入角色、交流互动、深入探讨等。社工在服务中给了组员无条件的关怀与支持，鼓励其在适当的条件下进行自我抉择、自我发展。小组成员都是困境儿童这类特殊的弱势群体，内心比较脆弱，更加需要社工的情感关怀与支持。社工作为协调者，在组员遇到矛盾和分歧，甚至出现对立和冲突时，社工努力协调组员间的关系，让矛盾和冲突成为小组发展的内在动力。社工作为使能者，运用自身专业知识和技巧，发挥服务对象潜在的能力和优势，促使其发生有效的改变和成长。社工在整个小组过程中都比较好地完成了以上角色。

(5)社会工作者专业技巧运用情况。社会工作者在小组工作的开展过程中，需要合理地运用社会工作技巧。因为合理的社会工作技巧能帮助社会工作者提高服务的质量，确保服务方案的有效开展和预定目标的达成。对于“情绪万花筒”——自我认知小组来说，在活动开展的整个过程，社工对专业小组工作技巧都十分重视，比如：建立关系的技巧、倾听的技巧、澄清的技巧、小组控制的技巧等。这些技巧在整个小组中得到了充分的应用，对整个小组活动的顺利开展和小组目标的实现起了重要的作用。

七、建议与反思

（一）构建“社区—家庭—学校—同伴”四位一体联动网络

社区、家庭、学校都是与困境儿童密切相关的环境，社区环境、家庭环境和学校环境是困境儿童外部的支持因素，构建和谐关怀的环境有助于激发和提升困境儿童抗逆力。抗逆力理论阐释了个体与成长环境之间的互动关系及发展规律。社区是城乡居民生活的共同体，在我国也是最为基本的自治单位，社区可以在社区动员、社区照顾、社区教育、社区倡导等方面发挥作用。家庭能够为困境儿童提供安全稳定的氛围，亲密的亲子关系能使困境儿童获得积极的情感支持。同伴群体一直是困境儿童成长过程中一个重要组成部分，结交同伴群体能满足情感交流的需求，促进良好的人际关系，从而保持积极乐观的心态，提高效能因素和自身内在优势，这对于提升困境儿童的抗逆力具有重要作用。

（二）挖掘优势资源

家庭结构不健全、家庭环境不稳定、家庭贫困等因素导致出现了留守、流动等困境儿童群体，这类儿童缺乏社会重视、父母关爱、家庭监督以及心理疏导等，出现程度不等的社会交往障碍，不主动与人进行交流，更不会和不熟悉的同伴一起玩乐，伴有自卑心理。困境儿童大多心理脆弱敏感，所以不能从问题导向入手，这样可能会使困境儿童标签化，不利于困境儿童身心的健康成长。因此，在活动中要注重视角转换，从挖掘自身优势入手，提高困境儿童的抗逆力，让其有独立面对困境的能力，充分挖掘困境儿童的内在潜能和资源优势。

（三）政府政策引导

在政府的支持下，在落实困境儿童的相关政策，整合资源，建立社会化、全方位的救助新模式。困境儿童救助工作作为一项社会工程，不仅需要政府的资助和政策的救助，更需要全社会的关心及支持，营造关爱困境儿童的社会氛围。对困境儿童的实际需要、特殊困难及成长要求应展开深入的社会调查研究，促进救助工作与政府政策的有效对接，探索救助新模式。例如，在困境儿童的安置方面，可建立区级未成年人保护中心。完善关于困境儿童的各种法规政策，运用法律保护困境儿童。近年来困境儿童问题引起了社会的广泛关注，国家正从法律层面保护困境儿童的权利与义务，并在各地方进行政策落实。一些关爱困境儿童的社会组织和机构，也要加强与政府的合作，努力改善困境儿童的生活状况和生活环境。

(四)寻求社会支持

根据社会支持理论，个人拥有的社会支持网络越强大，他就能更好地应对来自环境的各种挑战。社会支持理论强调人在社会环境中的各种感受，重视人对社会环境的适应性问题，重视个人对周围环境中各种资源的利用。困境儿童社会关系网络简单，自身拥有的社会支持相对较少，以社会支持理论取向的社会工作，更应为需要帮助的困境儿童提供各种社会支持。

◎案例应用指南

一、教学目的与用途

(一) 适用的课程

本案例适用于“社会工作理论”“高级社会工作实务”“儿童社会工作”“小组社会工作”等综合性课程的辅助案例教学，也可用于“历史加工模式”“弗洛伊德精神分析理论”“库利镜中我理论”等知识点的学习。

(二) 适用的对象

本案例适用对象主要是社会工作专业本科生、硕士生。

(三) 案例教学目标规划

1. 覆盖知识点

本案例在课程应用中覆盖的知识点主要有：

(1) 小组社会工作
(2) 儿童社会工作
(3) 历史加工模式与基本观点
(4) 弗洛伊德人格结构理论与基本观点
(5) 库利“镜中我”理论与基本观点
(6) 小组社会工作服务方案设计
(7) 小组社会工作介入方法与过程
(8) 小组社会工作服务效果评估

2. 能力训练点

本案例在课程中规划的能力训练点有：

(1)学习与掌握困境儿童需求调查与预估等方法。

(2)学习与掌握小组社会工作的价值观，其中包括互惠互助的原则、尊重成员的权利和能力、民主参与和决策、优势视角等。

(3)学习与掌握小组活动的方案设计与具体实施。

(4)学习与掌握开展小组社会工作的技巧与实务原则。其中包括社工要有专业修养与专业技巧，在开展活动时应遵循程序性、知情保密、尊重组员的个性、“能力为本”的训练原则。

(5)学习从多层面、多因素分析与思考儿童社会工作的开展、推动和完善。

(6)理解“社区—家庭—学校—同伴”四位一体的儿童社会工作开展思路。

二、启发思考题

本案例探讨的是小组社会工作介入困境儿童自我认知与情绪管理这一主题，围绕这一主题设计具有启发意义的思考题：

(1)如何设计小组方案来推动困境儿童的自我认知发展？需要遵循什么原则？

(2)本案例的服务方案有哪些不足？又有哪些可以改善的地方？

(3)如何把弗洛伊德“人格结构理论”、历史加工模式和库利“镜中我”理论应用到困境儿童的支持服务之中？

(4)本案例是如何推动小组社会工作进程的？小组活动中遇到哪些问题？

(5)如何对本案例中的小组社会工作进行评估？

(6)结合案例，分析社会工作者对服务内容、方法、过程、解决对策进行专业反思的必要性。

(7)本案例对于促进困境儿童自我认知发展是否有效？进行经验复制与推广的关键要素是什么？

三、分析思路

案例分析基本逻辑是：

(1)困境儿童认知与行为问题出现的社会背景，运用小组社会工作方法介入困境儿童问题有何优势；

(2)困境儿童的问题与需求评估；

(3)基于弗洛伊德“人格结构理论”、历史加工模式、库利“镜中我”理论的基本观点来设计和安排困境儿童的自我认知与情绪管理服务；

(4)服务计划的实施，服务效果的评估与反思。

四、理论依据与分析

本案例主要基于以下三个理论视角，即弗洛伊德“人格结构理论”、历史加工模式和库利“镜中我”理论。

（一）弗洛伊德“人格结构理论”

弗洛伊德把人的心理活动分为意识、潜意识和无意识三个层次，但是他认为无意识才是人类精神生活中最基本、最普遍的因素。任何一种心理都是从无意识状态发展到有意识状态的，所以要想研究福利院儿童的心理状况必须从无意识系统入手。在研究无意识系统时，弗洛伊德又通过个体心理组织解剖学的建立来进一步阐述无意识心理发展体系。弗洛伊德认为本我是心里组织的初始面，是无意识的。它在与人的躯体接触的过程中，受到了自身本能的影响，从而产生了个体的欲望，即欲望之我。而本我在发展的过程中，也就是社会化的过程中会受到一些过度刺激。由于本我自身接受不了这些刺激，所以会产生一种保护机制。在这个保护机制发挥作用的过程中，自我在逐渐形成。由于人们不可能直接对外界展现自己的欲望，所以会通过自我与外界打交道，即自我是现实化的本我，在本我与外界交流中发挥中介作用。自我在与外界打交道的过程中，会通过一些手段实现本我的欲望，来为本我服务。在服务的过程中，自我会通过判断本我的欲望是否能带来快乐来控制本我，自我追求快乐而避免不快乐，所以自我也是理性之我。在人的发展过程中，自我对人的欲望进行束缚，但是如果自我过于强大，人也会失去前进的动力，所以本我与自我要达到平衡才能促进人的进步。理性之我来源于知识，为了让福利院儿童能够发展理性之我，要给他们提供大量的教育资源，提高他们的知识水平，让他们从知识中找到自我并对本我进行控制。自我在和外界打交道的时候，总会形成一个小社会。而这种小社会可能是两个人，也可能是很多人形成的。这种小社会具有惩罚功能和归属功能。在这个小社会发挥这两种功能的时候，超我也就是社会之我形成了。社会之我来源于国家或社会，含有道德或文化的成分。自我在为本我服务的过程中，有时会违反一些道德或社会规范，这时就需要社会之我发挥作用。而且自我在与外界打交道时，容易产生情绪低落等一些消极状态，社会之我的归属功能可以缓解自我的这种状态。福利院儿童受知识水平和年龄的限制，对一些社会价值、道德规范的了解甚少，所以他们的社会之我也是无意识的。每个人都是不平衡的，所以要加强福利院儿童的自我修行，从而促进他们平衡机制的发展。综上所述，本我、自我、超我相互联系。儿童心里的发展成分包括无意识、潜意识和有意识；发展结构是本我、自我和超我。

(二)历史加工模式

弗洛伊德认为完整的人格结构由三大系统构成，即本我、自我和超我。对于一个心智健全的人来说，这三大系统是一个和谐统一的整体，它们的密切配合使人能够卓有成效地展开与外界环境的各种交往，满足人的基本需要和欲望，实现人的崇高理想与目的。反之，如果人格的三大系统难以协调、相互冲突，人就会处于失常状态，内外交困，活动效率也随之降低，甚至危及人的生存和发展。

历史加工模式正是基于这一理论基础而进行的一种有效干预模式。社会工作者通过介入的方式对困境儿童的本我进行直接的干预，在此基础上，通过对再现历史的加工来引导困境儿童无意识地增加心理防御机制。历史加工模式不是简单意义上的历史再现，而是选择性地抽取既存在于历史当中又对困境儿童产生重大影响的片段，通过外部干涉的模式来解构困境儿童的潜意识(本我观)，使社会之我的人格系统得以完善，使本我从非理性心理转向理性心理，并把本我限制在一个合理的区间范围内，以达到重新建立较强心理防御机制的目的。

(三)库利"镜中我"理论

人的行为很大程度上取决于对自我的认识，而这种认识主要是通过与他人的社会互动形成的，他人对自己的评价、态度等，是反映自我的一面"镜子"，个人通过这面"镜子"认识和把握自己。因此，人的自我是通过与他人的相互作用形成的，这种联系包括三个方面：关于他人如何"认识"自己的想象；关于别人如何"评价"自己的想象，自己对他人的这些"认识"或"评价"的情感。我们设想自己在他人面前的行为方式；在做出行为后，我们设想或理解他人对自己行为做出的评价；我们根据对他人的评价的想象来评价自己的行为，并据此做出下一步反应。库利的"镜中我"理论作为一种理论指导，重点应用于福利院儿童的自助互动过程之中，通过互动，他们能从与自己同龄的儿童身上了解自己，逐渐完善积极的成分，修正消极的成分。

五、关键要点

本案例分析的关键在于把握历史加工模式下小组社会工作介入的过程，厘清促进困境儿童自我认知与情绪管理实施的步骤与活动内容，以及每个过程中运用的具体方法和技巧。

(1)理解和掌握历史加工模式的基本观点及在小组工作中的具体运用。

(2)在历史加工模式理论框架下，设计具体可操作的服务方案和步骤，将抽象的理论框架与小组实务过程有机整合。

(3)对小组活动主题的安排应遵循目标明确、层次分明、承上启下、依次递进的原则。

(4)小组活动效果的评估要从组员参与度、满意度、服务目标达成情况、社工专业性等方面全面展开。

(5)活动开展中社会工作者反思能力的重要性。

六、课堂教学计划建议

案例教学对教师和学生能力有一定要求，需要学生在案例教学前阅读和思考大量问题。教学效果与学生的知识储备和资料阅读有较大关联，因此，实施案例教学前，学生预习案例相关背景知识显得非常关键。教师在前次课就应当将案例布置下去，并要求学生查阅困境儿童的生理、心理、社会特征，以及阅读儿童社会工作、认知与情绪管理相关的知识。重点学习历史加工模式、弗洛伊德“人格结构理论”和库利“镜中我”理论，注意区分不同理论的核心观点及应用范围。课前预习时间不少于1.5小时。

本案例按照2个学时进行设计，课堂教学安排为90分钟。课堂上安排小组讨论、案例分析、提问与回答，以及知识的归纳总结等环节。具体课堂安排如下：

教师案例回顾：10分钟。

小组讨论：20分钟。

知识梳理总结：20分钟。

课堂练习：25分钟。相似社会工作服务项目设计、实施与管理(只需呈现服务项目的主要思路、基本框架以及社会工作介入的方向、方法与途径)。

学生提问和教师解答：10分钟。

机动时间：5分钟。

冬日暖阳：村改居社区空巢老人社会适应服务项目

一、案例背景

随着人口老龄化问题的凸显，空巢老人问题也日益严重。据民政部调查，目前我国城乡空巢家庭超过50%，部分大中城市达到70%。空巢老人既有想念子女的孤独感，也有精神生活得不到满足的空虚感。社区中的大部分老年人心里较为孤独，子女陪伴时间较少，老人存在感及自我价值感降低。老人喜爱的休闲娱乐方式较为丰富，如象棋、扑克、广场舞等，但少有人陪伴。

S市位于东北老工业基地，改革开放以来，由于国家产业转型升级，东北老工业基地日趋衰落，导致本市许多青壮年都会到经济更为发达的一线城市去工作。因此，S市的许多社区出现了严重的空巢现象。

本案例服务覆盖的A社区和B社区均为近年村改居型社区。A社区位于S市开发区的边缘，常住居民2000多户，其中60岁以上老人700多个，由于该社区为朝鲜族聚居区，年轻男女大多赴韩国打工，留下老人和孩子在家。社区内有空巢家庭350多户，这其中有30%为贫困空巢家庭。位于A社区旁边的B社区，居民户数约为1.5万户，规模较大，其中空巢家庭占比为7%，大多为本地居民，平均文化程度为初中学历。老人业余文化生活较少，平时常呆在家里，很少出门，加之村改居后，老年人原有的亲朋、邻里关系被打乱，老人融入社会问题凸显。

二、核心问题的界定及介入目标

(一)核心问题

经过项目前期的资料收集整理和需求调研，我们发现A、B社区空巢老人主要面临以下三个方面的问题：

(1)生活照料问题。开展适合老年人特点的日常照料服务，是当前应对老龄化社会的核心问题。由于子女长期不在家，且目前社区老年专业化服务水平不高，既缺乏专业的管理公司，又缺乏大批专业的护理员，因此在日常生活中老人时常面临吃、穿、住、行、医等诸多困难。

(2) 情感慰藉问题。目前社区的空巢老人普遍存在情感缺失问题，平时交流的对象主要是自己的老伴。钢筋混凝土楼宇式的封闭住房结构也不利于老人与周围新的邻里、朋友交往。调研发现部分存在心理或精神问题的老人，如焦虑、抑郁、痴呆等，若不及时进行有效处理可能会导致更加严重后果。

(3)社会适应不良的问题。A、B 社区均为村改居社区，老人从原有居住几十年的生活环境搬迁至新的陌生环境，难免会存在无法适应的困扰，没有子女的陪伴、没有熟悉的朋友和邻里的交往，社会支持系统基本处于断裂状态。

(二)介入目标

我们从丰富老年人生活的角度，开展多样活动，让老年人尽量多接触社会，与社会接轨。很多老年人面临心灵上的空虚与精神上的孤立，他们需要一个平台来表达和展示自己，以及在这一平台结识更多的朋辈群体，搭建自己的社会支持网络。社会工作者可以组织老年人开展小组工作，促进他们之间的沟通与交流，通过活动来提高他们对自我的认知度，增强动脑与动手能力，发挥他们的主动性，拓展他们的潜能，为老人融入社会提供整体的和谐氛围。

(1)社会支持网络重建。结合前期需求调查，为满足老人基本生活，拓展支持网络，以更好适应村改居社区生活的需求，社会工作者为服务对象开展了丰富的书法、养生、插花、剪纸、舞蹈、合唱等小组活动，为新的社区关系的重建搭建平台。帮助服务对象适应村改居后的社区生活，缓解空巢老人的生活孤独感。

(2)生活适应能力提升。通过对服务对象进行城市老年人生活习性科普，帮助服务对象制定作息时间表，结合小组活动内容，积极进行电话回访及监督；结合手机教学及文娱活动的开展，让服务对象自主选择感兴趣的内容进行分组，并进行组内学习、交流分享，社工根据服务对象的要求链接资源；服务后期社工开展跟踪问卷调查，并进行个案跟踪探访，了解并加强服务效果。

三、理念及价值观

(一)服务理念

秉持用爱心、真心感动老人，坚持助人自助的理念，以老人为本，为空巢老人提供专业性、人性化的服务。

(二)专业价值观

(1)在为老人服务过程中注意为老人保守秘密。

(2)在服务过程中，避免无端的主观判断，多倾听空巢老人诉求。

(3)社会工作者在为空巢老人服务过程中要时刻注意尊重其人格及经历。

(4)尽量让空巢老人自我决定某些事情，社工不能代替其做出决定。

(5)注意服务过程中的移情与反移情问题，避免情感卷入导致的判断失误。

四、介入计划及过程

本案例的服务对象为A社区和B社区的空巢老人，他们具有共同的特征与需求，希望与其他人共同学习与合作，丰富日常生活，提高社会适应能力。小组从性质上说属于互助型小组、支持型小组。小组活动共计开展22节次，活动时间为2018年3月至10月每周三下午3—4点，开展地点为A社区和B社区老年活动中心。组员招募方法为在老年活动中心内宣传，打电话招募活动对象，社区工作人员及居民帮助招募活动对象。

由于本次项目时间周期较长，而且针对社区空巢老人的服务也需要一个长期且系统的过程，因此按照初始阶段、融入阶段、规范阶段、成熟阶段四个阶段安排活动。

(一)初始阶段

初始阶段共安排了四节小组活动，这一阶段的活动以“智在夕阳之手机教学”为主题，通过四节小组活动让参与活动的老人掌握智能手机的基本功能，并能成为小组的正式成员，长期稳定地参与到小组活动中。

通过活动介绍，组员间熟悉活动流程，制定小组规范。社工进行自我介绍，并简要介绍活动的内容及流程，和老人共同建立小组规范，并要求大家尽量遵守。通过游戏活动，缓解组员的疲劳，创造轻松的活动氛围。社工带领大家做小游戏“正话反说”。在教学过程中通过手机教学使老年人了解手机的各项基本功能，掌握使用技巧。先由一名社工教学如何存联系人、编辑短信，再将老人分成几个小组，分别由社工带领小组进行具体步骤的操作，及时解答老人使用手机中存在的问题。通过组员分享，让组员表达自身感受，增强组员间的认同感。每组派出代表分享参加本次活动的收获和对活动的建议以及自己的需求。主持人进行活动总结，告知下次活动的时间及内容，并组织空巢老人合影留念。通过活动不断巩固之前活动所教授的手机使用技巧，同时指导老人使用手机的新功能，最终让老人学会使用手机的基本功能。四节手机教学课使老年人了解到手机的各项基本功能，也让空巢老人感受到小组的温暖，愿意融入其中。

（二）融入阶段

融入阶段共安排了四节小组活动，这一阶段的活动以“笔墨人生之书法学习”为主题，通过四节小组活动让参与活动的老人学会书法的基本技能，更快融入小组，增加小组的凝聚力和团队合作，建立社会支持网络。

活动开始时让老人了解一些简单的书法常识，吸引老人的兴趣和热情，促进老人之间的相互沟通与合作。活动伊始对参加活动者进行人员登记，随后社工进行自我介绍和名牌展示。主持人大致说明小组活动的内容和流程。通过热身游戏创造轻松活跃的氛围，让老人能够尽快融入活动中。在教学过程中，让老人了解一些简单的书法常识。在社工的引导下，由书法专家教授老人书法种类、常用工具及基本使用方法，初步掌握书写的要领，学习正确的写字姿势和执笔方法。在老人掌握基本书法知识与技巧的基础上，以楷书为主，以其他书法为辅，以临帖为主进行教学。由社工向老人介绍游戏规则，将老人分为两组，营造合作与竞争的氛围。在初步了解的基础上，让老人学会一种字体，由书法专家为老人介绍楷体的特点以及其他字体的特点，以临帖为主进行教学。让组员畅谈对参加本次活动的感受。通过活动提高老人对书法的欣赏水平，同时丰富老人的兴趣与爱好。书法专家在社工的辅助下为老人展示名人名作，同时介绍作品相关背景。在小组活动开展过程中，注意通过活动环节锻炼老人的手脑配合能力，增加老人之间的交流与合作，形成互帮互助的氛围，构建团结进取精神，让老人们相互支持和鼓励，并且锻炼老人的动手能力。

（三）规范阶段

规范阶段共安排了四节小组活动，这一阶段的两节活动以“花之娇韵之手工插花”为主题，通过小组活动萌发空巢老人对美的感受力，丰富他们的兴趣爱好，同时，通过空巢老人彼此之间的合作，增强团队合作能力。另外两节活动以“我的生活我做主”为主题，帮助空巢老人根据城市老人生活习性制定适合自己的生活作息时间表，学习健康饮食小常识。

在这一阶段，通过活动游戏及手工制作环节，让空巢老人之间加强互动，增强团队合作能力。通过活动介绍，使组员了解活动流程。通过学习插花，萌发空巢老人对美的感受力，丰富他们的兴趣爱好，同时，通过空巢老人彼此之间的合作，增强团队合作能力。老人通过观看视频了解插花艺术，学习相关知识，一方面可以提升老人对美的认识，激发他们的创造力；另一方面增强老人之间的沟通与交流。活动分成不同小组，组员合作商量选择插花的方法，摆放出不同的造型，社工在一旁起辅助作用，提醒组员插花时注意颜色搭配、高低层次等。社工并邀请老人分享此次活动中的收获或者对于活动的不足给出意见。

开展“我的生活我做主”系列活动，帮助空巢老人根据城市老人生活习性制定适合自己的生活作息时间表。为老人讲解健康饮食小常识，使老人认识到饮食误区，改变原有饮食习惯。社工先引导老人分享自己的饮食习惯，然后社工通过PPT，向老人讲解日常的饮食误区，让老人了解“吃什么”“怎么吃”才是最有利于身体健康的。通过对健康饮食小常识的学习，帮助老人制定新的健康小食谱。将现场的老人进行分组，每一名社工负责两位老人。老人在社工的帮助下，制定出符合自己的健康小食谱。邀请两位老人总结对这次活动的感受、意见以及自己的需求。

(四)成熟阶段

成熟阶段共安排了10节小组活动，这一阶段是小组发展比较成熟的阶段，因此小组活动的安排更加丰富。在这一阶段共安排了三个系列活动，分别是“心悦依然”之舞蹈小组活动、“歌声绕梁”合唱小组、“心灵手巧”手语小组。在成熟阶段，经过长时间的学习和小组的不断建设，在元旦组织大家举办社区元旦晚会，根据不同的兴趣每个小组至少出一个节目，根据不同分组选取一位负责人组织大家排练节目。社会工作者联系社会资源争取政府和企业的援助或赞助，丰富社区居民的精神文化。

开展“心悦依然”系列活动。舞蹈课是一门训练身形、培养心境的课程。通过舞蹈学习，让中老年人锻炼身体，强身健体，训练身形，并且让中老年人能够通过学习舞蹈寻找到自信，达到身心愉悦、心灵年轻化的效果。社工介绍活动的主题及主要内容，让老人了解一些简单的舞蹈常识，掌握舞蹈学习的基本训练要点。在社工的引导下，由舞蹈老师为老人讲解舞蹈类别、注意事项等，主要进行形体基本训练：压腿、踢腿、下腰等。之后选定学习《康定情歌》舞步动作及排练舞蹈表演队形。在系统学习后，老人们展示舞蹈《康定情歌》，让老人表达对这次活动的感受，社工邀请老人分享在此次活动中的收获或者对于活动的意见。

开展“歌声绕梁”系列活动，通过大合唱的方式使老人互相认识并建立良好的关系，增强老人之间互动，提升他们对小组活动的归属感。通过热身游戏，缓解老人的紧张情绪，为活动创造轻松活跃的氛围，播放流行歌曲，使老人初步了解这首歌曲，掌握旋律，做到心中有数，为接下来的学习作准备。由一位社工，逐句将《最炫民族风》《感恩的心》教给老人，并在社工引导下反复练习歌曲，最后进行合唱表演。其中《感恩的心》配合手语动作进行演唱，播放手语歌曲视频，在此环节，让老人通过听与看的方式，熟悉歌曲，为下一步的手语教学作铺垫。通过手语的学习，使老人增加自身协调性，通过手脑并用，丰富老人的精神世界，更加优雅地表现自己。

开展“心灵手巧”系列活动，将《我相信》前半段手势教给老人，并在社工引导下反复练习。之后将《我相信》后半段手势教给老人，在充分练习的基础上，最后选定时间进行集体表演。通过组员分享，让组员表达自身感受，增强组员间的认同感。主持人进行活动总结，告知下次活动的时间及内容，并组织空巢老人合影留念。

五、服务成效与评估

（一）服务成效

老年人的焦虑情绪有了明显改善，社会工作者通过多次的小组活动使得老年人能够自主地参与组织活动，居民参与活动热情很高。该次活动吸引了小区居民 100 余人，对于活动，小区居民基本上表示满意，目标基本达成。在多次的小组活动中，成员们互相交谈、倾诉，谁遇到了不开心的事情大家都会宽慰他，帮忙出谋划策。平时成员们也会一起出去参加比赛，出去聚餐、旅游，通过这些互动，成员们之间的感情越来越深厚，遇到难事的成员会有其他成员给予支持与帮助，形成了在社区内的支持网络，老人融入社区状况得到了良好的改善。

（二）服务评估

小组评估的过程因小组类型、评估目的和评估方式不同而不同。一般来说，小组评估要严格按照小组实施的流程开展。社会工作者要按照服务开展的步骤和评估流程选择评估的先后顺序，以保证整个评估过程的有序进行，包括收集资料、审核整理资料、统计分析资料等，特别强调其中的客观性和敏感性。要尽量减少评估者个人的主观因素对评估实施的影响，评估应尽可能全面、有深度。因此，在活动中我们将评估主要分为两个部分，即过程评估和结果评估。

过程评估是在小组活动进行中对小组活动的成效、小组活动过程、小组发展进行评估。其中，小组活动过程方面的资料包括社会工作者的工作、组员的发展、小组动力和目标实现方面的资料；小组发展方面的资料包括帮助社会工作者准备新的工作方法等资料。

结果评估是在小组活动结束时，针对服务对象进行调查，评估其满意程度，以及社会工作者自身和社区人员对服务的满意程度，这些都体现在服务成效里。

本案例的成效评估，是从组员出席率及投入程度做出评估；工作人员在小组活动进行时进行观察及分析；从小组分享及意见中做出评估；在活动后期总结参与者对活动的感想和认识，整理文字和图片资料，分享经验。每次活动结束后，写出活动总结和督导记录，最终形成一个完整的评估报告。

评估过程中要切实保护好所有服务对象的人身安全，注意服务对象的签到；不做一些复杂或者无意义的游戏，游戏尽量简单化、趣味化；活动过程中发生突发情况，要立即向社区干部和督导反映，尽快协调处理。

六、服务反思

内容合适度上：首先，本次活动以社区的空巢老人为服务对象，主要采取系列小组活动的形式，社区居民在社会工作者的帮助指导下，自行开展活动。活动从组织方到举办方、参与方都是社区居民亲力亲为，培育了社区居民自己举办大型活动的动员能力与组织能力。此次活动充分利用了社区人力资源，挖掘小区具有才艺的社区居民，为社区人民组织开展了一场场精彩的社区活动。其次，借用了社区居民自有的资源，如音响设备等，节省了大量的物资成本。本次活动以老年人为主角，给老年人提供表演才艺的舞台，小组活动也是围绕着老人的幸福生活这一主题展开。在小组中，尊重、接纳、宽容的氛围和组员之间的分享、分担、支持等，能使老年人感受到小组的温暖，获得社区归属感，使他们更愿意与其他人交往，提升老年人的人际交往能力，并与他人发展良好的人际关系，建立起良好的社会支持网络。

形式合适度上：社工通过举办系列小组活动的形式来改善老年人缺失精神慰藉、内心充满孤独感的现状，利用居民现有资源，调动居民参与活动的热情，进而让居民拥有主人翁意识。

◎案例应用指南

一、教学目的与用途

（一）适用的课程

本案例可应用于“社会工作实务”“老年社会工作”“社区社会工作”“社会工作项目管理”等课程的辅助案例教学，也可用于“村改居社会适应”“空巢老人问题”等知识点的教学。

（二）适用的对象

本案例适用对象包括高年级社会工作专业的本科生及社会工作专业的硕士生和教育类专业的研究生。

（三）案例教学目标规划

1. 覆盖知识点

本案例主要覆盖的知识点有：活动理论的基本内容；社会化理论的基本内容；社会支持理论的基本内容；老年社会工作的主要内容与方法；小组工作的服务策划；社会工作服务评估；社会工作价值伦理等。

2. 能力训练点

本案例的能力训练点有：

(1)通过分析本案例中空巢老人的需求，明确社会工作服务的目标和思路。

(2)通过分析本案例社会工作理论，学会如何将理论基础置身于社会工作服务过程之中。

(3)掌握为空巢老人服务过程中的注意事项。

(4)学会如何根据理论知识分析案主的特点，设计服务方案及项目评估。

(5)通过讨论整个案例进展，深入解析与评判，培养学生在社会工作实务中的综合分析能力。

二、启发思考题

本案例的启发思考题主要是为了推动学生课下阅读案例文本及相关知识，同时给课上案例讨论提供一个分析问题的思路。

(1)本案例是在什么社会背景下进行的？

(2)本案例中空巢老人的核心问题是什么？

(3)如果你是一名社会工作者，你对该社区的空巢老人如何开展社工服务？

(4)本案例可能涉及的社工价值观与伦理有哪些？

(5)在本案例中，社会工作者承担了哪些角色？这些角色如何体现？

(6)如何从多理论的角度设计空巢老人的社会适应服务？本案例的理论运用对于本案例的指导意义有哪些？

(7)本案例的小组工作方法运用有什么特点？又有哪些可以改善的地方？

(8)在小组设计及介入过程中存在哪些不足？如何进行改善？

(9)如何推进老年支持服务，对国内其他类型的老年社会工作有什么启发？

三、分析思路

本案例分析的基本逻辑是：

(1)老龄化背景下，随着子女外出打工等导致的空巢老人现象，以及“村改居”政策下，原有支持网络被打乱，政府对于社区工作的举措与老年人社会支持服务的关系。

(2)基于活动理论、社会化理论、社会支持理论的基本观点设计和安排的老年人小组服务。

(3)社区工作的逐步推进与完善，包括小组工作、资源链接、服务对象自助团体建设以及项目服务成效评估等。

四、理论依据与分析

(一)活动理论及其运用

活动理论针对社会撤离理论所提出的老年人因活动能力下降和生活中角色的丧

失而愿意自动脱离社会的观点，认为：活动水平高的老年人比活动水平低的老年人更容易感到生活满意和更能够适应社会；老年人应该尽可能长久地保持中年人的生活方式以否定老年的存在，用新的角色来取代因丧偶或退休而失去的自身角色，从而把自身与社会的距离缩小到最低限度。

本次小组活动的案主都是居住于回迁型社区，老年人平时的活动局限性大，多是打牌和玩扑克，在院子里聊聊天，属于最日常性的消遣，从丰富老年人生活的角度，开展多样活动，让老年人尽量多接触社会，与社会接轨是非常有必要的。很多老年人面临着心灵上的空虚与精神上的孤立，他们需要一个平台来表达和展示自己。空巢老人由于没有工作或离退休丧失了部分的社会地位与精神生活，加之子女由于各种原因不在身边，缺少对老人的照顾与关怀，因此会产生心理问题。针对空巢老人更应运用该理论来开展小组工作，从态度和价值观上鼓励老年人重拾对于生活的信心，使其能够结合自身的状况，保持活力，积极参与到社会活动中，更好地融入社会。在小组活动的设计和开展过程中，社会工作者以埃里克森的八阶段理论为指导，根据社区老年人多为空巢老人的特点，有针对性地对社区中的大部分老年人存在的心里较为孤独、子女陪伴时间较少、老人存在感及自我价值感降低等问题设计活动方案。活动策划实施以小组为基础，以小组活动为枢纽，通过多样的活动形式，改变老年人孤独的心理与失能的症状。

(二)社会化理论及其运用

许多传统的理论(如车里理论)认为，人进入了老年期应该以享受为生活目标而不再需要社会化了，传统社会的老年人具有天然的教化权位，他只对别人施行教化，而自己则决不会重新面对社会化的问题。然而，现代社会发展证明，老年人仍然需要继续社会化，主要理由之一在于角色的转换，这种转换及影响表现为：①劳动角色转换为供养角色，这容易使老年人产生经济危机感。②决策角色转换为平民角色(在家庭中，由“家长”角色转换为被动接受照顾的角色)，它容易使老年人产生“被抛弃感”和寂寞感。③工具角色转换为感情角色。工具角色是指人们肩负着一定的社会公职，在社会政治、经济、文化各领域占据着主体地位，他们所扮演的角色是为了某种特殊的目的，如职业上的角色。情感角色是为满足身心情感的角色，比如在家庭中父母、子女间的角色。这样角色的转换使老年人常常碰到性别角色模糊问题以及伴随而来产生的老年夫妻之间的冲突。④父母角色转换为祖父母角色。除了角色转换外，老年人还将遭遇多重“突然失去”的威胁，如子女情感支持的突然失去(子女成家分居，老年人进入空巢家庭)、健全身体的突然失去(疾病并可能面临肢残或死亡)、配偶的突然失去(丧偶并带来心理健康上的问题)。所有这一切对老年人而言都是将要面临的新问题，都需要通过继续社会化、加强学习、提高修养和不断自我调整来予以解决。

本案例主要采取小组活动的方式，帮助社区空巢老人开展一系列的小组活动，吸引老年人参与社区活动，助人自助。在助人和互助之中，帮助老年人培育社区领袖，改善老年人退休以后的角色失调、处于无助的状态。诸如“歌声绕梁”合唱小组活动，通过大合唱的方式使小组成员团结一致，改善了小组成员之间的关系，促进了与小组成员的自助与互助，提升其归属感与自信心。在活动中，我们还加强了社区活动场所建设、探索居民互助、加强社区活动等内容。本案例开展的公益小组活动对于改变社会上对老年人的负面形象认识，提升老年人的社会意识，对于解决老年人的角色失调问题具有积极的作用。

(三)社会支持理论及其运用

社会支持理论为“冬日暖阳”小组活动的开展提供了理论指导。由于“冬日暖阳”小组活动的组员多为空巢老人，其组员自身存在限制，使得在小组活动开展过程中问题突出。这种状况往往通过小组成员自身的力量是无法解决的，必须获得主观和客观的社会支持。一是客观的社会支持，社会工作者为小组活动的开展提供场地、社区支持，为空巢老人的角色适应和提升出谋划策，这些客观的外部支持能弥补小组成员自身的不足；二是主观的社会支持，这主要是对空巢老人采取精神慰藉的方式，提供精神上的服务，为空巢老人打造一个交流互助的平台，通过社会工作者的引导，促进小组成员之间的交流与信任，培育社区领袖，使小组更加团结，能够共同应对困难与挑战。

社区老年人往往无法通过自身去获得更多的社会支持，社会工作者作为一种外部介入力量，能通过社会工作的专业性去帮助社区的老年人构建社会支持网络。在小组活动的开展中，社会工作专业理论始终贯穿其中，为社区老年人提供的社会支持包括社会嵌入性支持、行动化支持等多个方面，特别是物质性支持、情绪性支持等。比如，“心悦依然”之舞蹈小组活动等，通过聘请专业的舞蹈老师对老年人进行志愿舞蹈教学，让中老年人锻炼身体，强身健体，训练身形，并且让中老年人能够通过学习舞蹈找回自信，达到身心愉悦、心灵年轻的效果，给老年人带来愉悦的幸福晚年。这些活动的设计都是通过链接资源，利用社区和其他社会组织的力量，提升社区老年人的能力，帮助其构建社会支持网络，以更好地应对挑战和困难，促进小组成员的成长。

五、关键要点

本案例关键要点包括：

(1)服务设计的背景与专业服务提供的社会工作价值理念。

(2)社会工作服务实施过程中与社区环境因素、资源因素、服务对象需求因素、服务提供者的能力的匹配度。

(3)小组服务工作开展的特点及实施分析。

(4)相关理论在服务项目实施过程中的运用与不足。

(5)社会工作服务效果及评估。

(6)在社区空巢老人问题中利益相关方的角色与责任。

六、课堂教学计划建议

案例教学对教师和学生能力有一定要求，需要学生在案例教学前阅读和思考大量问题。教学效果与学生的知识储备和资料阅读有较大关联，因此，实施案例教学前，学生预习案例相关背景知识显得非常关键。教师在前次课就应当将案例布置下去，并要求学生查阅空巢老人的生理、心理、社会特征，以及阅读老年社会工作、社区社会工作、社区融入与社会适应相关的知识。重点学习老年活动理论、社会化理论、社会支持理论，注意区分不同理论的核心观点及应用范围。课前预习时间不少于 1.5 小时。

本案例按照 2 个学时进行设计，课堂教学安排为 90 分钟。课堂上安排小组讨论、案例分析、提问与回答，以及知识的归纳总结等环节。具体课堂安排如下：

教师案例回顾：10 分钟。

小组讨论：20 分钟。

知识梳理总结：20 分钟。

课堂练习：25 分钟。相似社会工作服务项目设计、实施与管理(只需呈现服务项目的主要思路、基本框架以及社会工作介入的方向、方法与途径)。

学生提问和教师解答：10 分钟。

机动时间：5 分钟。

员工帮扶计划(EAP)在保险业电销专员中的运用

一、问题背景

21 世纪初，保险行业为扩展业务、增加客户资源，引进了电话营销的方法，在企业内部设立电话营销部门，招聘专门的电话营销专员进行保险推销工作。电话营销固有的优势，如高效获取客户资源、节约代理成本等，使我国各大保险类企业纷纷成立电销部，抢占电销市场。截至 2017 年底，全国 84 家财产险公司中已有 29 家开展电话销售业务。

由于企业业务渠道的扩展，电话营销专员这一新兴职业应运而生，保险电话营销专员是指通过拨打潜在客户的电话，运用专业的销售话术向其推销既定的保险产品，并与客户建立良好关系的工作人员。电销专员具有区别于其他职业的特征，具体体现在工作性质与人才特质两个方面：第一，电话营销要求员工运用专业的通用话术与客户交流，遵循一致的工作流程。日常工作统一且机械化，赋予员工发挥主观能动性的空间狭小，容易引发职业倦怠。此外，一般而言，员工的薪资取决于工作绩效，需要应对来自公司严格的考核制度以及林林总总的客户类型两方面的压力。第二，在电销人才特质方面，从企业招聘的角度来看，保险行业电销专员的招聘要求不高，一般不限学历、不限专业，招聘进入公司之后经过简单培训即可上岗。工作的机械化、收入的不确定性以及职场人际关系的建立与维护，对员工的抗压能力和情绪管理都带来极大的挑战。

随着社会的发展，企业间的竞争不再局限于经济资本与社会资本的“硬竞争”，其竞争范围拓展到了人力资本及企业文化的“软竞争”，欲在纷繁复杂的经济环境和经营环境中脱颖而出，取得长足的发展，必须打好人才战。企业人才的整体管理和素质水平潜移默化地影响着企业整体的发展，这一点在电话营销行业表现得尤为突出。电话营销作为一个高度依赖员工个人的行业，从产品推介、跟踪意向再到反馈出单等一系列工作流程都依赖于电销专员来完成。

电销业务量的不断增加，使得电销专员的人员规模也不断壮大，截至 2017 年底，电销专员共计5.5万人。国内保险电话营销行业在蓬勃发展的同时，基于企业人力资本与人文关怀视角，对保险电销专员这一具有特殊需求的新兴群体进行积极关注显得尤为重要。

二、案例背景

S保险公司是一家初创的小型人寿保险公司，在国内保险市场高度集中于几家大型企业的背景下，S公司的发展举步维艰，盈利困难，市场份额占有率低。S公司积极拓展业务，为顺应行业发展规律，占领保险行业市场份额，于2012年开展了电话营销业务。

根据问卷调查，该公司目前从事电销专员工作的员工共124名，其中58%为女性员工、42%为男性员工。年龄集中于85后和90后，其中85后占比69%、90后占比31%。学历层次集中于大专水平，82%为大专学历，13%为中专学历，5%毕业于高职学校。从事3年及3年以上电销专员工作的员工仅19%，32%是工作1~2年的员工，其余49%是入职不满1年的新员工。有离职意愿或想法的员工占总人数的89%。

由数据可知，该公司的电销员工年龄呈低龄趋势，学历层次较低。根据工作年限和其他指标可以看出，该公司的电销员工流动量大，离职意愿高涨。

三、核心问题的确定

在介入之前，社会工作者通过问卷调查法与深度访谈法，对员工及其企业的核心问题进行了界定，总结为三个方面的问题。

(一)员工在职场场域中的问题

1. 工作压力大

首先，工作枯燥无味，问题琐碎复杂程式化，容易产生疲劳，影响工作效率，进而导致职业倦怠。由职业倦怠直接引发的后果就是薪资水平降低，无力应对公司严苛的考核。其次，电销专员所面对的客户群体文化水平不一，理解能力也有差异，当遇到难以处理和应对的客户时，电销专员表示压力极大。最后，有些员工为自己设定了不合理不科学的目标，为达成目标将休息时间减少，造成生物钟紊乱，工作时间极度疲惫，情绪也不稳定。

2. 消极的人际关系

电话营销属于绩效导向的工作，一起工作的人不仅是朝夕相处的同事，还是彼此强劲的竞争对手。在企业内部常常出现互相不配合工作、发生非正常竞争的情况。此外，电销部门薪资差距较大，员工意志消沉，且容易引发嫉妒心理。电销员工在工作场域中难以结成正常且积极的人际交往关系，较难形成人际支持网络。当感到工作压力大、情绪波动起伏激烈时，无法通过人际关系进行有效调解。

3. 职业发展规划缺失

据调查，该公司的电销专员呈现低龄化趋势，大量员工都是初出社会的应届生，学历层次集中在中专、高职、大专，年轻员工面临长期职业生涯的规划问题。员工在访谈中表示目前的工作只是积累社会经验，觉得以后的发展空间不大，发展目标不太清晰，对自己的职业规划不太明确，感觉迷茫，对于工作的持续性呈现消极的态度。绝大多数员工对自身缺乏了解和认识，不清楚自己的优劣势，认为自己知识储备不够，担心不能适应工作要求，感到无法解决目前的问题，内心充满焦虑，也没有能够坚持学习的动力，能力和薪资都很难得到提高。

(二)员工在日常生活场域中的问题

1. 情绪调节问题

有的员工自身性格不太成熟，比较敏感，经常陷入内心的冲突中，同时体质羸弱，睡眠、食欲等都比较差，工作效率不高，难以形成正常和谐的人际关系。有的员工情绪控制能力不足，心情非常容易烦躁，严重影响客户满意度。公司排班变化频繁，起床时间提前了很多，生物钟无法适时调整，身体感觉疲乏。有些员工处于难受的亚健康状态，心里感到焦虑和难受。

2. 亲密关系处理问题

有员工长期单身，内心很孤寂，但是又感觉很难找到合适的人深入交往，内心不时有难以排解的孤独感、焦虑感和不安全感；有的员工处在恋爱状态中，但是患得患失，非常没有安全感，害怕对方离开或抛弃自己；也有员工离异后，对走入另一段感情顾虑重重；还有员工婚后不久对处理夫妻、婆媳关系感到力不从心。大家普遍感觉处理不好亲人间关系，容易和亲近的人发脾气，事后又难过和后悔。

3. 个人心理不成熟

公司有相当多心理状态偏幼稚、缺乏工作动力和责任心、不能良好胜任工作的年轻员工，他们生理年龄早已成年，可是心理年龄仍然停留在非常幼稚的阶段。缺乏负责心，对工作也很少思考，缺乏把工作有效完成的意愿和动力，也不考虑自己以后的职业规划，公司不得不花费较多精力以促进这些不够成熟员工的成长。

(三)企业的核心问题

1. 员工流失率高

频繁的员工流失使企业组织管理松散、成本增高，不利于该企业的长足发展。从人才招聘方式的角度来看，该企业招聘流程简单，对员工进行简单培训就匆匆安排其上岗，员工难以在短时间内掌握业务的专业知识以及业务流程。公司培训的缺失无疑会增加员工的心理及工作负重，造成较多员工初入职便产生职业不适，发生离职行为。从员工管理的层面来看，该公司对于底层电销专员管理严苛。员工的业绩大于一切，每月需要达成的任务指标固定，对客户的满意度要求严格，这些指标的达成程度直接决定员工每月的薪资。同时，公司内部晋升机制不完善，向上流动的通道闭塞，老员工难以进入管理层。工作的高强度及狭小的晋升空间，使员工不堪重负，引起员工的不满，最终引发离职。

2. 企业文化散漫

该公司缺乏正向的企业文化建设，企业文化散漫。首先，企业内团队意识不强，员工普遍没有归属感和责任感，企业凝聚力较差。其次，企业物质奖励有余，精神激励不足。该公司承诺多劳多得，对业绩优异的员工直接进行物质奖励，然而却忽视了精神奖励，尤其是缺乏对绩效不太理想的员工进行精神鼓励。

四、介入计划与目标

根据对服务对象问题的界定与评估，社会工作者计划使用企业社会工作 EAP 视角与积极心理学视角下的心理资本理论，立足于企业社会工作的核心理念：培养和发扬员工互助精神和自助能力，调动各种资源，增进员工福利，提升企业效率，促进员工与企业和谐发展，提升电销专员的情绪缓解能力与抗压能力，同时对 S 企业的高层员工进行介入和培训，以期实现营造一个积极优质的企业文化环境及健康的员工竞争之目标，进而增进企业员工的凝聚力与归属感，降低员工离职率，为此社会工作者分别从员工治疗和组织介入的角度实施员工帮扶计划。

1. 员工治疗

员工治疗主要针对员工个人实施帮助，拟使用个案介入与团体工作相结合的方式。针对情绪十分低落、工作态度特别消极的员工，单独进行 1 对 1 的情绪辅导和心理健康干预。对于员工存在的普遍问题，则使用小组工作的方法，形成成长小组、互助小组和支持小组，在员工内部建立良好的人际关系和社会支持网络。

2. 组织介入

组织介入主要针对企业组织，帮助企业建立开放、积极的企业文化环境；对管理层员工进行培训，帮助其掌握与下属的沟通技巧。此外，帮助完善奖励机制，增加对员工的人文关怀。

五、介入过程

（一）第一阶段：个案介入

此阶段主要进行员工情绪危机干预，建立专业关系。社会工作者通过对电销部门的所有成员进行问卷调查，又随机抽取了 20 名员工进行电话访谈，得知目前电销员工最大的问题就是焦虑情绪高涨，压力难以应对。在访谈中部分员工反映工作压力较大，他们感觉要完全胜任工作，还需要更多努力。大部分新员工反映，入职后的感觉和入职前期待基本一致，主要是对指标的完成有压力，担心自己无法短时间内适应紧张的工作节奏或达到公司要求。

根据与员工的电话访谈，社工了解到他们工作的基本情况。员工也普遍知道公司即将进行 EAP 项目，但是对具体内容不太清楚，社会工作者向他们讲解了 EAP 项目的内容和进展，并发送短信留下联系方式，很多员工都表示感受到公司对他们的关注和爱心，这项工作也是在以前的工作单位没有的，而且对近距离接触心理学感到好奇。

基于上述分析，在员工基本理解 EAP 项目的概念之基础上，社会工作者对员工目前的情绪及压力问题进行个案介入，主要使用沟通与真诚倾听的技巧，通过对员工进行职业规划辅导，帮助他们制订个人工作计划，激发工作生活学习动力，提升工作效率；引导鼓励其参加艺术团体活动，发掘深层次的兴趣爱好，激发长期的愉悦感和幸福感；指导员工学会倾听客户语言背后的情绪和真正意图，在提高业务技能的同时提高情绪控制能力；引导员工正确认识所处的职业阶段和规划，接纳自己的不完美与迷茫，同时做出长期规划，这样才能有计划有步骤地做出改变。

通过真诚积极的关注和有效的心理疏导，社会工作者努力让员工树立自信，不在情感关系中迷失自己，学会把生活、情感、工作分开，让自己在多方面都有充实的感觉；通过耐心倾听和共同分析，在释放心理压力之后，让员工学会发展自己的支持系统，与新同事、老同学、朋友、家人等多沟通交流，从他们那里获得能量以顺利度过适应期；逐渐学习把握亲密关系的距离，在解决矛盾中不断拉近彼此关系，学会把每一次冲突转化为相互了解和包容的契机。

(二)第二阶段：团体心理辅导

团体心理辅导是在团体的情境下进行的一种心理辅导形式，它是通过团体内人际交互作用，促使个体在交往中观察、学习、体验，从而认识自我、探索自我、调整改善与他人的关系，学习新的态度与行为方式。EAP 团体辅导主要以活动及沙龙的方式开展，力争用更加通俗有趣、大家喜闻乐见的方式吸纳更多员工参与到 EAP 的团体活动中来，寓教于乐，有趣有益，让大家通过更为活泼的方式学到简单实用的自我成长、工作减压和家庭教育等心理学及教育学知识。

面对不同年龄结构和家庭结构的员工，针对员工目前面临的不同困境，社会工作者开展了不同主题的团体心理辅导活动。

1. 主题一：了解自我与他人

作为社会人和职场人，不可能一个人孤独地生活，与他人交往是看似平常，实则复杂的一件事。该公司的电销员工难以在同事群体内建立良好的人际交往关系，归根结底就是受不良情绪的影响，形成不良的沟通模式。而要与同事、客户进行良好沟通的前提就是“认识你自己”，认识自我，明白自己的优势及劣势，能准确把握并发挥自己的优点，与身边人结成良好的互动关系。

自我状态包括父母自我状态、成人自我状态、儿童自我状态。这三种自我状态在我们生活中时时刻刻轮番上演。在工作中，有些人有原则、有规则、能坚持，他们往往更具有领导的潜质，而有些人不按常理出牌，但他时常会有创新的点子。没有人不希望自己更为优秀，但习惯总是牵着我们走，了解你的自我状态，将打开一个新的视角，让你重新认识自己，你的生活有了从被动变为主动的可能性。

(1)热场小游戏：五毛和一块

游戏流程：在游戏中，男生是一块钱，女生则是五毛钱。

游戏开始前，大家全站在一起，裁判站边上。裁判宣布游戏开始，并喊出一个钱数(如 3 块 5、6 块等)，裁判一旦喊出钱数，游戏中的人就要在最短的时间内组成那个数的小团队，比方说喊出的是 3 块 5，那就需要三男一女或七女或一男五女迅速组成小团队。

游戏要领：反应要快，裁判一说出钱数，队员就要立刻知道由几男几女组成的团队可以达到要求；动作也要快，抢五毛和踢一块都要又快又狠。

参与者在社会工作者的指导下进行破冰游戏，让原本毫无交流的同事在短时间内熟络起来，在同事间展示以往未被发觉的性格。破冰游戏既能保证大家安全感，又能让在场的参与者迅速熟悉起来。

(2)小戏剧表演：《上班迟到了》

通过戏剧表演的方式，让员工能够认识自我状态。社会工作者表演三组不同的对话，相同的人物、相同的背景，只是因为对话的模式有了变化，就让情境也发生了很大的改变，这是因为什么呢？

流程：首先，社会工作者讲解自我状态的基本概念；其次，进行小戏剧互动式体验，小戏剧表演可以从别人身上看到我，或是在我身上看到别人，这都是非常生动的互动式体验；再次，社会工作者邀请参与者参加小戏剧演出，在规定的情境下，表演处于三种自我状态的人在生活中的表现；最后，社会工作者请参与者现场谈谈自己面对处于三种自我状态的人的感受，和现场学员一起总结三种自我状态的正面和负面的感受。

(3)知识小结：我将如何选择

沟通受阻或顺畅有着它的规律，而并不是仅凭感觉就行。了解了自我状态以后，你将明晰自己和他人在互动中究竟发生了什么。通过引导员工进行自主选择，从目的和结果导向出发，引导员工展开讨论，探析如何在开口之前选择更为合适的沟通方式。

2. 主题二：正确表达真实的情绪

目的：学会识别自己的非理性情绪，学习接纳和表达情绪。

非理性情绪会在各种有压力的情形下出现，这种情绪无助于问题的解决。社会上许多人都意识不到自己的感受和如何将感受恰当地表达出来。因为我们接受到的教育是让我们用头脑分析和判断感受，而不是用心去体会和表达感受。当我焦虑的时候，我并不觉得着急，而是生气！当我担心的时候，我没有表达害怕，而是会愤怒！而当我感到被忽视时，我没有难过，而是无所谓！我们并不知道我们真实的感觉是什么。

许多人不了解自己的感受，是因为他们在童年时不被允许表达自己的感受。当压抑自己的感受时，你的大部分理解力因此而被阻隔，因为行动大多是建立在个人感受之上的。当你认可并允许自己有这样的感受，并寻求可接纳的方式来表达它们的时候，你就会对你的行为有更多的自我接纳和控制能力。

活动流程：

(1)辨识非理性情绪：讲师通过“超市购物”的事例，请大家体会各自产生的感受，从而来了解什么是扭曲情绪。

(2)接纳和表达情绪：两人一组，以“愤怒”情绪为例，来做练习。

3. 主题三：建立良好的人际关系，形成社会支持网络

电销员独自面对客户，在绝大多数时是“独自工作”，他的收入和评价主要取决于自己的工作绩效，与别人关系不大。因此从实用角度看，他们不需要关心别人，只要做好自己的事就行了，同时他们也较少感受到别人的关心，因此他们每个人就好像生活在“工作情感的孤岛里面”。他们虽然每天都在讲话，但是很少有机会，甚至有些人也没愿望“说自己的话”。

为打破目前员工内部冰冷的人际交往圈，社会工作者设计了许多促进关系的游戏。这种游戏的功能在于协助组员打破隔膜，鼓励互相分享、互相学习，从而使组员从中得到反省启发的机会。

(1)游戏1：解人结

场地：室内或室外　人数：10~15人　时间：15~20分钟

目的：促进关系，培养小组团结及合作精神。

游戏方法：组员围成一圈，伸出双手，随意与其他人相握，但注意每双手要握着不同的人。这便构成一根很紧的“人结”。解结时，不能把手放开，只能透过其他方法如跨越、穿过等。经过一番努力，“人结”便可渐渐解开，直至解成一个或两三个小圈。组员在很短的空间距离内，共同商讨解决问题的方法，加上适当的身体接触，容易令组员了解团结的意义。

(2)游戏2：电波传递

让所有成员手拉手站成一圈。任选某一成员(如A)作为电波传递的起点。当领导者说“开始”时，A按顺时针(或逆时针)方向向相邻的同伴传递“电波”(即一个信号，如轻捏一下相邻同伴的手)，当每位成员“收到”电波后要用最快的速度传递给下一位成员。以此类推，直到电波回到起点，即A处。当A收到电波时，大喊“收到”。当所有成员都熟悉操作之后，领导者要求变更“电波”传递的方向，如由原来的沿顺时针方向传递变为沿逆时针方向传递。当电波沿着新方向被传递几次之后，再一次加大传递的难度，如要求队员们闭上眼睛或是背向圆心站立。在游戏快要结束的时候，为了使游戏更加有趣，悄悄告诉A同时向两个方向传递“电波”，而且不要声张，看看这样会带来什么有趣的效果。

(三)第三阶段：企业文化培育

1. 企业管理层的沟通技巧培训

TA沟通分析(Transactional Analysis，简称TA，也被译为人际沟通分析、交流

分析、交互作用分析）是一种标本兼治的沟通心理学，也是一种人格理论，是美国著名心理学大师艾瑞克·伯恩(Eric Berne)于20世纪50年代创立的一个心理学流派。TA很清楚地描绘出人的心理结构，它以自我状态模式来描述人格的三个部分，帮助我们了解不同的人格表现会怎样影响人的行为。

人际沟通分析(TA)有两个核心概念：自我心理状态和人生脚本。自我心理状态是我们在沟通中呈现出的不断变化的人格模式，员工和客户、组织和员工间的沟通和互动，可以借沟通中的自我心理状态来了解。

社会工作者围绕"TA沟通分析"的相关知识，主要设计了三个主题学习课程，每个主题分为3节课(每节课1.5小时)，对管理层进行培训：认识自我心理状态、沟通模式培训、正确安抚情绪。

通过对"TA沟通分析"理论的集中学习，每个班组长都能掌握"TA沟通分析"理论，并且能运用这个理论开展管理工作，进而通过管理层的传播和教育，使更多一线核心员工基本掌握"TA沟通分析"理论，并且能运用这个理论开展电话营销工作，在全公司形成良好的工作学习氛围。

2. 增加对员工的人文关怀及精神激励

社会工作者为公司管理层与基层电销专员建立沟通的桥梁，对公司的考核制度进行整理和归纳，形成报告，在员工内部进行协商，并与公司管理层一起听取员工意见；社工建议公司综合审视考核制度的合理性，并重视与员工的沟通；在对员工进行物质奖励的同时，关注鼓励新员工的发展和绩效不佳的员工的专业技能提升；倡导公司定期对员工进行专业培训，加强对基层员工的人文关怀；提升员工对公司的归属感和责任心，促进企业和员工互利互惠，共同进步。

社会工作介入的三个阶段并非时间序列的差别，三个阶段的工作同时在企业内展开，从员工个人情绪到同事间的社会支持网络建构，再到企业文化的培育，全方位对整个企业进行介入。

六、服务效果与评估

（一）服务成效

1. 员工情绪问题得到缓解

通过个案介入及团体心理辅导，很多员工开始学着控制自己的心理状态。通过1对1辅导，员工的情绪得以舒缓，能够将自己的情绪和思维区分开来。在和社会工作者进一步的交流中，很多员工开始认识到自己的一些观念是不合理的，并开始思考处理问题的方式和方法，在遇到困难的时候，学会用比较法来冷静分析自己的困境，学着用理智的分析方法有效解决问题。

2. 员工人际关系得到调节

通过团体活动，员工间渐渐建立起信任和合作关系，彼此呈现出开放和接纳的姿态，人际关系搭建起来，构建起同事间的社会支持网络。员工知道了处理好人际关系、发展多个支持系统的重要性，愿意在生活中采取积极行动去寻求帮助，学会了不回避矛盾，直面问题积极处理的方法；学着用更有建设性的方法调节自己内心的压力，工作起来更有效率更加顺心。

3. 员工的沟通技巧得以提升

通过阅读和学习TA沟通分析的科普文章，员工把TA沟通分析的工具用于工作和生活中，感受到不一样的思维方式带来的益处。大部分参与TA沟通分析理论学习的员工都对该理论有了基本的了解，也学习了TA的核心概念，提高了上传下达时的效率，并为带动本组员工共同学习进步奠定了基础。TA沟通技巧的全面推进，也增进了各级员工的沟通意识和沟通技巧。

4. 搭建起新的企业文化

通过TA沟通分析理论的学习，提高了参与培训的管理人员的沟通技巧，使其工作时更富同理心，对不同个性的员工包容度提高；管理层更加重视员工的个性特长，关心了解员工的生活和想法。根据TA理论，不同的人需要不同的安抚，安抚包括语言、行动、娱乐、体育活动等，中层领导对个性化的员工进行了积极关注，根据他们的性格进行引导，带领他们学习，增强了公司的凝聚力，提升了员工的归属感和幸福感。同时，把心理状态偏幼稚的员工往更为成熟的方向引导，帮助他们尽快成长起来，以适应不断提高的工作需要，能更灵活地处理工作难题。

(二)服务评估

1. 过程评估

在提升沟通表达能力，促进员工间有效沟通方面，社工以游戏的方式开展小组活动，引导组员运用优势视角理论促进沟通方式的改进。在问题分享与交流环节，组员们表示，沟通方式的改善需要一线员工和管理人员一起努力，才能达到促进组织发展的目标。由于小组是以分组游戏活动开始的，组员们显得非常兴奋，以致纪律较为混乱。在问题分享与交流环节，组员们过于活跃，场面一度失控，大家争吵一团。所以，今后要更多强调小组活动的规范，让活动有秩序地进行。

在提升组员对职业生涯规划的认识方面，社工积极帮助组员为未来做好清晰的职业发展规划。经过前三次小组活动，组员都能够流畅地表达自己的想法；通过互动与交流，他们对职业生涯规划有了一个清晰的认识，对职业发展的重视程度也有所提高。

2. 结果评估

经过不同主题的小组活动，小组总目标和分目标基本达成，组员存在的工作压力、不良情绪、人际关系紧张、自我认知不清等问题也基本得到了解决。无论是整个活动开始前的前测和整个活动结束后的后测，以及每次活动结束后的过程总结，社会工作者均体会到了组员们的积极变化，组员们纷纷表示收获了很多，对今后的工作和生活充满信心。

七、总结与反思

身为社会工作者，小组活动虽然取得一些较为满意的效果，但在活动结束后，社工在反思中仍然发现许多不足之处。

EAP 实践的反思。作为一个舶来品，EAP 在中国本土的实践中，既充分发挥了其优势，又不可避免地与本土企业环境产生碰撞。

首先，在理论建构层面，国外 EAP 历经近一个世纪的发展，已经形成一套完整而规范的理论体系和实践模式，但中国 EAP 的发展尚处于孵化阶段，在理论依据和实务手法等诸多方面需要借鉴国外的先进经验。但是，EAP 所强调的对员工的积极关注和精神关怀，与中国长期以来提倡的“仁”“义”不谋而合。因此，在中国企业发展 EAP 受价值观差异的影响较小，这为 EAP 在中国的发展减少了阻力，增进了可行性。然而价值观相融并不代表中国可以完全套用国外的模式，为使 EAP 能更好地服务于中国企业及企业员工，必须建构属于本土的理论体系，发展出适合中国国情的实践模式。

其次，在适用性层面，国外 EAP 的实施可以在不同类型、不同规模的企业实施。国内由于观念的差别，EAP 的适用范围受到限制，只能在大型企业得以实施和发展。然而当今社会正处于重大变革期，企业正面临发展的转型期，员工与企业的问题和需求在一定程度上具有共性，无论何种规模的企业都需要企业社会工作者的恰当介入。因此，EAP 在我国还需要突破思想观念和经济实力的层层桎梏，才能取得进展。

介入成效的反思。小组活动在缓解电销专员的压力方面能够发挥较大的作用，我们对保险行业电销专员的工作压力管理、沟通和组织信任等进行干预后，员工离职意向有明显下降趋势。同时，小组工作的方法和理念也得到B公司人力资源经理的认同和赞扬。

◎案例应用指南

一、教学目的与用途

(一)适用的课程

本案例可应用于“高级社会工作实务”课程中企业社会工作实务部分的教学，对于“企业社会学”“企业员工辅导”“员工福利”等课程也具有较好的适用性。如将此案例应用于单一知识点的课堂研讨或小组讨论，那么，覆盖的知识点包括：通用过程模式、个案介入、团体心理辅导、积极心理学、心理资本理论、社会支持理论、员工帮助计划(EAP)、企业文化、TA 沟通分析理论等。

(二)适用的对象

本案例适用对象包括高年级社会工作专业本科生及社会工作专业硕士生、博士生。

(三)教学目标

(1)学生熟练掌握员工帮助计划(EAP)的相关知识，并尝试设计服务方案。具体知识包括：EAP 本土化现状、服务模式及内容、实施流程、遵循的价值理念、优缺点及注意事项等。

(2)培养学生在社会工作实务中综合运用通用过程模式的能力。通用过程模式是训练一线社会工作者服务方案设计与服务介入的基础与灵魂。本案例通过员工帮助计划(EAP)在企业中的运用来阐释社会工作的通用过程，旨在帮助学生具体掌握通用过程模式的理论依据及工作流程，理解如何在实务过程中建立并运用由生态系统理论、社会支持理论及积极心理学理论等组成的通用过程模式，并明晰本案例的理论框架。

二、启发思考题

本案例的启发思考题主要是为了满足案例教学的知识传递与内化目标，思考题与知识点基本对应。

(1)本案例如何体现社会工作的通用过程模式？结合案例分析该模式包括哪些环节？

(2)个案社会工作介入流程及遵循的原则有哪些？社会工作者在不同阶段应使用哪些服务技巧？

(3)团体心理辅导的流程及注意事项有哪些？社会工作者应如何制定辅导目标、激发团体动力、实现组员的交互影响？

(4)员工帮助计划的服务模式与内容、操作流程及注意事项有哪些？案例中是如何体现的？

(5)员工帮助计划的理论基础是什么？你认为还有哪些方面的理论可以用到本案例的实施过程中？

(6)本案例是如何应用 TA 沟通分析理论的？你能否将此理论运用于其他适合群体？

(7)思考运用员工帮助计划进行员工辅导，设计一项服务方案，仅设计服务思路和框架、方法及途径即可。

三、分析思路

本案例的分析思路是给出案例分析的基本逻辑，使学生在阅读和讨论案例过程中有所依据：

(1)厘清保险业电销专员这一特殊职业群体面临的社会问题和职业压力是本案例分析的前提，对这一群体问题形成的背景、现状、现实表现和原因的探索是进行案例分析的起点。

(2)在社会支持理论、积极心理学的理论框架之下，设计个案介入和团体心理辅导的服务方案和介入目标，将员工帮助计划(EAP)应用于这一群体，总结服务成效，评估服务过程。

(3)反思员工帮助计划(EAP)在实务过程中的应用是否恰当、有效，是否显著提升了员工沟通技巧、改善人际关系、减轻心理压力，企业是否因此形成有利于员工成长和发展的企业文化。

(4)本案例在服务模式上是否具有可执行、可推广性，对于我国企业其他类型员工是否具有适用性，有何启发和借鉴意义。

四、理论依据与分析

(一)社会支持理论

社会支持的概念源于20世纪70年代，社会支持理论被广泛应用于社会工作的实务中。社会支持是指运用物质和精神手段对处于弱势的群体进行义务帮扶，构建来自不同个人、群体、组织的支持网络。社会工作者可以在进行服务的过程中，通过帮助有需要的案主挖掘潜在的正式资源或非正式资源，通过链接案主的个人、家庭和社会支持资源，从而形成案主的社会资本，使案主在精神或物质上得到帮助。通过为案主搭建社会支持网络，能有效预防和治疗案主在当前处境中面临的问题，提升案主的自主能力、抗逆力和人际交往能力等。

(二)积极心理学理论

21世纪初期，在愈发强调人的价值和尊严，以及人文关怀和人文价值的背景下，积极心理学顺应时代发展要求应运而生。不同于传统心理学关注个体的心理问题、心理障碍，积极心理学更加关注个体的内在积极品质，致力于人类积极心理品质的培养，关注人类的生存与发展。积极心理学在价值观念方面与社会工作不谋而合，社会工作也强调“以人文本”的价值取向。在此基础上，积极心理学视角下的EAP模式渐渐崛起，开启了企业社会工作EAP辅导的人文关怀之路及通往员工幸福之门。在本案例中，为解决电销专员的消极情绪和恶性竞争问题，通过积极心理学的引导，培养电销专员的积极心理品质，有效提升其内在抗压能力。

(三)员工帮助计划(EAP)

EAP(Employee Assistance Program)即员工帮助计划，起源于20世纪20年代的美国，是企业为员工提供的一套系统的、长期的心理援助与福利项目。众多实证研究已表明，EAP在企业内部的使用能够有效解决员工心理和行为问题，提高员工生命质量和幸福感，改善组织氛围，提高工作效率，提升团队绩效。在当前企业竞争日益激烈、员工压力日益增加的大背景下，EAP作为一种行之有效的商业管理工具对企业和企业员工都具有积极意义，一方面EAP帮助企业改善组织内外部关系，改进客户服务，提升组织绩效；另一方面还能帮助组织健康发展，解决员工心理问题。

五、关键要点

本案例的关键要点与前文能力训练点和覆盖的知识点并不完全重合，二者之间有一定的区别。关键要点是进行案例分析的关键所在，对于学生理解和把握案例核心内容，提升教学效果具有关键引导作用。

本案例的关键在于把握企业社会工作服务背后的价值理念、理论框架和实务工作基本模式。

(1)对保险业电销专员问题的综合评估与诊断，包括从职场场域、日常生活场域、企业本身的角度进行解读与思考。

(2)在预估的基础上形成对问题深层原因及使问题持续存在的原因的探讨，从而对症下药，从员工治疗和组织介入两个层面设计介入目标。

(3)在介入方法与策略上，以员工帮助计划EAP为视角，进行个案介入和团体心理辅导，重建员工的积极心理和社会支持网络，重视员工个人能力建设，以及企业文化建设。

(4)社会工作者秉持尊重、互助、自决、社会支持、增能等价值观，采用综合的介入方式进行干预，扮演使能者、咨询者、辅导者、倡导者、资源链接者等角色，这与社会工作者的个人价值观相契合。

(5)在企业社会工作的内容上包括两方面，一是舒缓员工心理压力，构建社会支持系统，对员工进行能力建设；二是对企业文化进行改造，致力于唤醒企业社会责任意识，积极推动企业利益与员工福祉平衡发展的新局面。

六、课堂教学计划建议

案例教学对教师和学生能力有一定要求，需要学生在案例教学前阅读和思考大量问题。教学效果与学生的知识储备和资料阅读有较大关联，因此，实施案例教学前，学生预习案例相关背景知识显得非常重要。教师在前次课就应当将案例布置下去，并要求学生查阅企业员工辅导相关背景知识，以及阅读企业社会工作、员工辅导、员工帮助计划、TA沟通分析理论等相关知识点。在理论学习上，关注社会支持理论、积极心理学理论，及其他企业员工辅导相关理论，注意区分不同理论的核心观点及应用范围。课前预习时间不少于2小时。

课堂计划主要是在案例教学过程中各项教学内容的时间分配，以及教师应如何对该案例进行组织引导、分析讨论。在时间安排上，本案例按照2个学时进行设计，课堂教学安排为90分钟。课堂上进行小组讨论、案例分析、提问与回答，以及知识的归纳总结等环节。具体课堂安排如下：

教师案例回顾：10 分钟。

小组讨论：20 分钟。

知识梳理总结：20 分钟。

课堂练习：25 分钟。相似社会工作服务项目设计、实施与管理(只需呈现服务项目的主要思路、基本框架以及社会工作介入的方向、方法与途径)。

学生提问和教师解答：10 分钟。

机动时间：5 分钟。

在组织引导上，教师应遵循案例分析的基本逻辑，结合启发思考题和关键要点进行有序引导。引导过程中注意学生的个体特征、投入程度、教学互动，以及学生对问题的理解程度，根据课堂反馈实际情况与案例教学效果，及时调整教学时间及内容安排。

城市穿梭的精灵：外卖配送员城市融入项目

一、问题背景

十九大召开以来，人民日益增长的物质文化需求对个人和社会都提出了更高要求，我国社会的区域发展不平衡问题也越来越受到重视。随着城市化进程的加快，城市自身建设发展的需求增大，城市也逐渐敞开大门欢迎更多流动人口的加入，但相应的保障机制还没有形成。在这样的大背景下，越来越多的外来务工人员进入城市，他们在城市的建设和发展中起到了不可忽视的作用，但城市对外来务工人员缺乏关爱，忽视了他们的需求，造成外来人员进入城市后出现不适应或者“落地”困难的尴尬境地。

他们抱着自己的期待进入城市，但是由于自身能力和环境限制，往往在进入城市的初期只能从事一些简单的体力劳动，在劳动过程中经受着生理和心理上的多重考验，加上自身缺乏学习新技能的机会，职业发展路径受阻，对城市的认同感不强，久而久之，容易在心理上产生孤独感，不能很好地融入城市。

二、案例信息

江岸区西马街位于武汉市中心城区，在其管辖的高雄社区附近，有着江岸区最大的外卖配送点，这个外卖配送点平日里聚集了大量的外来务工人员，他们一天的接单生活从这里开始，忙碌一天后又在夜深回到住所。尽管这些人员在城市街道上像闪电侠一样穿梭，给许许多多的城市人带来便捷的用餐体验，但是他们中的很多人仍然对这个城市缺乏归属感，平时的休闲时光就是几个外卖员边等单、边聊天、边玩手机游戏，没有休息日、没有公共娱乐生活，更别说认识新的朋友了。他们似乎与城市格格不入。他们的孩子也因为种种原因在学校受到其他同学的指指点点，教育、医疗等诸多问题接踵而至，家长们担心孩子的发展却不知道该怎么办。

三、核心问题的确定及介入目标

在上述案例背景下，我们将聚集在高雄社区附近的外卖配送员界定为服务对象。将本案例的核心问题界定为：外卖配送员的城市融入问题。在这个核心问题周围，外卖配送员自身的职业发展、人际交往、生活适应等问题，以及其孩子的教育资源有限、看病难等问题都是围绕城市融入展开的。

因此，在确定介入目标前，明确服务对象的需求是设定工作目标的第一步，在宏观上，社会要加强对外卖配送员的关怀，对相关政策和法规进一步完善，营造相应文化氛围。中观上，需求社区和街道做好对接，为外来务工人员营造良好生活氛围，增进社会对其的理解和接纳，搭建外来务工人员的交流平台。微观上，外来务工人员需要更多实质性的支持和帮助，比如进行相应的就业技能培训，进行心理疏导和陪伴，同时针对求学、就医有困难的学生和家庭应该有针对性地提供服务和帮助。经过筛选后，我们将介入目标具体分为以下几个方面：

(1)减轻工作压力，增强个人归属感。多方链接资源，联动学校以及社区，为外来务工家庭提供服务，减轻外卖配送员的工作压力，提高他们对武汉这座城市的归属感与获得感。

(2)增强个人能力，帮助其适应环境。挖掘服务对象的潜能，加强外卖配送员自身能力建设，通过相关技能的传授，以及互帮互助，达到化解他们的城市融入障碍，提升其城市适应能力的目标。

(3)搭建交流平台，增进互助互信。通过搭建创设外来务工外卖配送员与本地市民的互动交流平台，消除彼此间的误解与隔阂，增进群体间的接纳与和谐共处，扩大外卖配送员的交际面，通过面对面、心与心的交流，增进理解。

(4)发挥个人优势，增强个人融入感。发挥外卖配送员的职业优势，结合社区特点，促使其参与自身的建设；通过发掘社区精英，塑造社区治理卫士，提升基层社会治理水平，让外卖配送员感受到工作的成就感。

四、理念及价值观

社会工作介入外卖配送员的城市融入问题，指的是专业社会工作者在社会工作理念和专业价值的指导下，对社区的外卖配送员进行社会功能的恢复和加强等一系列有目标、有计划的社会工作介入活动，最终帮助外卖配送员走出城市融入困境，恢复弱化的社会功能，挖掘个人潜能，增强社会适应能力的目标。社会工作者介入外卖配送员城市融入问题秉持的是社会工作“助人自助”的价值观，其内涵是让外卖配送员能够通过自己的努力实现自我改变、自我进步，在解决问题后摆脱困境，进而发掘潜能，增强能力。

我国社会工作介入的价值观是社会工作者长期奉行遵守的一整套指导实践的原则与理念，它结合了国际上认同的专业价值观和操作原则，同时具有本土特色。社会工作者将服务对象看做一个与自己有平等价值的人，是有潜力改变现状的个体。社会工作者要充分相信服务对象自身所具有的优势，并在工作过程中注意倾听服务对象的声音，将他们视为合作伙伴，确立与服务对象的合作伙伴关系，时刻秉持尊重、自决、个别化、保密原则，尊重每一个人的独特价值和尊严，相信每一个人都有发展的潜质，有责任运用自身的知识和技能推动个人和社会进步，并且将人际关系与个人福祉相联系，帮助个人预防、减少困境。

五、介入计划

江岸区西马街位于武汉市中心城区地段，交通便利，经济发达，在其最大的外卖配送点中，服务对象的数量较多，这使社工为服务对象建立档案提供了操作上的便利，同时该辖区内社会组织资源丰富，项目实施氛围和基础良好，可操作性强，社工可进行更多资源的链接。因此，依据服务对象的需求，社工将介入系统具体确定为直接针对服务对象的介入系统，以及间接的介入系统，通过两者的结合，全方位多层次为外来务工外卖员开展服务。介入计划主要内容为：

(一)问题诊断阶段

阶段性目标：组建专业团队，开展项目宣传与调研，评估服务对象问题与需求，确定项目实施重点。

为了更好地了解潜在服务对象的需求，有针对性地为其提供专业的社会工作服务，项目组在对团队成员进行系统培训的基础上，开始有针对性地设计外来务工外卖配送员城市融入情况调查问卷，并在西马街高雄社区外来务工的外卖配送员聚集区域展开摸底调查，了解他们的城市融入现状、存在的问题与需求。在此基础上，结合回收的有效调查问卷，评估服务对象问题与需求，利用 SPSS 统计分析软件进行分析，根据相关数据撰写需求评估报告以及项目实施计划书；与一些服务对象进行沟通交流后确定项目实施方向及干预重点，进行项目前期宣传、推广，在社区营造服务氛围。

(二)能力建设阶段

阶段性目标：开展外来务工外卖配送员文化融入、心理调适、技能发展等方面培训，加强其自身能力建设，促使他们更好地融入城市社会。

以开展武汉风土人文知识培训为契机，加深外来务工外卖员对武汉城市文化的知晓度与认可度，与其一同分享讨论个人奋斗与城市建设之间的关系，处理好家乡之情与城市生活之间的兼容关系，通过技能培训辅导，促进其更好地理解自身境况，提升内心充实感，进而融入城市生活，增强自身归属感。此外，还通过开展心理辅导，帮助外来务工外卖员疏解在城市融入过程中，产生的脱节感、落差感等心理不适应状态；通过交流分享工作时的所思所想，舒缓工作压力，帮助他们认识到自身的价值，提升他们的自我效能感，促进其以更健康的心态、更积极主动的姿态融入城市社会中。

（三）人际扩展阶段

阶段性目标：组织外来务工外卖配送员及家庭成员互动交流沙龙，提升其人际交往能力与心理依存度，拓展其社会支持网络。

社工通过在喜鹊面包房组织外卖配送员同乡交流会，引导外卖配送员分享在城市融入过程中面临的困境与应对策略、心路历程等，在交流中增强人际交往能力，丰富人际关系网络，帮助他们建立以老乡为中心的联系较为密切的互助支持网络，同时也让他们感受本地公益组织对他们的支持与接纳。此外，社工还通过向外卖配送员发放大武汉旅游年卡，组织外卖配送员家庭参加市内旅游活动等，让他们在游览城市风景的过程中，感受城市的包容性与独特魅力，增进家庭成员关系，强化非正式支持网络，更好地融入城市，共享改革与发展成果。

（四）社区参与阶段

阶段性目标：挖掘外卖配送员潜能，协同社区、社会组织资源，组建志愿服务队，积极参与社区建设。

结合外卖配送员熟悉小区地形、长期在各街巷穿梭的职业特征，充分挖掘他们的社会参与潜能及公益爱心传递意识，组建外卖配送员流动志愿服务队，在此过程中搭建其与其他居民的交流平台，通过链接所在社区、社会组织的资源，在小区内协同开展火灾预防、盗窃事件防范等突发事件应急干预志愿服务活动，动员他们参与到社区治理中来，增进本地市民对他们的接纳与尊重，也使其感受到社区的关怀和接纳，从而真正融入城市社会，实现自我价值。

促进社区、街道加强对其需求的关注，推进相关政策的落地，营造社会氛围，提升主人翁意识。

社会工作者结合该社区外卖配送员的实际情况，将相关数据向有关部门呈送，有效增强相关社区以及街道对外卖配送员在生活和发展中面临问题的关注，并协助相关教育、医疗问题的解决，同时不断督促相关政策的落地对接，营造整个社会关注并接纳外卖配送员的氛围，帮助外卖配送员提升城市话语权，为其打造一个便捷的生存发展空间，使他们逐渐意识到并拥有主人翁地位，增强获得感。

六、介入过程

（一）预估筹备期

这一阶段主要是进行前期的筹备工作，明确服务对象，进行相关资料的准备和阅读，并进一步在社区走访调查中了解服务对象的情况，通过走访相关个人、家人、邻居、朋友、居委会、街道人员等，获取更多信息，界定清楚服务对象的需要和问题，从而为实施和具体介入阶段作好准备。在这个过程中，社会工作者扮演好合作者的角色，与服务对象进行交流合作。

（二）服务实施期

在项目的实施阶段，社会工作者从“人与环境”的互动视角出发，将直接介入与间接介入的手法相结合进行综合介入，灵活使用个案工作、小组工作、社区工作的工作方法，在开展活动时，注意明确活动任务，把握整体安排，针对在筹备阶段制定好的计划，对服务对象进行直接介入，通过针对缓解服务对象的工作压力、提升个人能力、搭建交流平台、发挥个人优势等目标，具体开展相应的培训、沙龙和工作坊。这个过程中要不断考虑服务对象的发展阶段和特点，对计划进行完善和修改，注意遵循服务对象自决的原则。在此过程中，社会工作者扮演的是服务提供者、资源链接者、倡导者、管理者等角色，与服务对象相互依赖，在合作中共同推进项目实施和效果的达成。

（三）结案总结期

在项目的结案总结阶段，服务对象的问题已经基本得到了解决，服务对象已有能力可以应付和解决问题，社会工作者要帮助服务对象巩固已经取得的成果，增强他们独立解决问题的信心和能力；评估整个工作过程，对计划完成情况、效果进行总结和评估，做好总结记录；最后在结案阶段审慎处理离别感受和情绪，注意对项目进行宣传和推广，加强社会对服务对象的包容和理解，为服务对象融入社会打好基础。这个过程中，社会工作者主要扮演的是支持者、协调者等角色，支持服务对象依靠自身力量独立解决问题。活动具体安排见表1：

表1　城市穿梭的精灵：外卖配送员城市融入项目安排

项目阶段	服务类型	活动名称	活动内容	活动时间
预估筹备期	前期筹备与走访调查	团队组建与项目宣传、调研	1. 确定项目负责人，明确人员 2. 督导对社会工作者进行培训，确保项目运营的专业性 3. 项目前期调研与宣传	6月
服务实施期	培训类	认识大武汉（文化融入）	通过介绍武汉市风土人情、人文文化、风景名胜等相关知识，增进服务对象对武汉的文化认同与了解	7月
		共建大武汉（心理建设）	邀请心理老师对服务对象开展心理咨询，化解其城市融入过程中的心理障碍 邀请服务对象畅谈工作生活情况，专家答疑解惑，疏导融入城市面临的心理、情绪困扰	7月
	沙龙类	你好，我是××××	通过破冰游戏、拓展活动等形式增进服务对象间的交往；以举办同乡会等形式，开展交友、联谊等活动，提升服务对象人际交往能力，建构其社会支持网络	8~9月
		金秋狂想曲交流会	组织服务对象及家庭成员参加景点游玩活动，增进其城市体验和家庭成员关系	10月
服务实施期	工作坊	“城市穿梭的精灵”志愿服务（一）	联动社区、社工、外卖配送员组建辖区志愿服务队，动员他们参与社区建设	9~10月
		“城市穿梭的精灵”志愿服务（二）	利用服务对象职业优势，提升其危机干预意识，对于火灾、盗窃等突发事件，实现早发现、早汇报，及时处理，创新区域社会治理方式	9~10月
		“城市穿梭的精灵”志愿服务（三）	通过前期活动，吸纳新成员，为后期志愿服务开展奠定人员基础	9~10月

续表

项目阶段	服务类型	活动名称	活动内容	活动时间
结案总结期	宣传类	项目推广与总结	1. 通过街道、社区、学校、微信公众号进行项目宣传，提高项目知晓度 2. 进行服务效果总结及项目推广，提升社会影响力	11月

七、效果与评估

(一)服务成效

项目实施以来，社会工作者通过扮演多重角色，链接多方资源，并提供直接、间接的介入服务，有效减轻了外卖配送员在工作中承受的生理和心理压力。①通过联动社区，为外卖配送员个人和家庭提供物质和情感支持，提高他们对武汉这座城市的认识和了解，获得归属感；②加强外卖配送员自身能力建设，挖掘服务对象的个人潜能，在化解他们城市融入障碍的同时，提升其对城市环境的适应能力，并为个人的进一步发展打下基础；③搭建外卖配送员与同乡、本地市民的互动交流平台，通过相关活动和沙龙的举办，在游戏和互动中消除彼此间的误解与隔阂，增进群体间的接纳与和谐共处，在人际层面上，为个人能够进行自我调适加大支持力度；④尽最大可能发挥外卖配送员的职业优势，结合社区和街道特点，带动其参与社区建设，集中打造社区治理卫士，发掘社区精英，提升基层社会治理水平，也帮助外卖配送员获得对社区、对城市的认同和参与感，提升个人价值。服务产出记录见表 2：

表 2　服务产出记录表

序号	服务类别	指标数量	服务人数
1	需求调研报告和项目服务方案	各 1 份	/
2	服务对象建档	5 份	/
3	项目前期宣传活动	2 场	80 人次
4	外来务工外卖配送员城市融入培训	2 场	50 人次

续表

序号	服务类别	指标数量	服务人数
5	外来务工外卖配送员家庭成员沙龙	2 场	40 人次
6	三方联动活动与志愿服务	2~3 场	100 人次
7	项目经验总结与评估报告撰写	/	/

(二)服务评估

项目实施过程评估。社工通过对“城市穿梭的精灵：外卖配送员城市融入项目”服务方案设计、项目服务活动开展情况进行评估，发现该项目总体上按照原定计划实施，并围绕加强外来务工外卖配送员自身能力建设、创设外来务工外卖配送员互动交往空间、组建志愿服务队参与社会治理三个方面，通过开展培训类、沙龙类、志愿服务类活动的形式，促进外来务工配送员的城市融入。此外，在项目实施过程中通过对方案实施情况、预期困难与应对策略等进行实时动态评估，以保证专业性及项目实施效果，同时做好活动记录以提炼总结实务工作经验。社工在开展活动过程中，通过对外卖配送员城市融入状况进行调查，发现为外卖配送员开展能力建设培训、人际交往沙龙、志愿服务等一系列活动之后，可以明显感觉到他们的城市生活体验更好了，心态也更加积极乐观，变得愿意与本地市民接触交流，并有了自己的人际交往圈，对“武汉人”的评价也更加积极正面，对武汉这座城市的归属感与喜爱度有了明显提升，也愿意以主人翁的姿态，通过提供力所能及的志愿服务参与武汉城市建设。

项目实施结果评估。针对服务对象，社工通过设计问卷以及个别访谈的形式，了解外卖配送员城市融入改变状况。他们普遍反馈在接受社工开展的外卖配送员城市融入服务之后，自信心、自我效能感有了明显提升，自我职业认同感更高；人际交往能力也得到了有效增强，朋友圈子不局限于同事、老乡，开始与本地人有了更多的交集与话题，家庭关系也更加和谐；在游览武汉城市景观、了解武汉风土人情知识后，他们更加认同武汉的文化，排斥心理进一步减弱，逐渐主动融入所奋斗的城市，并愿意贡献自己的一丝力量。在满意度评估上，社工通过对服务对象、周边的武汉市民、社区、街道负责人等进行外卖配送员城市融入项目服务满意度调查，统计结果显示，90%以上的外卖配送员对项目服务给自身带来的城市适应能力、自我价值感、人际交往能力等方面的积极变化感到满意；与外卖配送员互动交往的武汉市民也对他们的印象大为改观，逐渐能够接纳他们并发现其闪光点，愿意与他们和谐共处，互助共进；社区、街道负责人也对项目实施效果感到满意，自开展外卖配送员城市融入服务项目以来，整个辖区呈现出本地市民与外卖配送员友善相处的和谐氛围，治安状况明显好转，一些外卖配送员以志愿服务的形式参与社区建设，创新了社会治理形式，提升了基层社会治理水平。

八、总结与反思

开展外来务工外卖配送员城市融入社工服务，能在一定程度上改善流动人口城市融入困境的现状，并引起政府、社区、社会组织对这类群体的关注，从而对提升他们的福祉、改善现有境况起到一定作用，但项目服务的影响范围与服务群体较为有限，更应该在宏观层面以政策倡导的形式改善更多流动人口的生存现状。

外卖配送员城市融入涉及诸多方面的内容，短期时效性的社工干预服务能在其个人的人际交往、文化认同、自身建设等方面起到扩大交际面、增进文化了解、提高自身技能等作用，进而改善他们的城市融入困境，但涉及外卖务工人员就业环境、子女教育、政治话语权等方面的融入时，社会工作者的力量稍显不足。

项目涉及的是外卖配送员，这一特殊服务对象群体，其在城市融入方面既面临困境，也缺乏解决问题的能力与平台机制，社工在为其提供城市融入能力提升服务过程中，应该注意到现有的职业选择留给他们自身改变的时间与空间十分有限，因此在后期开展外卖配送员城市融入服务时，社会工作者可考虑争取他们所在企业的支持与合作，结合企业社会工作，让服务更加常态化、更加有效。

◎案例应用指南

一、教学目的与用途

（一）适用的课程

本案例可应用于“社会工作实务”课程中外来务工人员社会工作实务部分的教学，对于“劳工社会学”“劳工社会工作”等课程也具有较好的适用性。如将此案例应用于单一知识点的课堂研讨或小组讨论，本案例覆盖的知识点和能力训练点可作为参考。

（二）适用的对象

本案例适用对象包括高年级社会工作专业本科生及社会工作专业硕士生，也适用于社会工作专业博士生。

（三）教学目标规划

本案例覆盖的知识点有：社会工作通用过程模式、社会工作价值理念、马斯洛需求层次理论、社会支持理论、增权（empowerment）和能力建设理论、志愿服务组织等。

本案例规划的能力训练点有：

（1）帮助学生掌握社会工作通用过程模式的理论依据及工作流程，培养学生在社会工作实务中综合运用通用过程模式的能力。

（2）掌握外来务工人员城市融入的相关背景知识及存在的社会问题。

（3）掌握外卖配送员城市融入社工服务背后的价值观念和伦理要求。

（4）理解如何在实务过程中建立并运用由需求层次理论、社会支持理论及增权理论等组成的理论框架。

（5）学习如何对社会工作实务过程和服务成效进行评估与反思，并及时调整自己的服务方案。

（6）学会运用社会工作专业方法，有效提升外卖配送员的能力建设，促进其实现城市融入目标。

二、启发思考题

本案例的启发思考题主要是为了满足案例教学的知识传递与内化目标，思考题与知识点基本对应。

(1)本案例如何体现社会工作的通用过程模式？结合案例分析该模式包括哪些环节？

(2)外卖配送员这一群体面临的主要社会问题有哪些？尝试分析问题背后的原因及影响因素。

(3)案例中体现的外卖配送员城市融入社工服务背后的价值观念有哪些？

(4)简述马斯洛需求层次理论的基本观点及应用范畴。

(5)简述社会支持理论的基本观点及应用范畴。

(6)简述增权理论的基本观点及应用范畴。

(7)简述案例中使用了哪些社会工作实务方法进行外卖配送员能力建设。

(8)社会工作沙龙的组织形式有哪些？它与社工工作坊有何区别？

(9)简述公益型志愿服务组织培育或转型的关键因素是什么？

三、分析思路

本案例的分析思路是给出案例分析的基本逻辑，使学生在阅读和讨论案例过程中有所依据：

(1)厘清外卖配送员这一特殊职业群体面临的城市融入问题是本案例分析的前提，对这一问题形成的背景、现状、现实表现和原因的探索是进行案例分析的起点。

(2)在实务过程中，社会工作者遵循了哪些专业价值观与职业伦理。

(3)案例如何建构需求层次理论、社会支持理论、增权理论的理论框架。

(4)案例如何在预估与诊断的基础上进行服务方案和介入目标的设计。

(5)如何对外卖配送员城市融入进行干预，总结服务成效。

(6)案例如何体现社会工作者的评估与专业反思能力。

四、理论基础与分析

(一)马斯洛需求层次理论

该理论认为，人的需求层次按照重要性和复杂性排成一定的次序，由低到高，由基本的到复杂的，某一层次的需要相对满足了，就会向高一层次发展，追求更高一层次的需要就成为驱使行为的动力。从人的需要出发，该理论认为个人除了有生理需要、安全需要外，还有归属与爱、尊重的需要、自我实现的需求。同一时期，一个人可能有几种需要，需要的层次也会随着生产水平的变化而变化，各层次的需要相互依赖和重叠，高层次的需要满足后，低层次的需要仍然存在。

因此随着社会整体的发展进步，外卖配送员在城市中谋求生存，满足个人衣、食、住、行要求的同时，也会有着与外界进行交流，获得友爱和归属的需要，希望自己能成为群体中的一员，相互关心和照顾。与此同时，人人都希望有稳定的社会地位，外卖配送员也期望自己的能力和成就能得到社会承认。尊重的需要得到满足之后，个人才会对社会充满热情，体会到自己的价值，从而进一步实现个人理想，发挥个人能力，使自己越来越成为自己期待的人，实现进城打拼时的梦想。

(二)社会支持理论

社会支持是指人们感受到来自他人的关心和支持，是一种在社会环境中促进人类发展的力量或因素，不仅是单向的关怀，更多是一种社会互动关系。以支持的维度为出发点，社会支持被划分为情感性支持、物质性支持和信息支持；以来源为角度进行划分，社会支持又被划分为正式支持和非正式支持。该理论强调，个体所拥有的社会支持网络越强大，就越有能力应对来自环境各方面的压力和挑战，从而不断提高适应性，使个体免受环境的伤害。

通过开展外卖配送员城市融入社会工作服务，既能增进政府、社会组织、社会大众对这类群体的关注，从而搭建由政府、社会组织、专业人员组成的正式支持网络，也能促进外卖配送员之间以及他们与本地市民之间的沟通交流，帮助其建构非正式的社会支持网络，营造互助互信的社会氛围，积累社会资本，在获得物质性、情感性支持的同时，提高个人和家庭抗逆力，更好地应对城市融入困境，适应城市生活。

(三)增权理论

增权理论关注因为社会不公、歧视和压迫使自己的需要无法满足，其不仅注重赋权的过程，也不断为剥夺权力的个人或团体创造更多机会去获得权力和资源，所以该理论的目标是，增强个体运用权力的能力与自信，帮助个人获得对自己生活的决定权和行动权。该理论认为，增权应该注重从个人、人际、政治三个层面出发，个人层面上社工要帮助案主聚焦于个人发展、个人权力感提升，人际层面上社工应帮助案主多多发展能影响他人的具体技术，政治上通过社工帮助，个人与团体学习知识技能从而影响政治进程，实现社会改变。

个体的不利处境是生活压力、对环境的陌生感等造成的，而外卖配送员的城市融入困境，很大程度上也是由环境压迫及阶层分化造成的，社会工作者可在个人、人际、政治三个层面出发，通过挖掘服务对象潜能、提升其自我效能感，加强其能力建设，并采取相应的社会行动，加强外卖配送员自身能力建设，创设与本地人交流的互动空间，健全公共管理体系，从而帮助其更好地融入城市。

五、关键要点

本案例的关键要点与前文能力训练点和覆盖的知识点并不完全重合，二者之间有一定的区别。关键要点是进行案例分析的关键所在，对于学生理解和把握案例核心内容，提升教学效果具有关键引导作用。

本案例的关键在于把握社会工作服务背后的价值理念、理论框架和实务工作基本模式。

(1)对外卖配送员城市融入问题的综合评估与诊断，包括从生理、心理、社会层面分别进行解读与思考。

(2)在预估与诊断的基础上形成对问题深层原因及使问题持续存在的原因的探讨，从而制定服务目标。

(3)在介入方法与策略上，以促进城市融入为根本目标，采用培训、沙龙、工作坊等形式，推动外卖配送员文化融入和心理建设，重建社会支持网络。

(4)社会工作者秉持尊重、互助、社会支持、增能等价值观，采用综合的介入方式进行干预，扮演使能者、咨询者、辅导者、倡导者、资源链接者等角色，这与社会工作者的个人价值观相契合。

(5)评估与反思外卖配送员城市融入项目的实务过程是否恰当、专业，是否促进外卖配送员的文化融入、改善人际关系、减轻生理心理压力，最终实现以志愿服务的形式参与社区活动。

(6)本案例的服务模式是否具有可复制性和可推广性，对于开展外来务工人员社会工作服务具有哪些启示？

六、课堂教学计划建议

案例教学对教师和学生能力有一定要求，需要学生在案例教学前阅读和思考大量问题。教学效果与学生的知识储备和资料阅读有较大关联，因此，实施案例教学前，学生预习案例相关背景知识显得非常关键。教师在前次课就应当将案例布置下去，并要求学生查阅外来务工人员城市融入相关背景知识，以及阅读劳工社会工作、社会工作沙龙、工作坊等相关知识点。在理论学习上，关注需求层次理论、社会支持理论、增权理论及其他相关理论，注意区分不同理论的核心观点及应用范围。课前预习时间不少于1.5小时。

课堂计划主要是在案例教学过程中各项教学内容的时间分配，以及教师应如何对该案例进行组织引导、分析讨论。在时间安排上，本案例按照2个学时进行设计，课堂教学安排为90分钟。课堂上进行小组讨论、案例分析、提问与回答，以及知识的归纳总结等环节。具体安排如下：

教师案例回顾：10分钟。

小组讨论：20分钟。

知识梳理总结：20分钟。

课堂练习：25分钟。相似社会工作服务项目设计、实施与管理（只需呈现服务项目的主要思路、基本框架以及社会工作介入的方向、方法与途径）。

学生提问和教师解答：10分钟。

机动时间：5分钟。

在组织引导上，教师应遵循案例分析的基本逻辑，结合启发思考题和关键要点进行有序引导。引导过程中注意学生的个体特征、投入程度、教学互动，以及学生对问题的理解程度，根据课堂反馈实际情况与案例教学效果，及时调整教学时间及内容安排。

家暴妇女创伤辅导的综合社会工作介入

一、问题背景

在我国，自古以来有“家丑不可外扬”一说，因而家庭暴力也仅仅被看做家庭的隐私问题，外人不可管。伴随着由家庭暴力而引发的一系列惨剧，加上人们法律意识的觉醒，人们也终于意识到家暴不是个人问题，而是社会问题。根据相关统计数据，在我国约有30%的已婚妇女曾遭受家庭暴力，而由家暴引发的妇女致死案件则占妇女他杀案件的40%，同时我国每年自杀的女性中，约有60%是源于家庭暴力。2014—2016年，全国与家庭暴力有关的案件数量达94571件，有且仅有38件受害者为男性，其余均为女性受害者。① 虽然我国已在2016年就正式颁布并实施《中华人民共和国反家庭暴力法》，但是面对家庭暴力，除了法律的支持外，也需要诸如情感方面的理解与抚慰，因此社会工作者应有所作为，充分发挥助人自助的服务理念。本案例中社工通过外展，了解到案主情况，通过社会工作的专业方法和知识，遵循通用过程模式帮助案主摆脱家暴困境，重拾生活的信心。

二、案例背景

丁女士今年27岁，其丈夫周某36岁，两人已结婚5年。丁女士20岁时就进城务工，经朋友介绍，结识了现在的丈夫。其丈夫虽然学历不高，但自己经营着一家快餐店，生意还算不错。最开始，丁女士并未对张某有什么好感，但在张某的积极追求下，丁女士最终答应了张某的追求。在谈了近一年的恋爱后，两人决定结婚。最开始，丁女士父母因为两人年龄相差大，并不同意这门婚事，但是最终在丁女士苦苦劝说下才同意。

结婚第一年，两人过得十分甜蜜，周某也十分宠爱丁女士，而丁女士随后也辞掉原来的工作和丈夫经营快餐店。结婚一年后丁女士怀孕，但是由于丁女士外出不

① http://news.163.com/16/1125/14/C6NN3CVC000187VE.html。

慎，导致意外流产，只好在家休养，而周某表示丁女士身体要紧，并不责备她，让她在家好好休养。在丁女士在家休养的这段时间里，周某快餐店的生意由于竞争对手的出现和经营成本上升，生意开始走下坡路。面对日渐沉重的家庭压力，周某开始通过饮酒的方式排解压力，随着生意一天不如一天，周某开始酗酒，并结识了一群不良朋友。对于丈夫的压力，丁女士看在眼里，她试图为丈夫分担压力。一天晚上，当丁女士想跟丈夫聊一下时，丈夫嫌丁女士一个女人什么都不懂，还叽叽歪歪，两人发生争吵，丈夫一怒之下将丁女士推倒，不管不顾，自己走到房间睡觉去了。第二天，看到丁女士身上的伤，丈夫也意识到自己的错误，并向丁女士保证不会再犯，而丁女士认为丈夫只是一时压力太大，也原谅了丈夫。两人也商量着如何把小店生意重新做起来。

小店最终还是由于经营不善倒闭了，周某之后赋闲在家。自从小店倒闭后，周某养成了好吃懒做的习惯，甚至酗酒成性，而丁女士则开始找到一份服装厂的工作，帮补家用，成为家庭最主要的经济支柱。丈夫一不顺心就开始打骂丁女士，最开始几次家暴后，丈夫周某都会给丁女士道歉，并承诺会好好找工作，而丁女士念在夫妻情分上也原谅了丈夫。然而，因找工作屡屡受挫，丈夫一蹶不振，但凡丁女士在他耳边多说几句就对其拳打脚踢。面对丈夫的暴力，丁女士除了身体上承受伤害，内心也是十分煎熬，她不想让远在农村的父母担心，又觉得家丑不可外扬，不愿意跟工作单位中的其他同事倾诉。虽然有邻居向社区反映了情况，但社区中的工作人员主要是劝和不劝分，无法给丁女士提供实质性帮助，丁女士渐渐对生活失去了信心。社工在外展中，通过邻居反映了解到丁女士的遭遇。

三、核心问题界定及介入目标

（一）问题及原因分析

从案例中可以看出，本案例的核心问题是丁女士面临的家庭暴力问题以及家暴后的创伤心理问题。导致案主问题存在和持续的原因是多方面的：

1. 导致案主问题产生的原因分析

从施暴者来看，丈夫周某自生意失败后就养成了好吃懒做的习惯，甚至酗酒。虽然其也试图改变，但在这个过程中，由于自身学历、能力的问题，进一步加剧了其对现实生活的失望，通过以酗酒方式来逃避现实生活。当丁女士想为他分忧时，却以女人啥都不懂为由，将对生活的失望以暴力的方式宣泄，并强加于丁女士，并在一次次的施暴中，形成了家暴的恶性循环。

从受暴者来看，丁女士受制于传统观念，缺乏对家庭暴力的认识，加剧该问题的形成。在家暴初步发展时，丁女士认为“家丑不可外扬”，将家暴的事情掩藏在自己的内心，没有与他人交流，并寻求帮助。这一方面可能源于性格的软弱和对婚姻关系的担忧，认为丈夫只是一时之错，不会有下次，导致问题没有得到解决，此外对家庭暴力缺乏正确的认识也使得丁女士无法有效应对家暴。

从社会支持层面来看，丁女士父母远在农村且对家暴一事不知情，无法给予其有效的支持，而社区工作人员主要以劝和方式并未对家暴产生的根源予以追查，表面上看似为丁女士带去了一丝希望，实则并未对周某的施暴行为产生有效的干预，加剧了丁女士无力感的产生。

2. 造成案主问题持续的原因分析

个人方面：中国自古有俗语“家丑不可外扬”，作为一种难以对外人启齿的事情，尽管家庭暴力发生了很久一段时间，因为施暴者和受害者的隐瞒，却无法被他人知晓，对于妇女的心理造成严重的负面影响。本案中，丁女士囿于内心恐慌、不安等情绪，不敢向外人透露，持续抱希望于丈夫，委曲求全，更加激发了丈夫的野蛮行径，变本加厉。

家庭方面：从社会性别理论角度来看，传统文化建构了女性在男女关系中的弱势地位。丁女士原本拥有一个幸福美满的家庭，但丈夫生意失败后，赋闲在家养成好吃懒做、无所事事的习性。而丁女士面对这样的情况，依靠自己努力谋得了一份工作，在经济上维持家庭日常生活开支，同时也要负责日常家务。在这种情况下，丁女士及其丈夫的角色理应互换过来，即丁女士应在家庭中处于较高的地位。然而，事实却是丈夫依旧我行我素，一有烦心事就拿丁女士出气。丁女士也曾尝试改变，但换来的却是一次次的拳打脚踢。根植于丈夫观念中男强女弱的观念，使得丁女士纵使在家庭中获得经济的主导权，也无力改变自身在家庭中的弱势地位。

社会方面：从增能理论来看，个体无力感的产生源于与外界环境活动时的消极反馈。在很大程度上，社会方面的冷处理成为压垮丁女士的最后一根稻草。案例中社区工作人员在面对这一家暴问题时，都保持着“宁拆十座庙不毁一桩婚”的思想，对待丁女士的处境从来都是表示一番同情然后希望其保持克制，这反倒更加深了丁女士内心的绝望。工作人员没有从女性内心的主观感受出发去寻求方案解决问题，也没有认识到女性的社会地位，导致所给出的解决方案存在瑕疵。此外，丁女士的朋友、家庭、同事等，由于各种原因，也未能给丁女士提供真正的支持。

(二)介入目标

本案例的总体目标是：在社会性别理论和社会工作专业价值观指导下，综合运用多种社会工作专业方法对案主进行干预，帮助案主早日脱离家暴的现实困境，缓解和宣泄情绪压力，重塑自我和生活信心，对婚姻问题进行自决，树立正确的性别观念，重构性别权力关系。

具体而言，本案例的主要目标为：

(1) 与丈夫周某沟通，让其意识到家暴解决不了任何问题，并可能产生不可逆的悲剧。对周某的错误认知与行为进行纠正和治疗。

(2) 增强双方的法律意识，一方面让丁女士意识到家暴可以通过法律武器维护自己的权利，另一方面也让丈夫意识到家暴可能面临的法律后果。

(3)培养夫妻双方的沟通技巧，使双方能够平等交流，改善夫妻关系，并反思婚姻中出现的问题。

(4)积极为丈夫周某寻求职业培训资源，使其掌握一定职业技能，并联系相关部门、企业为其提供工作机会。

(5) 对丁女士进行创伤后的心理辅导和情感支持，提升丁女士的自我认识，增强其性别自觉，使其不因家暴而对生活丧失信心，重建妇女支持网络，避免家暴带来的不良后果。

四、理念及价值观

本案例所体现的社会工作理念及价值观具体体现为：

(1)非评判态度。对于本案例而言，社工的服务对象除丁女士外，还有其丈夫，即丁女士的家庭是社工的服务对象。社工首先要摒弃自己对于案主的价值判断，或至少不能在案主面前表达自己的价值判断，例如面对丁女士的情况不应该表达，“你应该跟他离婚的，这样的男人，只会打老婆”等。

(2)接纳原则。即接纳案主作为人的价值，承认案主有改变的能力。一方面，面对丈夫周某，社工除了要减少表达自己的价值判断外，也应该承认周某具有能够改变、不再施暴的能力与潜能，进而引导其重新面对生活；另一方面，面对丁女士，也要相信其能从被施暴的情境中走出来，重新唤起对生活的信心。

(3)理解关怀原则。面对丁女士的遭遇，社工要以同理心去理解案主的情况，给予案主理解与支持，让其能够感受到温暖，同时在这个过程中，社工也需要保持冷静，协助案主解决问题。

(4)自决原则。所谓自决原则就是指社工承认案主有自我选择和自我决定权。但以下两种情况除外，即案主没有自决能力或者案主所作的决定对其或他人有害。针对丁女士的问题，社工应充当协助者角色，不可代替丁女士做出决定。

五、介入计划与过程

（一）接案与专业关系的建立

社工表明身份和来意，向受助者简要介绍社会工作的使命及性质，强调社会工作保密原则以维护服务对象隐私，随后进一步与案主深入交谈，逐步建立起良好关系，取得其信赖和支持，帮助案主重拾往日生活的幸福，享受生活的乐趣。

（二）案主问题的确定与成因探索

在这一过程里，社工与案主保持密切沟通交流，探究案主潜在的真正意愿，并对案主所生活的环境进行评估。本阶段主要采取会谈的形式，以案主口述的方式了解案主的内心，并形成文字材料，便于之后查看案主情况的变化。在征得案主夫妻双方同意后，通过对丁女士的家人及亲友进行走访，询问其家庭成员对此事的看法，尽可能全面掌握案主的基本信息和社会支持状况。

（三）综合干预阶段

社会工作者采用个案社会工作、小组社会工作、社区社会工作等直接工作方法，通过行政力量介入、性别意识培训、社会组织帮扶、法律保护、警察干预、媒体呼吁、舆论压力等策略进行综合介入。

1. 个案社会工作

此阶段主要是对受虐者进行危机介入和创伤后心理辅导，改变施暴者的错误认知，纠正其错误行为，促进案主夫妻的沟通。

（1）对受虐者来说，首先，开展危机介入，第一时间了解案主问题，保护生命和人身安全，如为受暴妇女成立“庇护小屋”，提供暂时的栖息之所，度过家暴危险期。其次，对受虐者进行创伤心理辅导。通常情况下，遭受家庭暴力的受害者会处于一种长期的焦虑和恐惧之中，社会工作者首先对案主心理状况做出测评，采用GDS-15量表等方式了解其压抑、焦虑状况，运用同理、支持、鼓励等技巧倾听案主的心声，引导案主认清家暴产生的原因和持续存在的原因，协助其对家暴形成正确的认知，增强其面对问题的能力。最后，发掘案主的优势资源，增强案主应对问题的信心和潜能。社会工作者在个案介入过程中，一方面让案主认识到暴力的产生不仅仅是案主个人的原因，而是社会环境和系统综合导致的，避免案主陷入受虐的自我归因与病态自责中去。另一方面对案主进行婚姻法、诉讼程序的科普，让其学会用法律武器维护自己的合法权益，并提供一些家暴处理案例，使案主能够拥有自决能力，增强面对危机和解决问题的能力。

(2)对施暴者来说，从社会性别理论出发，改变施暴者的错误认知，对施暴者进行婚姻法、反家暴法等法律知识教育，让施暴者清楚地认识到家暴对人身安全和婚姻关系的危害，以及自己的暴力行为已经触犯了法律法规，应当为自己的行为承担责任，并对施暴者的错误认知和偏差行为进行纠正。

(3)为周某链接资源，参加职业培训，帮助其寻找合适的工作。

(4)促进案主夫妻的有效沟通交流，解开心结。丁女士与丈夫因为生活压力缺乏有效沟通，使得彼此之间一些真实想法传递不到位，存在信息不对称的状况。社工的主要目的在于搭建桥梁，使丁女士和丈夫能够相互接纳对方，破除彼此之间的隔阂，融化寒冰，深化了解和信任。与此同时，鼓励他们找寻各自存在的问题，面对生活中的不如意，反省自己的过错，并倡导以包容之心、和善之意来对待对方。

2. 小组社会工作

小组社会工作主要包括开展家庭暴力受虐者支持小组、增能小组和施暴者治疗小组。

(1)受虐者支持小组。该小组是对具有共同和相似家暴经历的受害者开展的情感支持小组，通过组员的互动与分享交流，表达自己压抑的情感，释放内心的压力，寻求同伴的支持。在活动过程中，组员与社会工作者彼此建立真诚、信任的专业关系，在社工带领下，组员之间也形成良好的熟人关系。通过个人经验的表达和情感的宣泄营造共鸣的小组氛围，在共同成长与集体行动中面对困难，增强能力，找回自信和生活的勇气，以积极乐观的心态面对今后的生活。

(2)增能小组。增能小组的主要目标在于增强妇女的能力，提升妇女的集体意识，产生群体身份认同，迈出性别平等的重要一步。本案例主要采用戏剧编排(play back)的方式进行妇女增能，辅之以角色扮演、游戏、案例讨论等方法调动受虐妇女的经验分享。戏剧编排是一种即兴演出的民间艺术，也被称为“一人一故事”剧场，即由表演者将某人的真实生命故事采用戏剧的形式表演出来。表演者和观众置身于同一个场域，妇女可以感受到自己的生活经验被尊重和理解，可以清楚看到自己复杂的内心世界。在社工的引导和带动下，逐渐探索问题的成因和解决对策，启发妇女性别意识的觉醒和集体意识的形成。在这一过程中，社会工作者应特别注意工作方式和方法问题，避免造成不必要的伤害。

(3)施暴者治疗小组。该小组是对有相同或相似施暴行为和倾向的个人进行认知改变和行为纠正，消解其内心深处的暴力倾向，从而预防家庭暴力的产生和持续。在施暴者治疗小组过程中，社会工作者同样需要和组员建立真诚信任的专业关系，这是社会工作服务开展的起点。社工引导施暴者对自己的错误认知和行为进行自我探索，寻找行为背后的深层原因；给予施暴者合适的情绪宣泄机会，表达内心的感受，宣泄负面情绪和压力，强化正确的认知方式和价值观念；施暴者发现自身问题，明晰原因，通过社会工作者的心理辅导和同伴的情感支持获得认知重塑和行为重建，形成正确的行为方式；进行受虐者的再社会化教育，使其丢弃原有的错误认知、行为准则和生活方式，重新学习正确的社会规范和价值观念，树立法制观念，增强责任感，在家庭生活中发挥积极作用。

3. 社区社会工作

社区社会工作主要是通过多部门合作开展家庭暴力的治理工作。

多部门合作是妇女社会工作尤其是解决家庭暴力问题切实可行的根本方法。该方法集合了各个相关部门的力量和资源，比如警察、律师、社会组织、妇联、社区工作人员、媒体等资源，大家形成合力共同致力于这一问题的解决。比如在社区工作中，采用“社工+警察”的行动模式，使社会工作者和警察相互配合，形成治理家庭暴力的合力。

另外，构建受虐者社会支持网络也是非常必要的，包括正式支持与非正式支持。以家庭支持为中心，增强受虐者与家庭成员、邻里、亲朋好友的沟通交流，获得心理和情感上的支持，在暴力发生的第一时间获得帮助，避免暴力升级；与妇联、社区合作，开展“五好家庭”评选，宣传家庭和睦、男女平等观念，反对家庭暴力、赌博酗酒等；进行家庭暴力的普法宣传，对《婚姻法》《刑法》等相关法律知识进行宣讲，使法律观念深入人心；积极联系志愿者，对受暴妇女生活和工作给予帮助。

(四)巩固服务成效与结案

在此阶段，社工已经完成了对服务对象的干预和介入，服务对象生活逐步回归正常，对于往日的艰辛也能够乐观面对。社工要谨慎处理与服务对象的关系，对她的多轮介入要有一个综合评估，并以此测算服务对象在接下来的生活中可能存在的问题，并提出相应的意见和建议，继续鼓励服务对象保持良好心态，从容处理生活中的琐事。与此同时，要对访谈记录进行梳理，进一步打牢案主对家庭关系、所处环境的新认知和新见解，合理对待家暴，能够融入新生活、新关系中，勇敢面对挑战。

六、服务评估

经过评估，社工发现案主所亟须处理的困境来源于经济上的不幸和心理上的创伤。丈夫对丁女士多次无端的暴力行径，不仅给丁女士身体造成许多伤痛，心理上也饱受折磨。服务对象丁女士现在虽拥有工作，有稳定的收入来源，但对丁女士来说，这远远不够维持其正常生活。虽然其丈夫曾有过一个小店，但生意每况愈下，最终无力维持关门倒闭，后虽有出门寻找工作的想法和尝试，受制于学历和工作经验，屡遭拒绝，心态崩塌，不愿再去作更多努力，还因此心情受到影响，对丁女士拳脚相加。对于丁女士的问题解决分为两个步骤进行：其一，对丁女士家庭状况进行预估，发掘可利用的社会资源，动用社会支持网络对其窘境逐一破解，主要问题在于其丈夫无业，经济困难的局面可以通过为其丈夫寻找一份工作来打破。其二，对丁女士进行心理疏导，破除其内心芥蒂，找回往日对生活的信心，明确自身的价值所在。

在与服务对象建立正式关系的过程中，社工发现服务对象所处的家庭关系背景比较复杂。服务对象丁女士受家暴影响时间很久，性格悲观，每次还要忍受情绪去单位工作，不敢与同事朋友分享经历怕被取笑；服务对象对待自己父母一向孝顺，不愿为父母增添负担，因此从未向亲生父母倾诉自己的遭遇；种种原因堆积，其所面对的压力越来越大，难以消散。

一次次的介入，案主从刚开始的不愿意说话、不想分享、积极掩饰到主动配合甚至主动进行询问，这一系列的变化过程，源自这数次介入所产生的效果。案主从刚开始的一味忍让到争取外部支持，说明介入使案主对待家庭暴力这一事件的态度有了重大的改观。

经过一段时间的工作，社工让案主深刻意识到自己是一个有价值的人，并帮助案主获得家庭力量的支持，帮助案主重拾生活的信心。案主变得更加自信，不再悲观，愿意为了继续生活而努力工作，为家庭创造一个新的生活环境。

七、总结反思

家庭暴力早已不再是一个简单的家庭问题，在经济社会发展节奏愈发紧凑的今天，由于人们内心压力的增长，很多时候家庭成员成为释放压力的对象。女性由于是较为弱势的一方，在家暴行为中往往成为被侵害的对象。本案中丁女士长期以来受丈夫的暴力伤害，不仅身体上饱尝疼痛，内心也产生着不良影响，使其性格发生扭曲，变得悲观绝望，丧失了继续生活的信心。社会工作作为一种专业的助人方法，能够结合案主的个别化需求，给案主提供综合处理方案，帮助案主真正走出困境。总的来看，本次介入过程实现了预期的目标，案主也在这一过程重拾了生活的信心，但在这一过程中，由于经验不足，某些方面仍有待提升：

首先，社工的准备工作不够充分。在初次会谈时，由于没有拟定好会谈的提纲，导致在会谈过程中条理不清晰，内容零散，加上经验不足，使得会谈过程一直由社工主导，案主对社工仍保留一定的戒备心，仅对社工提出的问题做出应答，没有进一步表达自己。在通过与机构同事、督导的沟通后，加上案主对社工日渐信任，该问题才得到了解决。

其次，对效果评估不足。结案后的评估应至少包括案主对社工、社工对案主、社工对自己、督导对社工的评估，虽然从案例中能够明显感受到案主在服务过程中的变化，但是这种单方面的、主观上的感知并不能作为服务效果评价的依据，应进一步吸纳案主、督导等多方主体的意见和建议，以进一步改善服务。

最后，服务结案之后，缺乏对案主的跟踪。结案并不意味着与案主断绝联系，相反，应该进行定期或不定期回访，以了解案主在结案之后的情况，避免问题的反弹。显然，在本案中，社工并未对案主进行回访，无法对服务效果的延续情况作进一步的评价。

◎案例应用指南

一、教学目的与用途

（一）适用的课程

本案例适用于“社会工作实务”“妇女社会工作”“家庭社会工作”“个案工作”等课程的辅助案例教学，也可作为暴力、暴力的循环模式、受暴妇女综合征、危机介入模式、社会性别理论、社会支持理论、增能理论等单一知识点的教学。

（二）适用的对象

本案例适用于社会工作专业高年级本科生及社会工作专业硕士研究生等。

（三）教学目标规划

本案例教学目标在于通过案例教学使学生掌握以下知识点和能力训练点：

（1）对家庭暴力有全面认识，了解家庭暴力的种类、危害、特征、成因。

（2）掌握社会性别理论、社会支持理论、增能理论的核心观点，并理解这些理论如何指导介入过程。

（3）掌握妇女社会工作的特点、目标、原则与策略，了解妇女的特殊需求和困难，尤其是掌握社会工作介入家暴个案的过程与方法。

二、启发思考题

本案例的启发思考题如下：

（1）家庭暴力是什么？有哪些特点？什么原因促使家庭暴力的产生？

（2）当前我国关于家庭暴力这一问题，开展了哪些方面的工作？存在哪些不足？

（3）社会工作者在介入家暴案件中可能面临哪些伦理困境？如何处理？

（4）从预防角度出发，谈谈社会工作在预防家庭暴力方面有哪些作为？

(5)除了社会性别理论、社会支持理论和增能理论外，社会工作还可以借助什么理论来分析家暴案例?

(6)传统干预家庭暴力的方式有哪些?相较这些方式而言，社会工作介入的优势体现在哪里?

(7)在介入家庭暴力的案例中，应当注意哪些问题?

(8)同城市家庭暴力相比，社会工作者在介入农村家庭暴力时面临什么特殊困难?

(9)了解国外关于家庭暴力预防及干预的相关内容，并作简要介绍。

(10)妇女社会工作中，除家庭暴力之外，还有哪些重要议题?而在这些议题方面，我国的现状又是如何?

(11)试从危机介入模式说明社会工作应如何介入家暴案例中，并举例说明。

(12)阅读《中华人民共和国反家庭暴力法》，说明该法出台的意义，及其对社会工作的影响，并结合相关资料介绍当前该法的执行情况。

(13)案例中社会工作服务开展过程中有哪些地方可以进一步完善?

三、分析思路

对于案例的分析，可以从是什么、为什么、怎么做、如何评价四个方面来进行分析：

首先，需要了解案主遭遇的问题是什么，具体表现有哪些，对案主产生了什么样的危害。

其次，需要在掌握案主基本信息的基础上，通过会谈、家访等方式，了解问题产生的原因是什么，涉及哪些方面。

再次，需要与案主积极商讨如何解决问题，可以从两方面着手：一是目标是什么，二是具体怎么做，其中社工与案主的角色应如何安排。

最后，需要进一步思考通过何种方式来评价服务实施的效果，思考服务过程中可能会存在什么问题，如何解决完善。

四、理论基础与分析

(一)社会性别理论

社会性别理论是分析和解决妇女问题的首要理论支撑。它起源于西方女权运动，最早由盖尔·卢宾提出。社会性别是在社会实践中发展而来的一种文化构成物，体现为男女之间在角色、行为、思想、情感等方面的差异。① 这种差异因时间、地域、民族而有所不同。具体而言，社会性别理论主要包含三方面的内容，即社会性别差异、社会性别角色以及社会性别制度。在社会性别差异方面，社会性别理论认为人们所谈论的性别差异并非单纯的生理属性，同时也包括社会文化所建构的差异。社会性别理论关注的则是后者。例如，在传统文化中，男性从小被教导要有男子气概，男儿有泪不轻弹，展现的是一种刚毅的形象，而女性则被要求知书达理、温文尔雅，表现的则是一种阴柔之美，而这种性别差异并非源于生理特征，而是源于文化的建构。在社会性别角色方面，社会性别理论认为男性与女性通过特定方式习得文化中关于两性规定的价值观，进而各自塑造性别角色身份。如在农耕社会，家庭分工上就有“男主外女主内”的现象，男性负责在外耕田种地，女性负责在家织布照顾孩子。社会性别理论反对这样的性别角色文化，倡导个体应该自主选择角色身份和角色扮演。在社会性别制度方面，社会性别理论认为，性别差异不仅仅是一种社会关系，更是一种等级权力关系，体现为男性处于领导地位，而女性则处于依附地位。

本案例便呈现了男女关系的不平等。婚后，丁女士就已经辞掉自己的工作，帮丈夫一同经营快餐店，而在不幸流产后，丁女士就一直在家，打理家庭事务。在丈夫生意不顺时，丁女士想为其排忧解难，但却被丈夫认为一个女人什么都不懂、帮不上忙，到后来发展为丈夫一不顺心便拳打脚踢，而丁女士却只能默默忍受。家暴是男性对女性行使的权力，是父权文化的沉疴。传统的社会文化因素导致妇女的隐忍和“习得无助”，在暴力面前退缩、踟蹰不前。因此，在服务策略上，本案例社会性别的视角体现在倡导性别平等意识；促进夫妻间的平等沟通，训练和提升妇女的性别自信、自觉和自决；重新调整夫妻俩的权力关系，避免家暴、冲突和资源分布不均；推动工作和家庭关系的协调与平衡。

(二)社会支持理论

社会支持是指由社区、社会网络和亲密伙伴所提供的工具性或表达性支持。② 在这里，社会网络是指个体可以直接联系或接触到的人，诸如朋友、亲戚、同事、邻居等，亲密伙伴则是指个人在生活中与他人所形成的紧密关系，在这种关系中，个人认同并期待彼此之间所负有的责任；而工具性支持则包括有形支持、解决问题

① 刘霓. 社会性别——西方女性主义理论的中心概念[J]. 国外社会科学，2001(6)：52-57.

② 全国社会工作者职业水平考试教材编写组. 社会工作综合能力(中级)[M]. 北京：中国社会出版社，2018：105.

的行动、协助等；表达性支持则包含心理、情感等方面的支持。西方学者 Lofland 认为社会支持具有七种功能，分别为角色伙伴、生活协助、网络链接、肯定自我、心灵安慰、现实确认和目标一致。①

从社会支持理论出发，对于家暴妇女的介入，社工需要从其拥有的社会网络着手，注重挖掘其拥有的资源，通过正式的社会支持，诸如妇联、社会组织等，积极协助丁女士解决其问题，同时也应借助非正式的社会支持，为案主提供精神与心理的支持。

（三）增能理论

增能理论最早出现于 20 世纪 70 年代的美国，并借由 Solomon 的《黑人增权：受压迫社区中的社会工作》一书，使这一理论进入人们的视野中，并形成社会工作实践领域中的一个取向。增能理论认为，个体之所以出现问题，是源于环境对个体的压迫，社工在为案主提供服务时，应注重增强案主的权能，使其能够应对环境和优势群体的压迫。刘淑娟总结了增能理论的三个基本假定：第一，处于边缘地位的个体、团体及社区之所以产生无力感，是源于其过往经验，尤其特指其过往与环境互动的负面经验所致；第二，个人、团体和社区具有能够改变的能力、潜力；第三，案主是有价值、有能力的。②

因而，依据增能理论，社工一方面需要提升案主自身的能力，实现增能，另一方面应借助宣传、倡导等多种手段，在社区中形成友善良好的氛围，促进友好社区建设，提升妇女的性别意识，让女性意识到“个人的即政治的”，家暴并非家丑而是一种社会问题，需要社会各界的关注与支持。

五、关键要点

本案例的关键要点主要体现为以下三方面：

（1）把握社会性别理论、社会支持理论和增能理论的内涵，并理解案例是如何体现理论的指导意义的，尤其是从社会性别的视角看待和解决妇女的家庭暴力问题，遵循性别视角下的妇女社会工作基本原则，如性别权力与资源的调整、工作与家庭生活的平衡、夫妻责任的训练与共担等，这是案例分析过程中应贯穿始终的理

① 王思斌. 社会工作硕士专业学位研究生教学案例集[M]. 北京：北京大学出版社，2016：15.

② 刘淑娟. 增权理论视阈下针对妇女家庭暴力研究[J]. 东北师大学报（哲学社会科学版），2010(6)：237-240.

论脉络。

(2)把握个案、小组、社区社会工作的基本流程，理解不同方法、各个环节所要解决的重点任务、方法与技巧，以及社会工作三大方法的有机整合。

(3)理解家暴受害者的特殊性，把握介入家暴个案的综合工作技巧。

(4)认识到“个人的即政治的”，家庭暴力问题并不是由个人本身导致的，而是社会环境或制度综合导致的结果，因此介入策略也应从环境或制度入手。

六、其他背景信息

首次接案会谈主要在于打破案主的顾虑，与案主建立专业关系，为后续服务开展做好铺垫。通过拜访社区居委会的方式，社工对其状况产生初步认知，对案主的家庭条件总体熟络，之后在社区工作人员的引导下，与案主进行接触。案主在初次接触时较为迟疑，防备心很重，不愿与社会工作者接近，不愿沟通交流，在社区工作人员的开导下，才慢慢放下戒备，展开交流。案主称，由于丈夫的长期施暴以及家庭经济捉襟见肘，她时刻都保持着一种高压态势，睡眠质量每况愈下，常常午夜三四点还十分紧张，难以入寐，而这种焦虑情绪找不到途径宣泄，长期集聚心头，更加加重了负面影响程度。在得知这一情况后，社工没有急于对案主的主要问题进行直接处理，而是从一些较为简单的问题入手，避免案主回忆起一些不堪往事而情绪崩溃，对其产生二次伤害。在此过程中，通过访谈和观察两种途径，社工发现案主仍不愿敞开心扉，对于问题不停回避，避重就轻，总是在谈论一些不着边际的话，似乎在掩盖家庭对她造成的创伤，眼神不断地躲避。本次交流社工没有从案主身上得到太多直接相关的信息，但是对其生活的条件、环境以及社区服务有了初步了解，确定了下次介入的努力方向。

社工在了解案主基本状况的基础上与案主建立起专业关系，继续深入了解家暴的形成因素并收集资料。在上次访谈中，社工发现案主对于一些事实有故意隐瞒、遮掩不愿外人了解的情况后，本次访谈针对这一问题，社工对案主进行了再次尝试，结果仍不尽如人意。在征求案主的同意后，社工对案主所生活社区的邻里，以及案主的一些亲朋好友进行了访谈，总结出一个统一的评价，即大家对于案主的人格等各方面均给出了赞赏，认为案主平常乐于助人，在自己情况不甚乐观的时候仍不忘对他人予以援助，但同时也能够明显感觉到案主的精神状态不在正常水平当中，焦虑情绪十分严重。据案主邻里所讲，他们晚间在社区散步聊天时，经常能听见案主家中传来争吵、打骂、摔东西的声音，有时候在白天，也能看见案主的丈夫当着大伙的面，甚至在小孩子面前对案主进行施暴，而起因往往是一些十分细微的小事。对于这一状况，社区工作者、案主亲朋尝试过劝告、调解、安抚，对案主丈夫也进行过教育，但效果不容乐观，施暴行径仍时有发生，之后他们便无计可施，只能在内心表示同情。社工了解案主现在的处境和问题后开始和案主共同商量、制定解决方案。社工首先尝试锻炼案主的沟通能力，通过约访，陪同案主一起去社区参加活动，途中告知案主需要注意的事项，案主表示很在乎社区活动，也相信自己可以面对现状。下一步的介入目标便是帮助案主正视自身价值，乐观积极地面对生活。

七、课堂教学计划建议

课堂计划主要是对案例教学过程中的时间安排及如何就该案例进行组织引导提出建议。本案例课堂计划可以根据学生知识掌握程度的差异，尤其是对案例的阅读和课前相关知识的掌握程度来进行有针对性的设计。

为了取得更好的案例教学效果，避免出现忽视学生个体化与差异化问题，教师可以事先调查了解学生的实务经验及擅长领域，将擅长开展个案社会工作或熟悉危机介入模式的学生分为一组，将实务经验不足与基础知识掌握不充分的学生分为另一组。在课堂上讲解本案例前，教师应该要求学生至少读一遍案例全文，对案例启发思考题进行回答，具备条件的还要以小组为单位围绕所给的案例启示题目进行讨论。

本课程中案例主要按照 2 学时进行设计，分为两种方案，教师可根据学生特征与能力选择其一。

方案一：适用于两种情况，一是学生按照教师要求预习到位，但是实务经验不够丰富；二是学生课前预习完成得不好，或者学生之间实务经验的差异较大。在这两种情况下，案例讨论过程中需要教师引导的内容相对多一些，将重点放在个案社会工作服务程序和步骤部分。

具体课堂教学详细安排如下：

(1)课外：教师将案例相关材料事先发送给学生，并附加一些基本问题或启发思考题，学生按照分析思路课前阅读案例及相关资料和文献不少于 2 小时。课外小组讨论 1 小时，可根据学生的知识基础和理解能力差异适当增加讨论结束后的知识总结时间。

(2)课内：课堂时间按 2 课时进行。其中，教师案例解析 20 分钟，学生自由讨论 25 分钟，学生就自己的发现与问题积极发言 25 分钟，教师知识点梳理 20 分钟。

方案二：适用于有比较丰富的理论与实务经验的学生，教师可将小组讨论置于课堂讨论之中进行，将重点放在个案社会工作服务的总结与反思部分。

具体课堂教学详细安排如下：

(1)课外：教师将案例相关材料事先发送给学生，并附加一些基本问题或启发思考题，学生按照分析思路课前阅读案例及相关资料和文献不少于0.5小时，并准备2~3个阅读中发现的重点难点，以待课堂上讨论分析。

(2)课内：课堂时间按2课时进行。其中，教师案例解析20分钟，学生自由讨论25分钟，学生就自己发现的问题积极发言40分钟，教师知识点梳理5分钟。

青春健康俱乐部：流动青少年社会工作服务项目

一、项目背景

青少年健康发展是指通过家庭、学校等途径汇聚青少年的健康发展资源，促进他们全面健康发展。依据中国计生协《青春健康工作五年规划(2014—2019 年)》《青春健康俱乐部建设要求》等相关文件精神，社会工作服务人员积极响应国家号召，以青少年及家长的需求为出发点，以青少年健康成长为落脚点，以小组工作的形式，设计亲子活动、健康方式和生活方式培养、青春期保健和性健康知识培训等一系列服务活动，旨在提高青少年的综合素质，促进青少年健康发展，为国家社会服务。

武汉市洪山区 J 学校，是九年义务教育学校(小学、中学一体)，生源的 90%都是农民工子女。为落实“流动人口均等化，实现社会大融合”的总体要求，社工通过开展“幸福洪山，青春健康俱乐部”行动，逐步完善青少年青春健康教育服务体系，科学引导青少年树立正确的成长观、人生观。

二、需求分析

流动青少年的健康发展都是处于很多不确定的“暂时状态”，这些不确定性主要体现在生理、心理、道德和社会的是否适应问题上。社工针对 J 学校流动青少年(10~19 岁)及家庭的前期调查表明：

(1)流动青少年的安全感较差，自我保护意识太强，内心开放程度不够，这三部分所占比例分别为 71.4%、58.3%、58.3%。他们渴望更好的学习机会，渴望享受与城里人均等的服务，渴望安全、舒适的环境，渴望融入、适应城市生活，渴望被接纳和尊重，渴望获得适切的情感支持和心理支持。

(2)在自主学习能力方面，56.6%的流动青少年选择“会制订学习计划但不能很好完成”，青少年自主学习能力不够。

(3)超过 80%的父母认为自己不是合格的父母。70%的父母有愧疚感，担心不能更好地照顾孩子，把全部希望寄托在老师身上；有30%的家长不知道如何与孩子交流，不太清楚应该采取什么样的沟通方式与孩子进行交流；家长根本就不了解孩子的朋友圈，也不清楚孩子跟朋友相处时是什么样的状态。

(4)他们渴望提升自己的人际交往能力，渴望能享受社区照顾和社区教育，渴望与城里人交流，但缺乏一定的交流技巧，“我们住的是城市里最脏、最烂的社区，经常搬家，不好意思请城里的同学来家里玩”。“爸爸妈妈每天都很忙，根本没有时间照顾我，有问题不知道问谁”，“想跟城里的同学玩，怕他们瞧不起我们”。

(5)只有20%的家长偶尔讨论过孩子遇到伤害时如何安慰他；40%的父母很少与孩子主动交流性心理与生理方面的问题。

(6)有超过60%的流动青少年认为幸福感较低。“我是去年随父母从深圳龙岗一所学校转学到武汉的，考试在哪里考我也不知道，城里的同学很少，好不容易认识了，有的中途转学，有的下学期就不来了，感觉自己不是很开心。”“在这里感觉没什么朋友，平常上课很累，放学后，父母也不在家，遇到问题，不知道找谁问。”

三、介入目标及计划

本案例的服务对象为武汉市洪山区J学校10~19岁农民工子女及其家庭成员。服务的总目标是促进流动青少年的健康成长。青春健康俱乐部作为开展青春健康教育的重要场所，本着以人为本，以青少年为中心的原则，因地制宜，为青少年提供互相沟通、接受培训的活动场地，努力提高青少年心理健康、性与生殖健康和养成良好生活习惯和卫生习惯。

(一)介入的具体目标

(1)通过青春期保健和性健康知识教育活动，帮助青少年树立正确的人生观和价值观，在性健康与生殖健康方面做出正确的决定，促进青少年的健康成长。

(2)通过心理健康教育，帮助青少年正确认识自己，学会管理情绪，改良人际关系，调适心理状态，促进青少年健康发展，以适应社会。

(3)通过亲子活动帮助家长优化教育方式，形成与孩子间的良性互动模式，提高家庭生活质量，从而促进青少年的健康成长。

(4)通过安全意识培养以及应急避险知识的培训，提高青少年自我保护意识和保护技能，从而帮助青少年健康成长。

(5)通过健康行为和生活方式以及养生保健知识的培训，促使青少年学会健康管理，增强自我保健意识，主动关注身体健康，养成良好的生活方式。

(二)介入计划

本案例以青少年及家长的需求为出发点，以青少年健康成长为落脚点，以小组工作的形式，设计亲子活动、健康方式和生活方式培养、青春期保健和性健康知识培训等一系列服务活动。探索开展家庭、学校和社会三位一体，“专业+家庭信赖联盟”的青少年健康发展专业服务模式，通过专业社会工作服务促进青少年健康发展。

1. “爱与成长”亲子活动计划

以孩子的性格培养为主线，帮助家长了解孩子不同成长阶段的特点，优化教育方式，促进孩子健康成长。具体包括：

(1)青少年层面：性格养成及培养：通过个别咨询、讲座、亲子沙龙、亲子手工坊等形式，增进家长对孩子的认识和了解，优化双方的互动方式，从而帮助孩子养成良好的行为模式及性格。

(2)家庭层面：通过社区宣传、讲座等形式帮助家长了解健康家庭的概念，促进青少年的全面健康。

2. “青春飞扬”发展计划

家庭在青春期性教育中起着主导作用，因此本计划以倡导家庭对性心理健康教育的关注，增进家长的教育方法和技巧为主，同时在青少年的性价值观、恋爱心理等方面提供服务，具体包括：

(1)家长层面：通过社区宣传、讲座等形式提示家庭在性心理教育中的重要性，引起家长的关注，营造良好社区氛围。同时对有需要的家庭开展相关讲座，增进家长在对孩子进行性教育方面的方法和技巧。

(2)青少年层面：通过个别咨询、同辈小组工作坊的方式，重点提供性价值观、基本常识、恋爱心理三方面的服务。

(3)亲子层面：以性心理教育为主题，组织青少年及其家长开展心理沙龙，在互动与分享中增进双方的沟通。

3. “阳光心灵”发展计划

青少年时期是生理和心理急剧变化的关键时期，青少年心理问题发生率高达32.0%。本计划指导家长了解青少年的心理发展特点，根据孩子的特点进行沟通引导。同时对青少年进行心理健康教育，促使青少年健康成长。

(1)家长层面：通过社区宣传、讲座、小组工作坊等形式使家长熟悉青春期青少年的心理特点，了解青少年常见的心理问题及应对方法。对有需求的家庭提供家庭治疗，促进青少年的健康发展。

(2)青少年层面：通过讲座、同质小组工作坊、设立心理热线等方式健全青少年的心理健康知识，解决心理问题。对有心理咨询需求的青少年提供专业的心理咨询。

(3)亲子层面：通过组织青少年及其家长开展心理沙龙，为家长和青少年创造和谐气氛，使沟通更有成效，促进青少年的健康成长。

4. “去危存康”活动计划

健康的生活方式是青少年健康发展的基础。本计划旨在减少或者杜绝危险行为，培育健康行为，引导青少年养成健康的生活方式，促使青少年健康成长。具体包括：

(1)家长层面：通过小组工作坊、讲座等形式让家长认识到其在青少年养成健康生活方式中起到的重要作用，并为增加青少年的健康行为采取必要措施。

(2)青少年层面：通过学校宣传、讲座、小组工作坊等形式激发青少年自我管理动机，改变不良的行为方式，养成健康的生活方式。

5. “健康加油站”活动计划

健康的身体是学习、生活的基础。本活动主要倡导家长要注意引导孩子的合理膳食，使青少年健康发育成长。

(1)青少年层面：通过链接社会资源，联系专业医院或医疗服务机构，开展免费体检活动，并提供相关咨询。

(2)家庭层面：通过沙龙、讲座、小组工作坊等形式，一方面由专业人士向家长提供孩子不同阶段健康饮食的知识；另一方面组织社区有相关经验的居民，分享交流，营造互助互利的社区氛围。

6. “应变超人”培养计划

引起青少年死亡的首要原因是伤害和中毒。本计划旨在充分挖掘和培养青少年自身的资源，提高青少年自我保护意识和保护技能，从而帮助青少年健康成长。具体包括：

(1)青少年层面：通过社区宣传、学校宣传、专业人士培训等方式，提高青少年消防安全、环境安全、出行安全的意识。

(2)家庭与青少年关系层面：链接社会资源，通过讲座、现场演练等方式教授青少年相关的防范技能和应急措施，保障青少年健康成长。

四、介入过程

（一）青春飞扬：团结友爱，快乐成长

青少年时期是一个人生理、心理成熟和社会化不断完善的重要阶段，在这一阶段，受自身、家庭和社会的影响，青少年容易产生欺凌行为特别是暴力攻击行为。班级内风气对班级同学间的关系影响颇大，建立团结协作为主旋律的班风，更有利于和谐校园的建设，从而减少校园欺凌行为的发生。为了培养青少年团队协作意识与团队协作能力，促进青少年成长，减少班级欺凌现象的发生，同时为了在学校推广社会工作者，让学生能主动联系社会工作者，2018 年 11 月 6 日，社会工作者在 J 学校开展了主题为“团结友爱，快乐成长”青少年人际交往与团队协作能力提升活动。

活动开始后，社会工作者首先介绍了什么是社会工作者，社会工作者的服务内容以及联系方式等，便于以后同学们有相关需求的时候可以联系社会工作者。然后带领同学们开展了一个热身游戏——解手链，和拓展游戏——无敌风火轮，将沟通、合作、团结、协同等元素融入合作性游戏中，让学生体会到团结带来的力量，沟通协同带来的效率。最后，社会工作者启发学生思考和分享游戏中的体会和收获，通过反思自己在游戏中的表现，提升同学们对沟通、合作、团结以及协同的认识和理解。

本次活动提升了同学们对社会工作者的认识，有利于以后同学们遇到困难的时候想到社会工作者，联系社会工作者，也从游戏互动和分享中，促进了他们人际沟通与团队协作能力与意识的提升，有利于他们以后的健康成长。

（二）城市融入：体验“黄鹤楼”，认识大武汉

文化是一个民族的根，是一座城市的魂。黄鹤楼——武汉城市的标志、象征、品牌和旗帜，从诗人李白、崔颢、孟浩然，到伟人毛泽东，都在这里留下大量流传千古的诗篇。这些诗词跨越时空，滋润着一代又一代读者的心灵。

社会工作服务中心与黄鹤楼公园管理处以参观黄鹤楼公园为载体，以学习历史文化为主线，共同发起了“黄鹤楼诗词 3D 课堂”。项目以丰富中小学生对武汉历史文化的认识，培养他们爱国、友善、敬业、奉献等价值观念为核心，以培育志愿者组织，促进武汉历史文化和公益文化传播为宗旨，免费对武汉中小学生开放。

新学年伊始，J 学校 5 年级学生作为首批受益者，参加了黄鹤楼诗词 3D 课堂

项目的首场活动。活动伊始，在志愿者的带领下，师生首先参观了岳飞广场，听取了岳飞驻兵武汉、精忠报国的历史故事，接受了爱国主义的精神洗礼。接着，师生登上黄鹤楼，学习了《黄鹤楼送孟浩然之广陵》《黄鹤楼》等经典诗词，体会了一千多年前诗人送别朋友的心情、意境，使同学们接受友善、敬业、奉献等价值观的熏陶。最后，师生参观了毛泽东词亭，听取了武汉近代以来的发展历程，深化了学生们对武汉和武汉精神的认识。

活动结束后，师生对活动效果都非常满意，纷纷表示，这不仅是一次参观黄鹤楼的游学之旅，更是一次了解武汉历史文化的文化之旅。

（三）自我探索，情绪管理

为加强情绪管理，社工采用团体辅导策略，主要进行了四个目标活动：协助成员认识并学习辨识自己的情绪；学习接纳自己正负向情绪及了解有效的宣泄方式；借由团体的力量，了解、支持他人与自我之情绪表达；适当的挫折调适与压力管理。

青少年正处于性格和情绪快速发展和变化的关键时期，其情绪反应通常异常激烈，常表现为冲动、易怒、嫉妒和自卑等，如管理不善，会对其人际关系乃至社会发展产生不利影响。为了提升青春期青少年的情绪管理能力以及人际适应能力，12月，社会工作者在J学校开展了主题为“我的情绪我做主”的情绪管理小组活动。

情绪管理小组分热身游戏、认识情绪和“我的情绪”小组分享三个部分。有趣热身游戏结束后，在认识情绪部分，社会工作者通过提问、讨论、视频案例播放等方式讲解，让同学们认识了自卑、紧张、焦虑等情绪的表现，以及情绪对身体、人际关系和人生发展的影响，提升了同学们对情绪的认识和管理情绪的意识。接着，在“我的情绪”小组分享部分，社会工作者让同学们结合不同情绪形成的原因以及表现形式，让他们对照自己日常生活，思考自己经常所处的情绪状态，提升了同学们对自身情绪的认识和了解，进一步提升同学们管理自身情绪的意识。

本次小组活动，提升了同学们对情绪的认识以及对自身和他人情绪的辨识能力，以及对情绪管理的意识。接下来社会工作者还会持续开展“我的情绪我做主”之情绪管理系列活动，全面提升同学们对自身情绪的管理能力以及对他人的情绪影响能力，全面促进同学们情绪能力的发展。

社会工作者将焦虑自评量表（SAS）用来评定服务对象稳定的情绪体验，形成如下总结报告：服务对象在活动前的SAS平均得分为30. 1±6. 84，高于正常人常规得分（29. 78±10. 07）。

（四）体验式学习，生命安全教育

针对“流动青少年的安全感较差，自我保护意识太强，内心开放程度不够”问题，社会工作者制订了主题为“应变超人”的活动计划，培养学生的消防安全、出行安全等意识，教授水灾自救及逃生技巧，学习防骗技巧；对青少年进行常见应急情况的处理方式教育，提高自我保护意识，远离潜在危险等。

2019 年 1 月 8 日，社会工作者与武汉 J 学校七年级一班的同学共同开启了一个别开生面的课堂，活动课的主题为“应变超人”，目的是培养学生的消防安全、出行安全等意识。

在第一节小组活动中，社会工作者向同学们介绍了自己，并说明此次小组活动的主题和目标，并与组员们一起为“应变超人”小组建立规范与准则。为了活跃气氛，社会工作者带领组员一起跳舞，打破隔阂，活跃气氛。接下来组员们自由分成 4 组，并选出组长，想出自己队伍的口号，分组进行你比我猜 PK。在活动中，社会工作者用同学们喜闻乐见的游戏方式传达了生命安全知识，弥补了课堂教学中可能存在的缺失，寓教于乐，激发了同学们学习和参与的兴趣。1 月 15 日开展了第二节小组活动，社会工作者给每位小组发一张白纸，让每个小组齐心协力设计以“居家+出行安全”为主题的板报，板报必须要有安全知识内容。由组员展示板报，并进行解说，最后由同学们评选，将评选出的第一名板报设计展示在班级或学校板报墙上。1 月 27 日，社会工作者利用学生取成绩单的机会，将准备的“四季平安”挂历赠送给全班 37 名同学，挂历包含着放火逃生“九勿”、家庭防盗“八法”、防扒窃“七计”等安全知识内容，让同学们将安全知识带回家。3 月 11 日下午 2 时，一周一次的“应变超人”小组活动在同学们的热烈欢迎下顺利开展，本节小组活动旨在让学生们建立起防盗、防抢、防骗意识，加强自我保护。

小组活动以经典小品《卖拐 3——功夫》开场，充分吸引了学生们的注意力，而后由社会工作者为同学们讲解防骗防盗防抢知识，并与同学们相互交流经验感受，使同学们收获良多。在整个小组中，社会工作者将居家安全、灾难自救、防盗防骗等知识技巧用特别的方式传授给同学们，提高他们的自我保护意识，远离潜在危险。

(五) 定家规，促进亲子交流

社工制订了“爱与成长”亲子活动计划，采取个案工作、小组工作的形式，通过个别咨询、讲座、亲子沙龙、亲子手工坊等形式，先后开展四期家长学校，增进家长对孩子的认识和了解，优化双方的互动方式，进行家庭教育技能辅导，改善家庭的教育功能。同时，通过社区宣传、讲座等形式帮助家长了解健康家庭的概念，改变家长的教育观念，促进青少年的全面健康。

(六) 链接资源，生命影响生命

为增强中小学生安全防护意识，提升青少年应对突发事件的应急反应能力和自救互救技能，3月4日下午2时，社会工作者邀请长江救援队西城壕支队走进J学校，为七一班学生进行了培训。

活动现场，救援队成员带来水上救援道具与人体模型，对参与培训的青少年通过理论讲解、示范操作、学员互动、现场演练等多种形式，让孩子们学习掌握了对落水人员该如何正确施救、溺水如何自救和心肺复苏等理论与实务。新颖的活动形式和活动道具让学生们踊跃参与，现场气氛高涨。

本次培训活动，增强了同学们水上应急救援和自救互救能力，更培养了孩子们的集体意识和团结互助精神。志愿者也表示，希望通过此次培训，学生能够在突发事件到来的第一时间、第一地点，就可以用所学的救护知识和技能，正确及时采取有效的救护措施，自救互救，挽回生命，不留遗憾。

社会工作者先后组织动员了武汉大学、武汉理工大学、武汉科技大学、湖北大学、江汉大学等高校的学生志愿者、教师志愿者，利用业余时间与流动青少年一起学习、互动，增进了流动青少年对他人与社会的信任感，用生命影响生命，与流动青少年共同成长。

(七)争当社交达人

3月18日，社会工作者在J学校的青春健康俱乐部开展了“社交达人”小组活动第一课，以“朋友”为主题展开了激烈的讨论。活动中同学们被分为四组，分别以“我希望我的朋友是什么样的人或者具有什么样的特征”和“我希望自己是什么样的人或者具有什么样的特征”为主题讨论并写下自己的想法。通过对比，同学们发现自己对朋友的要求“勇敢，自信，分享，正直，勤劳，乐于助人，品德好”比对自己期待的“活泼开朗，大方，自信”要严苛得多。许多同学在活动结束后表示要树立正确的择友观，不能自己做不到的事情要求朋友做到，对朋友要好一点。本次活动让同学们重新审视了自身的价值观，也拉近了朋友间的距离，改善了他们的社交观念。

4月8日社会工作者在J学校青春健康俱乐部开展了“社交达人”小组活动第二课——同理心。对于这个专业词语，同学们是第一次接触。社会工作者通过情绪速递的热身游戏逐步将大家引入该主题，再通过一个同理心小短片向同学们区分了同理心和同情心，最后让同学们根据自己的理解进行角色扮演，同学们深入情境，表达了自己内心真实的感受。可能由于理解得不够深刻，一些同学对同理心的表达还不那么准确到位，但是他们对同理心应具有的理解、认同、尊重、换位思考等都有了相应的理解，并且认为这些在与他人相处的过程中都是积极的影响因素，在以后学习中如果发生了争执就应想到同理心，继而减少一些与同学打架、吵架的次数，努力改善与同学之间的关系。

4 月 15 日社会工作者在 J 学校青春健康俱乐部开展了“社交达人”小组活动第三课——合作。本次课的主要目的是让同学们在与他人的交往过程中学会互助合作。在热身游戏环节，参与解手链的 10 多位同学发挥他们的聪明才智及合作精神，只花 3 分钟时间便将手链解开了。接着同学们被随机分成四组，利用社会工作者分发的报纸、透明胶制作了一个报纸履带，并且围绕教室行走了一圈，在游戏中用时最短、履带制作精良的一组同学分享说：“我们分工明确，有的人对齐报纸，有的人贴透明胶，走的时候我们按照身高整齐排队，步伐一致，而且由一个人喊口号，第一个人拉报纸，最后的人送报纸，过程中大家都很小心，并且朝向同一个目标，所以我们走得很快。”而走得慢一点的小组则表示，如果我们少一点争执就会更快一点。通过这个游戏，大家认识到了在日常生活中合作的重要性，虽然平时同学们没在一起玩，但是一旦有了共同的目标，大家就应该团结一致，为达到目标共同努力。

4 月 22 日社会工作者在 J 学校青春健康俱乐部开展了“社交达人”小组活动第四课——信任。“当我的眼睛被蒙上时，我什么也看不到了，突然感觉很没有安全感，心里非常害怕。这时，我的搭档一直在身边鼓励我，帮助我跨过了重重障碍……”在参与完“信任盲行”游戏后，一位同学分享以上心得。在本届小组游戏中，小组成员们彼此信任，齐心协力，顺利完成了每一次“旅行”。这不仅丰富了小组成员的情感体验，愉悦身心，也让他们在活动中领悟到了与伙伴交流协作的技巧，渐渐放开自己，接纳别人，增强与同伴之间的信任，培养了团体融洽气氛，提升了自信心。

5 月 13 日下午，社会工作者在 J 学校青春健康俱乐部开展了“社交达人”小组活动第五课——拒绝。本节活动以“拒绝”为主题引导学生进行情景剧表演。在开始的热身游戏“击鼓传花”中，几位同学小试牛刀，给大家进行了简单的表演。而在接下来的环节，社会工作者给四组同学分发了四个情境卡，让同学们据此进行联想，围绕“拒绝”进行情景剧编排。在之后的表演环节，同学们表达了对“拒绝”的理解，并且通过绘声绘色的表演赢得了大家的认可，其中第三组的男生以其真实而生动的表演赢得了大家的一致好评。在表演结束后社会工作者引导同学们分享了对“拒绝”的理解和看法，同学们认识到在与他人的交往过程中要分清主次及利害关系，恰当地拒绝诱惑。

五、服务成效与经验总结

(一)服务成效与评估

(1)服务对象层面：提升了流动青少年的健康意识。社工以青少年健康发展为主题，运用信息化手段和配置，确定青春健康俱乐部建设方案，多方动员政策资源、社会资源、志愿者力量，采用政府主导、社会协同、专业引领的方式，激发流动青少年主动接受青春健康知识教育，体验到学习的乐趣。2018年11月6日，社会工作者在J学校开展了主题为“团结友爱，快乐成长”青少年人际交往与团队协作能力提升活动，主要是为了培养青少年团队协作意识与团队协作能力，促进青少年成长，减少班级欺凌现象的发生，参加活动的青少年达100人，95%的青少年及其家庭进入青春健康俱乐部，培训/服务比为70%。

（2）在家庭社区层面：12月5日下午，社会工作者在J学校开展了主题为“我的情绪我做主”的情绪管理小组活动，让同学们认识了自卑、紧张、焦虑等情绪的表现，以及情绪对身体、人际关系和人生发展的影响。社会工作者让同学们结合不同情绪形成的原因以及表现形式，让同学们对照自己的日常生活，思考自己经常所处的情绪状态，提升了同学们对自身情绪的认识和了解，进一步提升了同学们管理自身情绪的意识。

（3）专业成长层面：社会工作者熟悉60个青少年及其家庭成员基本情况，通过活动，家庭亲子关系得到良好改善的占60%以上；家庭成员接受培训或咨询覆盖率达到80%，社工对50个青少年家庭进行心理咨询、社会适应评估等专业服务，其家庭的亲子关系问题得到解决或缓解；80%的青少年学到了青春期健康知识，并形成良好的互助氛围。

（4）社会融入层面：教育系统、计生工作人员、志愿者、教师积极参加生活技能培训，帮助流动青少年养成良好卫生习惯和安全意识，树立正确的婚恋观、人生观和价值观。社会工作服务中心还与黄鹤楼公园管理处以参观黄鹤楼公园为载体，以学习历史文化为主线，共同发起了“黄鹤楼诗词3D课堂”。项目以丰富中小学生对武汉历史文化认识，培养他们爱国、友善、敬业、奉献等价值观念为核心，以培育志愿者组织，促进武汉历史文化和公益文化传播为宗旨，免费对武汉中小学生开放，同时也增进了流动青少年的社会融入和社区归属感。

（二）经验总结及创新点

（1）政府投入，政策支持。该项目投资50余万元。洪山区卫计委、和平街提供资金，为流动人口学校打造了青春健康办公室、书吧、大讲堂等功能区域，配置电教设备、百科图书等。

（2）借力高校，拓展服务。每周至少安排一次老师大讲堂授课（由区卫计委出资与高校签订授课合同），以青少年青春健康教育为主要内容，运用信息化手段和配置，确定青春健康俱乐部的建设方案，寓教于乐，帮助青少年树立正确的婚恋观、人生观和价值观。

(3) 购买社会工作者专业化服务。通过政府购买、直接资助、以奖代补、公益创投等方式，支持流动青少年健康发展。先后购买专业社会工作服务，引导社会工作者、社会工作者组织积极参与J学校青春健康发展项目。通过街道、学校及社会工作服务中心等多部门、多组织合力推进发展，让流动儿童共享青春健康服务，活动深受孩子们欢迎。

(4) 善用微课，寓教于乐。“微课”是指为使学习获得最佳效果，经过精心的信息化教学设计，以流媒体形式展示的围绕某个知识点或教学环节开展的简短、完整的教学活动。针对青少年喜欢玩手机特点，社工利用互联网+技术，设计了公共微信号——“奔跑吧，青春”，传播青少年青春健康发展的知识。微课只讲授一两个知识点，没有复杂的课程体系，也没有众多的教学目标与教学对象，看似没有系统性和全面性，许多人称之为“碎片化”。但经过精心的信息化教学设计，以流媒体形式展示的围绕某个知识点或教学环节开展的简短、完整的教学活动，却使流动青少年自主学习获得了最佳效果。

六、问题与反思

(一) 性教育中存在的问题

农村性教育程度远落后于城市，进城务工人员子女接受的性教育程度远不如城市孩子，为此，社工从家长入手，首先改变家长的思想观念，不再让家长谈“性”色变，使家长能够正确看待性教育，并且意识到性教育的重要性。其次学校应制定相应的规章制度，对适龄学生进行性教育，不能有弄虚作假的行为。

(二) 青少年意外伤害教育存在的问题

意外伤害是造成青少年死亡的重要因素，对青少年自身、家庭和社会造成的损失和伤害巨大。本案例通过对学生和家长意外伤害安全教育态度和能力进行调查，得出相应的原始数据，并进行处理和分析，得出了相关结论，并针对问题提出建议：学校不定期进行安全教育讲座，对一些自然灾害进行逃生演习，真正培养学生的自救能力。家长也要为学生创造良好的家庭教育环境，家庭与学校形成联动，以身作则，为学生的人身安全构建良好的环境。

◎案例应用指南

一、教学目的与用途

(一)适用的课程

本案例适用于“高级社会工作实务”课程中通用过程模式及青少年社会工作部分的教学，对于“小组社会工作”“团体心理辅导”等课程也具有较好的适用性。如将此案例应用于单一知识点的课堂研讨或小组讨论，那么，覆盖的知识点包括：通用过程模式、流动青少年、小组社会工作、团体心理辅导、“身心灵社”全人健康理论、青少年健康教育等。

(二)适用的对象

本案例适用对象包括高年级社会工作专业本科生及社会工作专业硕士生、博士生。

(三)教学目标

(1)使学生了解国家“青春健康俱乐部”项目设计的背景、目标与内容，掌握流动青少年的概念、特征、存在的问题和特殊需求，重点关注流动青少年面临的健康问题及解决路径。

(2)使学生深入掌握“身心灵社”全人健康理论的相关知识，并尝试运用此理论分析类似群体问题。具体知识包括：“身心灵社”的发展历程、本土化现状、应用领域、实践模式、介入路径、遵循的价值理念等。

(3)培养学生在社会工作实务中综合运用通用过程模式的能力。通用过程模式是训练一线社会工作者服务方案设计与服务介入的基础与灵魂。本案例通过“身心灵社”全人健康模式在流动青少年健康成长中的运用来阐释社会工作的通用过程，旨在帮助学生具体掌握通用过程模式的理论依据及工作流程，理解如何在实务过程中建立并运用由优势视角、潜能发挥、生态系统、社会支持、朋辈互助、资源链接等实务策略组成的通用过程模式，并明晰本案例的实务过程。

二、启发思考题

本案例的启发思考题主要是为了满足案例教学的知识传递与内化目标，思考题与知识点基本对应。

(1)简述国家“青春健康俱乐部”项目设计的背景、目标与内容。

(2)简述流动青少年的概念、特征、存在的问题和特殊需求。

(3)流动青少年面临哪些方面的健康问题？尝试给出问题解决路径。

(4)本案例如何体现社会工作的通用过程模式？结合案例分析该模式包括哪些环节？

(5)小组社会工作介入流程及遵循的原则有哪些？社会工作者在不同阶段应使用哪些服务技巧？社会工作者应如何制定小组工作目标，激发团体动力，实现组员的交互影响？

(6)简述“身心灵社”全人健康理论的基本内容，案例中是如何对该理论加以运用的？

(7)你认为还有哪些理论可以用来指导本案例的方案设计与实施？

(8)本案例是如何运用信任、倾听、同理、合作等服务技巧的？你能否在实务过程中将此技巧运用于适合群体？

(9)如何在青少年健康教育中实现家庭、学校和社会的“三位一体”？

(10)选取某一问题视角，运用多种理论对流动青少年群体进行一项服务方案设计，仅需设计服务思路和框架、方法及途径即可。

三、分析思路

本案例的分析思路是给出案例分析的基本逻辑，使学生在阅读和讨论案例过程中有所依据：

(1)厘清流动青少年在成长过程中会面临哪些健康问题是本案例分析的前提，对这一群体问题形成的背景、现状、现实表现和原因的探索是进行案例分析的起点。

(2)掌握本案例的基本思路：在“身心灵社”全人健康理论框架之下，设计小组活动和团体心理辅导的服务方案和介入目标，将“身心灵社”全人健康理论应用于这一群体，总结服务成效，评估服务过程。

(3)反思“身心灵社”全人健康理论在实务过程中是否恰当适用、专业有效，是否显著提升流动青少年的安全规则和健康意识，是否培养了健康的生活习惯和行为，是否进行清晰的自我认识与情绪管理，是否形成良好的亲子和朋辈关系等。

(4)本案例在服务模式上是否具有可执行、可推广性，对于我国其他类型青少年和儿童群体是否具有适用性，探索本案例对实务领域青少年或儿童问题的启发和借鉴意义。

四、理论基础及分析

“身心灵社”在社会工作领域的研究起步较晚，产生于20世纪90年代，由香港大学社会工作系陈丽云教授首次提出这一概念，它是一种中西方文化相结合的本土化心理辅导模式。“身”(body)是指生理上的身体、躯干；“心”(mind)是指心理上的情感和情绪体验；“灵”(spirit)是指灵性、精神，如人生观、价值观、生死观、苦乐观等。该理论最初应用于慢性病患者护理领域，现逐渐扩展至各类病症患者、更年期妇女、离婚心理调适、灾后丧亲辅导、健康促进等领域。关于“社会”层面的应用更多产生于医务社会工作实务领域，在服务对象从入院到出院的过程中，不可避免地会与家庭、学校、朋辈群体、社区、工作单位或其他组织进行互动。“身心灵社”全人健康理论是一种实务导向的分析维度，暗含了服务对象在生理、心理、社会，甚至灵性上存在的问题以及相应的需求，同时也指明了服务介入的方向和维度。“身心灵社”四个层面并不是界限清晰、截然分开的，它们是一个交互存在的整体，尤其是随着交流的深入和服务对象内心开放程度的提高，很容易从身体的生理层面谈论到心理情感层面，甚至涉及对人生观、生命观的探讨。

本案例以“身心灵社”全人健康理论为视角，让组员一起相互分享、支持、讨论，帮助组员解决身心失衡状况，克服情绪和行为上的困难，促进身体、情绪及思想观念三者之间关系的良性发展，帮助流动青少年的身(即生理和身体状况)、心(即心理和情绪状态)、灵(即心灵素质和对生命意义的追寻)、社(即人际关系，包括与同辈、家庭、社会的关系)得到全面发展。

五、关键要点

本案例的关键要点与前文教学目标并不完全重合，二者之间有一定的区别。关键要点是进行案例分析的关键所在，对于学生理解和把握案例核心内容，提升教学效果具有关键引导作用。本案例的关键在于把握青少年社会工作服务背后的价值理念、理论框架和实务工作基本模式。

(1)对流动青少年问题的综合评估与诊断，包括从安全意识、健康行为、学习压力、情绪管理、亲子沟通、人际交往等角度进行解读与思考。

(2)在预估的基础上，以青少年及家长的需求为出发点，形成对问题深层原因的探讨，从而对症下药，以小组工作的形式，设计亲子活动、健康方式和生活方式培养、青春期保健和性健康知识培训等一系列服务活动。

(3)在介入方法与策略上，以“身心灵社”全人健康理论为视角，进行小组工作介入和团体心理辅导。探索开展家庭、学校和社会三位一体，“专业+家庭信赖联盟”的青少年健康发展专业服务模式。

(4)社会工作者秉持尊重、互助、自决、社会支持、增能等价值观，采用小组工作方法进行干预，扮演使能者、咨询者、辅导者、倡导者、资源链接者等角色，这与社会工作者的个人价值观相契合。

(5)青少年社会工作要把握两个方面的关键内容：一是把握青少年的发展性特征。青少年阶段是人生中的关键时期，这一时期的发展特点是多样的、复杂的，应以开放包容的心态接纳和看待这一群体。二是注重青少年社会工作方法的综合性特征。青少年需求的多样性、多方资源链接的整合性以及社会工作专业的“全人”模式对开展青少年社会工作提出了更高要求，对于青少年服务工作的开展不能局限于单一的某种方法，应多种方法并用，提供综合性介入服务。

六、课堂教学计划建议

案例教学对教师和学生能力有一定要求，需要学生在案例教学前阅读和思考大量问题。教学效果与学生的知识储备和资料阅读有较大关联，因此，实施案例教学前，学生预习案例相关背景知识显得非常重要。教师在前次课就应当将案例布置下去，并要求学生查阅流动青少年或农民工子女、“青春健康俱乐部”政策相关背景知识，以及阅读青少年社会工作相关知识。在理论学习上，关注“身心灵社”全人健康理论，及其他青少年社会工作理论、偏差行为理论，如社会学习理论、认知发展理论、社会互动理论、整合理论等，注意区分不同理论的核心观点及应用范围。课前预习时间不少于2小时。

课堂计划主要是在案例教学过程中各项教学内容的时间分配，以及教师应如何对该案例进行组织引导、分析讨论。在时间安排上，本案例按照2个学时进行设计，课堂教学安排为90分钟。课堂上安排小组讨论、案例分析、提问与回答，以及知识的归纳总结等环节。具体课堂安排如下：

教师案例回顾：10分钟。

小组讨论：20分钟。

知识梳理总结：20分钟。

课堂练习：25 分钟。相似社会工作服务项目设计、实施与管理（只需呈现服务项目的主要思路、基本框架以及社会工作介入的方向、方法与途径）。

学生提问和教师解答：10 分钟。

机动时间：5 分钟。

在组织引导上，教师应遵循案例分析的基本逻辑，结合启发思考题和关键要点进行有序引导。引导过程中注意学生的个体特征、投入程度、教学互动，以及学生对问题的理解程度，根据课堂反馈实际情况与案例教学效果，及时调整教学时间及内容安排。

“勿忘我”：精神障碍残疾人社区康复计划

一、背景介绍

随着社会进程的推进和社会竞争的加剧，精神疾病的患病率和致残率呈逐年上升趋势，精神障碍人员的康复也成为一项突出的社会问题和民生问题。精神疾病具有形成原因复杂、康复时间冗长、症状缓解缓慢、医疗负担沉重、影响因素多样、复发几率极高等特点。长期以来，大多数精神障碍患者出院后，无法得到规范的康复和有效的管理，有的在街头游荡，有的被长期关锁，有的肇事闯祸后继续被送往精神病院。

Z 街道位于老旧城区，辖区内有 9 个社区，有办证残疾人 1197 人，精神障碍者 208 人，占残疾人口总数的 17%。其中重度精神障碍者 53 人，占精神障碍者总数的 25%；狂躁型精神障碍且有暴力倾向者 35 人，占精神障碍者总数的 17%，发病时伴有彻夜裸奔、跳河自杀、伤人砍物等高危行为，给自身及其家庭带来了极大的痛苦和沉重的负担，也对社会治安和稳定产生了一定的威胁。

针对这种情况，A 社会工作服务中心和 Z 街道阳光家园残疾人服务中心(以下简称“阳光家园”)、省人民医院精神卫生中心、社区卫生服务中心签订专业服务协议，通过引入社会工作者和精神专科医护人员，开展精神障碍残疾人社区康复“勿忘我”计划项目，开展驻点监测、巡诊探视、跟踪随访、工疗、娱疗、个案管理等服务，帮助精神障碍残疾人进行社区康复。项目名“勿忘我”取其花语，意指不要忘记这类特殊人群。

二、核心问题界定

(一)微观层面

(1)康复意识不足。精神障碍者特别是家属对坚持治疗的重要性以及放任不治的危害性认识不足，常常不遵医嘱，随意减药、停药，造成病情反复发作甚至加重。需要强化其康复意识和自我责任，增加治疗动力，提高服药和治疗的遵从性。

(2)康复技能缺乏。精神障碍者及其家属精神疾病相关知识、治疗和护理技巧匮乏，不能有效应对病情反复和情绪异常的状态。需要对其提供相关知识和技巧辅导，早发现、早预防。

(3)心理压力过大。精神障碍者及其家属长期处于神经紧绷的状态，负面情绪超过内心负荷，又找不到渠道宣泄，严重影响个人和家庭的生活质量。需要协助其舒缓紧张情绪，调整心态和认知，接纳病情和身体现状。

(4)就医程序繁杂。国家对精神疾病药物管控严格，一次最多只能给患者开一周服用的剂量，往往去一趟医院，挂号、排队、问诊、取药等一系列流程走下来，少则需要 2 小时，多则耗费一天，这增加了精神障碍残疾人的烦躁情绪和就诊压力。因此开设社区驻点门诊，让精神障碍者在家门口就能快速享受到专业医疗服务十分必要。

(5)家庭负担沉重。精神疾病治疗费用高昂，大部分人员需要终生服药，且因病丧失劳动能力或者劳动机会，无法取得固定经济收入，家庭既要照顾其生活，又要支付大量治疗费用，负担相当沉重。需要帮助家庭减轻经济和照顾压力。

(二)中观层面

(1)人际交往断裂。精神障碍人员得病后，与以前的朋辈群体渐渐疏远，会主动或被动脱离原有交际圈，造成人际交往断裂，难以融入社区。需要获得互助性的群体，引导其发展或恢复人际交往，重建朋友圈。

(2)社区康复机构功能不足。精神障碍人员的康复对医疗技术和专业资质要求较高，社区的活动场地有限，公共康复器材单一，现有工作人员无法提供有效的康复服务。需要补充康复机构场地、功能，引进专业人员和团队，为精神障碍人员提供全面服务。

(3)丰富的医疗资源未得到有效整合利用。Z 街道辖区附近医疗资源比较丰富，如省人民医院精神卫生中心、南大门中医院、Z 街道卫生服务中心、第二社区卫生服务中心(卫生院)。精神障碍残疾人急需得到医疗服务，需要项目执行机构有效整合医疗资源，促进专业合作，使其成为社区精神障碍康复工作的重要补充力量。

(三)宏观层面

(1)社会支持资源薄弱。精神障碍人员及其家庭经常不知道从哪里能够获得支持和帮助。需要分析社会环境中的所有资源，加强对邻里、朋辈、志愿者等非正式资源系统和社区、医疗机构、社会工作者等正式资源系统的管理和整合，为其提供帮助和支持。

(2)社会存在歧视和误解。公众往往将精神病与暴力和危险画等号，谈病色变，甚至当众嘲讽，对他们脆弱的心灵造成二次伤害，阻碍了这类人员回归社会。需要普及精神健康知识，开展社区宣传，引导社会大众以平等、包容、理解的态度看待精神障碍人员。

三、项目计划

本项目改变过去传单式、说教式宣传及简单“思想工作”的工作方式，以“专业人员从事专业工作”的理念，深入社区精神障碍服务对象家中，用轻松活泼、灵活多样的形式开展活动，使精神障碍群体愿意接受心理健康类辅导活动。

与专业团队及机构联合，获取专业的精神科学医学技术支持。定时间、定人员、定计划，系统地在阳光家园设立专业心理咨询服务、服药管理制度，实现对精神障碍服务对象的动态监测管理服务。

以综合性辅导和个案治疗相结合，通过阳光家园这个平台，对整个辖区进行辐射，使社区居民逐渐接纳精神障碍服务对象的社区康复模式，打通精神障碍服务对象回归社会、融入社区的路径。

表1 “勿忘我”：精神障碍残疾人社区康复计划

活动时间/频次	活动内容
结合社区情况安排，11～12月进行	活动一：社区心理健康讲座 活动目的：普及心理健康知识；确定服务对象需求，为有需求的服务对象建立工作档案 活动形式：培训讲座 活动地点：各社区会议室或阳光家园活动中心 参与人员：服务对象每次40人，志愿者2人，专家1人，社工2人 活动频次：10个社区，每次两个社区，共5次
每周三或周五，全年进行（遇节假日顺延）	活动二：心理疏导 活动目的：为部分精神障碍服务对象及家人做心理疏导，引导其正确管理情绪，增强承受风险能力 活动形式：一对一咨询，个案管理 活动地点：Z街道阳光家园 参与人员：服务对象每次5人，心理咨询师1人，志愿者1人 活动频次：一周1次，共40次

续表

活动时间/频次	活动内容
每周五，全年进行 （遇节假日顺延）	活动三：专家咨询 活动目的：为Z街道精神障碍服务对象进行免费咨询及诊疗 活动形式：一对一咨询，个案管理 活动地点：Z街道阳光家园 参与人员：服务对象每次5人，专家1人，志愿者2人 活动频次：一周一次，共45次
按工作时间安排，1月至2月进行	活动四：家庭随访 活动目的：了解精神障碍家庭特殊困难，构建家庭支持网络 活动形式：走访、入户进行精神卫生宣传 活动地点：服务对象家中 参与人员：服务对象每周2户，志愿者1人，社工1人 活动频次：一周一次2户，共40次，80户
每周二或周四，全年进行 （遇节假日顺延）	活动五：芳香疗法、音乐疗法、运动疗法、绘画疗法 活动目的：为精神障碍服务对象及家人减压放松，减轻压抑和焦虑 活动形式：音乐游戏互动、芳香理疗、绘画减压、运动减压 活动地点：Z街道阳光家园 参与人员：服务对象每次8人，治疗师3人，志愿者1人 活动频次：一周一次，共40次（遇节假日顺延）
全年进行 （遇节假日顺延）	活动六：工疗及实训基地建设 活动目的：提高服务对象生存技能，增强生存能力，促进社区康复 活动形式：加工药盒隔衬、档案袋、包装盒等，制作手工艺品 活动地点：Z街道阳光家园庇护工厂、实训基地 参与人员：服务对象每次5人，治疗师1人，志愿者1人 活动频次：一月2次，共24次
于4、5、6、7、9月进行，一周一次。	活动七：互助小组与社区互动活动 活动目的：通过团体活动，扩大服务对象人际交往圈，提升自我价值，减少孤独与自卑 活动形式：小组活动、社区参与 活动地点：阳光家园或户外 参与人员：每次服务对象5人，社工2人 活动频次：共20次

续表

活动时间/频次	活 动 内 容
活动结束时，于10月进行	活动八：活动总结 活动目的：总结项目成果，对整个项目中参与度高的服务对象进行表彰和鼓励 活动形式：经验分享，表彰 活动地点：阳光家园或户外 参与人员：服务对象200人，社工2人，志愿者24人 活动频次：1次

四、介入过程

(一)项目筹备阶段

(1)签订社会工作专业服务合作协议。A社会工作服务中心与区残疾人联合会、Z街道阳光家园残疾人服务中心签订了三方协议，派驻2位专业社会工作者提供服务。

(2)整合购买辖区医疗资源。通过Z街道阳光家园残疾人服务中心与省人民医院精神卫生中心、Z街道卫生院、南大门中医院签订专业服务合作协议，约定专家坐诊及社区巡诊事项。

(3)筹建社区康复基地。以Z街道阳光家园为康复场地，购买康复器材和设备，在阳光家园设立社工站、心语室、医务室、庇护劳动工场、芳香治疗室等康复场所。

(4)开展项目宣传动员。在全街启动“勿忘我”项目，向服务对象及其家属宣传，建立“勿忘我”专项服务档案，开展个案管理工作。

(二)服务开展阶段

1. 微观层面

①举办精神卫生专题讲座。邀请省人民医院精神卫生中心资深专家为辖区精神障碍者及家属讲解接受规范管理和治疗的重要性，开展精神疾病相关知识、治疗和特殊时期护理技巧讲座。②开展心理疏导服务。邀请心理咨询师为精神障碍人员及

其家属作针对性的心理疏导，引导其正确宣泄和管理情绪，调整心态与认知，接纳病情和身体现状，鼓励他们勇于承担自我管理责任，接受系统的康复治疗。③约定专家每周坐诊。省人民医院精神卫生中心资深专家每周在阳光家园医务室进行定点咨询及诊疗服务，及时对精神障碍者进行药品、药量调配控制和心理治疗及康复指导，并建立转院绿色通道。④约定医护人员定期巡诊探视。Z 街道卫生院和南大门中医院委派医护专管人员每月对特定精神障碍对象巡诊探视，及时进行用药指导及康复辅导。开展危险性评估，对有危险行为倾向的精神障碍患者，及时与其监护人沟通，加强关爱及生活护理指导。⑤联合医学院志愿者跟踪随访。社工组织阳光家园工作人员，与某科技大学医学院、某大学护理学院师生联合，定期上门探访，每周对精神障碍人员及其家属开展电话随访，了解现阶段康复情况和服药情况，宣传当前康复措施和优惠政策。⑥纳入阳光家园日间托养。对符合条件的贫困精神障碍者进行免费日间照料托养，阳光家园对托养对象开展针对性的康复训练、生活技能训练和服药管理，与家庭一起分担精神障碍人员的康复，减轻其照顾压力。⑦开展救助政策宣传和综合性救助措施。根据精神障碍者及其家庭具体情况，向其宣传相关的社会保障和社会救助政策，协助符合条件者申请居民医保、低保、看病交通补贴、服药补贴、定额补助、临时救助、重症补贴、住院补贴等经济救助，帮助其用足用好社会救助政策。同时，向某大学人民医院申请部分免费精神疾病药物，有针对性地赠送给精神障碍人员，对困难家庭赠衣送物，减轻家庭经济压力。⑧开展工疗、娱疗、音乐治疗、绘画治疗、芳香疗法和运动疗法等多样化治疗方法。与某音乐学院合作开展音乐治疗活动，与芳香治疗师合作开设“减压”茶座，组织精神障碍者及其家属进行“芳香”治疗体验。与某大学护理学院、某体育学院合作开展运动康复训练，在社区中挖掘有绘画天赋的处于康复期的精神障碍者，作为志愿者为其他残障人群开展绘画治疗康复活动。与爱心企业联合，指导精神障碍者在阳光家园庇护劳动工场加工药盒隔衬、档案袋、包装盒等，按计件方式为他们发放加工费。同时成立 Z 街道残疾人就业实训基地，鼓励精神障碍者及其家属参加手工艺品制作及销售职业技能实训，在康复的过程中增加家庭收入。

2. 中观层面

①组织互助性小组活动。社工策划开展“温馨港湾——精神障碍者互助小组”“我的情绪我做主”“社会适应能力训练小组”“指尖的艺术——布贴画兴趣小组”等活动，定期邀请精神障碍人员及其家属参加，帮助建立同辈群体互助朋友圈，协助掌握简单的负面情绪宣泄方法和与人交往的技巧，提升情绪的自我觉察能力，并通过兴趣爱好活动增进维持亲子和朋辈关系，感受到相互间的关爱和支持。②引导精神障碍人员挖掘自身的优势和兴趣，鼓励其在社区春晚、元宵节等特定节日上展示

《感恩的心》《小苹果》等才艺，积极参加阳光家园组织的卡拉 OK 大赛、党史知识竞赛、趣味运动会、助残义卖等活动，在参与中获得认同，提升自信，增加与社区居民的互动，逐渐恢复再社会化功能。

3. 宏观层面

①倡导运用社会支持资源。协助精神障碍人员及其家庭共同分析内在资源和外在资源，了解并识别出家庭陷入困境时能够寻找到的非正式支持系统和正式支持系统，对资源排序，确定寻求帮助的顺序。比如耳边出现幻觉时最先联系谁，子女异常亢奋或异常低迷时去哪里能最快找到解决办法等，帮助他们学会合理利用资源，增强风险应对能力和问题解决能力。②开展主题电影社区巡回宣传活动。社会工作者联合武汉大学、武汉理工大学志愿者，深入社区开展《美丽心灵》《飞越疯人院》《雨人》等主题电影巡回展播活动，向普通民众宣传精神卫生知识，呼吁社会大众关注自身及家人的心理健康，同时尝试理解、体谅、接纳精神障碍人员及其家庭。

(三) 总结评估阶段

项目针对服务对象参与度、服务对象满意度、服务流程、康复效果等工作开展了过程评估和成效评估，并根据项目开展实施情况，总结出了“三社联动”项目服务模式。

五、服务成效与经验总结

“勿忘我”项目实施以来，Z 街道 9 个社区 208 名精神障碍者及其家属全部纳入项目服务范围，阳光家园先后托养了 15 名精神障碍者，对 60 余名精神障碍者进行了居家巡诊探视，对 125 名精神障碍者进行了电话随访，对近 20 名易肇事闯祸精神障碍者进行了重点监控；举办专题电影社区巡回宣传 5 场，精神卫生健康讲座 15 场，心理疏导近 60 次，专家坐诊 150 余次，巡诊探视 200 余次，跟踪随访 580 余次。

在省人民医院精神卫生中心的专业支持下，项目由 Z 街道阳光家园及社区医疗机构具体组织实施，将精神障碍康复落实到患者家中；服务对象的康复意识和自我责任得到增强，护理人、监护人的家庭护理技巧得到了提升，住院频次和复发率降低，精神障碍者及其家庭的经济压力和精神压力大大减轻，辖区居民对精神障碍者及家庭多了理解和关爱。

由医疗机构、家庭、阳光家园、社区组成的“四级康复监护”服务机制，得到了省人民医院精神卫生中心的充分肯定，并在区其他街道进行推广。公安部、国家卫健委等各级领导亲临视察指导，给予了高度肯定。在精神障碍社区康复“勿忘我”项目运作的过程中，阳光家园提供康复活动主阵地，社会工作者整合资源，专业医疗机构和志愿者协同开展服务，采取社区、社会组织、社会工作者“三社联动”的方式，资源共享、优势互补、相互促进，从联动模式、联动路径、联动主体和联动内容四个方面进行了探索和实践，协助精神障碍者回归社会。

(1)联动模式：政府购买+社会承接+专业支撑+项目运作。探索出一个政府出资购买项目、社会组织承办服务并开展全程跟踪评估、有专业资质的医护人员和社会工作者作为专业支撑、以项目化形式运作的联动模式；以辖区内的精神障碍者为服务中心，提供专家门诊、自我服药管理、社交技能训练、生活技能训练、心理咨询、个案管理等“一站式”社区精神康复综合服务。

(2)联动路径：医疗机构+家庭+阳光家园+社区。建立医疗机构、家庭、阳光家园、社区“四级康复监护”服务机制，实践出一条以医疗机构为骨干，精神障碍家庭为依托，阳光家园为阵地，社区康复为基础的联动路径。

(3)联动主体：专业社工+医护人员+社区工作人员+志愿者。成立由专业社会工作者、精神卫生专家和卫生机构人员、残疾人工作协理员和阳光家园服务人员、大专院校青年志愿者组成的团队，四支康复队伍作为联动的主体，整合多方资源形成合力，共同为精神障碍者编织起社会支持网络。

(4)联动内容：驻点监测+巡诊探视+跟踪随访+个案管理。紧紧围绕专家驻点监测、医护人员巡诊探视、工作人员和志愿者跟踪随访、社会工作者个案管理的内容联动，针对精神障碍人员不同情况建立个性化档案，并进行资源链接，开展日间照料、康复训练、巡诊探视、电话随访、心理咨询和专家驻点等综合服务。

六、对策反思

(一)加强精神障碍残疾人社会保护政策体系的建设

近年来，针对精神障碍残疾人的工作由于受到微观、中观、宏观层面的种种制约，普通大众甚至从事社会工作的人员都对精神障碍疾病带来的社会问题、家庭问题、个人问题认识不足，导致项目服务开展的范围有限，产生的社会影响不足，需不断加强社会宣传与社区教育的力度，倡导社会积极关注精神障碍疾病的防治与社区康复相关法律、政策的建设，为精神障碍残疾人社区康复权利的实现创造有利的社会氛围，构建全社会“友善”的残疾人价值观，营造“友善残疾”文化。

（二）促进精神障碍残疾人社会工作服务组织和专业人才队伍的建设

项目执行过程中，社区工作人员与社会工作者的专业理念与专业方法存在差异，需加强沟通与交流，各取所长，为精神障碍残疾人提供更有效的社区康复服务。社区工作人员较少受到助人方面的专业训练，从性质上来说，行政性较强，以完成工作指标为目的；社会组织的社会工作者队伍存在人员流动性大，工作年限短，年龄结构较单一，社会工作经验不足，专业督导工作薄弱等问题，使服务成效受到一定程度的影响。后期应加强残疾人社会组织管理，促进残疾人社会组织的专业化、标准化发展，加强专业人才队伍的培训与督导，提高社会工作者的待遇与社会认可度，建立专业、稳定的人才队伍，为项目的持续发展奠定基础。

（三）确立残疾人社会工作的新理念

促进多元中心治理机制下的新型残疾人社会工作，提高政府、非营利性社会组织、社区群众组织、志愿者团体等的协同性。武汉 A 社会工作服务中心与 Z 街道阳光家园残疾人服务中心齐心协作，一方面，通过联系社区内优质医疗资源、高校志愿者团队，在 Z 街道办事处、区残疾人联合会的支持下，充分利用 Z 街道阳光家园残疾人服务中心的场地、人员、设备，积极发挥专业社会工作者的示范作用，通过持续的精神障碍残疾人社区康复项目化的运作，使“三社联动”的创新社会治理模式得到了有效的发挥。另一方面，由于现行的行政体制的制约，参与康复项目服务的单位与人员由于组织编制、管理模式、工作理念、工作目标不统一，在协同过程中，存在组织难到位、专业服务内容范围有限等现象。

（四）加强精神障碍残疾人社区康复项目的支持力度

应加强精神障碍残疾人社区康复项目的安全保障，适当增补管理人员及资金投入。由于精神障碍残疾人的特殊性，服务对象的病情常有起伏，一方面，部分护理人、监护人因家庭负担过重，长期的压力与情绪得不到及时疏解，对精神障碍残疾人的护理存在照顾不周、疏于监督的现象；另一方面，护理人、监护人对精神类用药的副作用存在疑虑，常发生不按医嘱监督服药的情况，导致服务对象病情反复，有时甚至出现自伤、伤人等发病症状，给社会服务组织及康复服务人员带来安全隐患。建议在精神障碍社区康复项目执行计划中增补安保内容的设定，对相关资金预算做出明确要求。目前残疾人公益项目的资金管理处于摸索中，关于服务人员安全保障的资金使用无明确规定。国内针对残疾人的保险法律、法规不多，保险市场上针对残疾人的安全保险类别与品种有限，服务人员在项目服务过程中安全保障问题的责任主体无准确界定。Z 街道阳光家园残疾人服务中心在安全保障方面的工作先人一步，自2012年起为Z街道阳光家园工作人员和签订了日间托养协议的托养人员购买了人身意外保险，后期应注重总结精神障碍社区康复项目执行中出现的问题及好的处置方法。社会服务组织应加强对相关问题的研究并出台相关保障措施，对相关社会政策的完善与修订提供可操作的议案，最终促进服务项目的社会实效性，切实保障项目康复服务对象、项目康复服务人员及组织的基本权益。

◎案例应用指南

一、教学目的与用途

(一)适用的课程

本案例可应用于“高级社会工作实务”课程中残疾人社会工作部分的教学，对于“小组社会工作”“社区社会工作”“个案管理”“医务社会工作”等课程也具有较好的适用性。如将此案例应用于单一知识点的课堂研讨或小组讨论，那么，覆盖的知识点包括：精神障碍残疾人、阳光家园、社区照顾模式、社区康复、芳香疗法、音乐疗法等。

(二)适用的对象

本案例适用对象包括高年级社会工作专业本科生及社会工作专业硕士生、博士生。

(三)教学目标

(1)使学生了解国家实施残疾人“阳光家园”计划的政策背景、目标、覆盖群体与托养服务等。

(2)掌握精神障碍残疾人的概念、特征、存在的问题和特殊需求。

(3)使学生深入掌握社区照顾理论的相关知识，并尝试运用此理论分析类似群体问题。具体知识点包括：社区照顾、社会网络理论的本土化现状、应用领域、实践模式、介入路径、遵循的价值理念等。

(4)理解“院舍化”照顾与社区照顾的根本分歧。

(5)掌握优势视角、潜能发挥、生态系统、社会网络、朋辈互助、资源链接等实务策略在实务过程中的应用，并明晰本案例的实务开展过程。

(6)掌握精神障碍人士社区康复采用的音乐疗法、芳香疗法、工疗、娱疗等具体实务方法。

(7)掌握残疾人社区康复的主要内容及方法，社区康复的文化背景及社区康复工作的有利条件。

二、启发思考题

本案例的启发思考题主要是为了满足案例教学的知识传递与内化目标，思考题与知识点基本对应。

(1)简述国家实施残疾人“阳光家园”计划的政策背景、目标、覆盖群体与托养服务等。

(2)简述精神障碍残疾人的概念、特征、存在的问题和特殊需求。

(3)简述社区照顾理论、社会网络理论的核心观点及在本案例中的运用。

(4)比较残疾人“院舍化”照顾与社区照顾的区别。

(5)你认为本案例的实务开展有什么特点?

(6)你认为还有哪些理论可以用来指导本案例的方案设计与实施?

(7)本案例是如何运用音乐疗法、芳香疗法、工疗、娱疗等具体实务方法?你能否在实务过程中进行操作，将此方法运用于适合群体?

(8)简述我国残疾人社区康复的特殊文化背景。

(9)开展社区康复工作的有利条件有哪些?

(10)社区康复的原则、主要内容及方法有哪些?

(11)简述社区康复与职业康复、社会康复的异同。

三、分析思路

本案例的分析思路是给出案例分析的基本逻辑，使学生在阅读和讨论案例过程中有所依据：

(1)厘清精神障碍残疾人面临哪些问题和特殊需求是本案例分析的前提，对这一群体问题形成的背景、现状、现实表现和原因的探索是进行案例分析的起点。

(2)掌握本案例的基本思路：在社区照顾理论框架之下，以服务对象社区康复需求为出发点制定服务方案和介入目标，开展健康讲座、专家咨询、个案管理、家庭随访、多样化疗法、小组活动、社区参与等，总结服务成效，评估服务过程。

(3)反思精神残疾人士社区康复服务效果，是否达到了最初服务设计的目标：是否显著提升人们的心理健康知识和健康意识，是否舒缓了精神障碍人士及其照顾者的压力和负担，是否形成良好的社会网络，是否真正实现了社区参与和社区融入等。

(4)本案例在服务模式与方法上是否具有可执行、可推广性，对于我国其他类型残疾人群体是否具有适用性，探索本案例对实务领域残疾人社会工作开展的启发和借鉴意义。

四、理论基础及分析

本案例的理论基础为社区照顾理论。约在20世纪中期，西方社会工作领域掀起了“反院舍化”照顾的思潮。美国的社会工作者以长期居住在养老院、康复医院并接受专业化服务的残疾人和老人为研究对象，通过探讨院舍化管理模式与照顾质量之间的关系，提出这种机械化、隔离化的院舍照顾最终会导致被照顾者对服务的过度依赖，逐渐丧失社会适应与社会融入的能力。社区照顾理论认为，相比于院舍化照顾，社区照顾是最“经济实惠”的选择。社区照顾模式包括“在社区照顾”“由社区照顾”和“对社区照顾”三个方面的涵义，是残疾人康复领域的必然选择。通过社区照顾服务，利用社区的正式与非正式资源，包括政府、企业、医院、社区、家庭、社会组织、志愿者等各种资源，使残疾人在社区中实现独立和自我管理，促进良好的社会适应。

本案例对精神障碍人士开展的各项服务均是在社区的框架下进行的。本案例以社区康复为理念，在城市社区中利用社区资源，在医疗、教育、职业和社会等康复领域为精神障碍人士及其家庭提供便捷、经济、有效的全面康复服务。通过一系列社区康复计划的实施，为残疾人建档和评估，开展个案管理；宣传和培训心理健康知识，开展残疾预防工作，以及开展各项具体的康复服务，推动“阳光家园”工疗站、实训基地建设，最终实现残疾人的社区参与与融入。可见，本案例较好地诠释了精神障碍残疾人社区康复模式和社区照顾理论。

五、关键要点

本案例的关键要点与前文教学目标并不完全重合，二者之间有一定的区别。关键要点是进行案例分析的关键所在，对于学生理解和把握案例核心内容，提升教学效果具有关键引导作用。本案例的关键在于把握残疾人社会工作服务背后的价值理念、理论框架和实务工作基本模式。

(1)对精神障碍残疾人问题的综合评估与诊断，包括从微观、中观和宏观层面进行解读与思考。

(2)在预估的基础上，以精神障碍残疾人及照顾者的需求为出发点，形成对问题深层原因的探讨，从而对症下药，以综合性社会工作的服务形式，设计知识宣讲、健康培训、心理疏导、专家咨询、入户随访、工疗娱疗、小组社区活动等一系列服务活动。

(3)在介入方法与策略上，以社区康复理论为视角，进行个案、小组、社区工作介入。探索开展社区+社会组织+社工的“三社联动”，形成专家驻点监测、医护人员巡诊探视、工作人员和志愿者跟踪随访、社会工作者个案管理的多方联动模式。

(4)残疾人社会工作要把握两个方面的关键内容：一是把握残疾人的基本权利和需求，二者实质上是“一体两面”的关系，主要包括康复权、教育权、劳动权，以及享有文化生活、社会福利、环境友好的权利。其中，康复权是残疾人的首要权利和需求。二是残疾人社区康复是践行各项权利，满足残疾人需求最有效的做法。这是因为，社区康复是集职业康复、教育康复、医疗康复于一体的综合性康复模式，最终发挥治疗—康复—服务的多重目标。

六、课堂教学计划建议

案例教学对教师和学生能力有一定要求，需要学生在案例教学前阅读和思考大量问题。教学效果与学生的知识储备和资料阅读有较大关联，因此，实施案例教学前，学生预习案例相关背景知识显得非常关键。教师在前次课就应当将案例布置下去，并要求学生查阅精神障碍残疾人、“阳光家园”政策相关背景知识，以及阅读残疾人社会工作相关知识。在理论学习上，关注社区康复理论及其他残疾人社会工作理论，如社会网络理论、增权赋能理论、社会排斥理论、标签理论等，注意区分不同理论的核心观点及应用范围。课前预习时间不少于 2 小时。

课堂计划主要是在案例教学过程中各项教学内容的时间分配，以及教师应如何对该案例进行组织引导、分析讨论。在时间安排上，本案例按照 2 个学时进行设计，课堂教学安排为 90 分钟。课堂上安排小组讨论、案例分析、提问与回答，以及知识的归纳总结等环节。具体课堂安排如下：

教师案例回顾：10 分钟。

小组讨论：20 分钟。

知识梳理总结：20 分钟。

课堂练习：25 分钟。相似社会工作服务项目设计、实施与管理(只需呈现服务项目的主要思路、基本框架以及社会工作介入的方向、方法与途径)。

学生提问和教师解答：10 分钟。

机动时间：5 分钟。

共享阳光：流动儿童社会适应服务项目

一、问题背景

社会转型期，随着我国经济的快速发展，大量的农民进城务工，务工家庭向城市迁移逐渐成为人口流动的新趋势。随着这种变化，城市中自然就出现了一种新的弱势群体——流动儿童。他们的年纪在 11～14 岁之间，因为流动儿童年纪尚小，接受的社会化程度不深，对社会的理解能力也不强，所以在进入一个陌生的环境时往往容易出现一系列适应不良等问题，例如，自我评价偏低，因为城乡歧视的存在，他们往往存在一定的自卑心理；亲子关系方面的障碍，因为父母平时工作比较繁忙，陪伴他们的时间比较少，自然而然，他们与父母的沟通也就很少；朋辈方面的障碍，他们进入陌生的城市，原来的社交网络没法正常继续，与新出现在身边的陌生人又没有建立关系，周围的城市人对于流动儿童又有一定的歧视，他们容易感到孤独、自卑，从而易出现社交障碍。流动儿童的问题若置之不理，很容易造成社会问题，对社会治安和和友好社区建设带来威胁。流动儿童心智还未成熟，社会经验有限，面对陌生的环境往往容易出现适应不良问题。在这种背景之下，本项目希望通过运用专业社会工作理念和技巧，在实践活动中探索增强流动儿童城市适应性的社会工作具体方法和途径，并在实践活动中检验相关理论的可行性与效果，从而形成一套相对完整的社会工作专业工作方案，为未来增强流动儿童城市适应性的相关实践提供具体操作指导，促进流动儿童问题在实践中的解决。

二、案例背景

本项目开展的 X 社区是典型的城乡接合部地区，社区中聚集很多拖家带口的流动人口，所以存在相当一批流动儿童。通过自主报名、社区主任推荐等方式我们招募了社区中的 8 名流动儿童，他们的年龄在 11～14 岁之间，社工针对这 8 名流动儿童的共同问题，开展小组活动，将 8 名流动儿童分为 4 个小组，共同开展小组活动 5 次。5 次小组活动主题分别为“认识自我”“我很棒”“我是你的朋友”“我和我的家”“一座城一家人”，我们希望通过这5次小组活动帮助流动儿童认识自我、增强自信，加强人际交往能力，促进其朋辈关系和亲子关系发展。项目结束阶段，社工进行了项目评估，评估流动儿童社会适应的改善情况。

本项目的服务对象为X社区的8名流动儿童。项目开展前期，我们通过访谈法和文献法等方法搜集材料，进行了需求分析和基本情况了解。本项目在活动设计上主要运用了生态系统理论及优势视角理论等社会工作专业理论。项目采用发展性小组模式，项目名称为“共享阳光：流动儿童社会适应服务项目”，通过开展小组活动，促进流动儿童与城市环境的适应性平衡，从而增加流动儿童对于城市的认同感，进而达到增强其城市适应性的目的。项目结束阶段，我们进行了项目评估。通过此次活动，服务对象状态有所提升，主要表现为自信心提升，人际关系获得改善，对城市的认同感有所加强，整体城市适应性得到提高。

三、核心问题的确定及介入目标

（一）核心问题

通过前期访谈调查，我们发现流动儿童普遍存在以下问题。

自我评价偏低。因为城乡歧视的原因，他们往往存在一定的自卑心理。

亲子关系方面的障碍。流动儿童的父母平时工作比较繁忙，工资也不高，这直接导致家庭物质条件比较差。他们虽然和父母住在一起，但是父母与子女之间相处的时间太少，与父母互动和沟通的机会自然就少。

朋辈方面的障碍。他们进入陌生的城市，原来的朋友不再联系，新的朋友又难以结交，所以常常感到孤独、自卑，从而易出现社交障碍。

学业方面的困扰。流动儿童的教育资源与城市儿童相比少很多，又因为父母文化水平不高，很难辅导自己功课，所以流动儿童学习方面获得的支持比较少，而且流动儿童课外补习也比较少，很多学习上的困扰积少成多，成绩不太理想。

对生活的城市缺乏认同感和归属感。部分城市人群对于进城务工人员子女表现出歧视和不友善态度，加上政府公共服务提供不到位，这些对流动儿童的身心造成了深深的伤害。多数流动儿童居住在房租较低的城中村，社区卫生和设施条件都很差，且人员流动性大，安全隐患很大。另外，流动儿童会将自己与城市儿童进行比较，产生社会不公平的心理，从而导致悲观、消沉、厌学等情绪的产生。

（二）介入目标

本案例对于流动儿童的社会适应问题，采取发展性小组工作的形式进行介入，具体介入目标如下：

(1)帮助案主改变自我认知，树立自信心。

(2)加强亲子沟通，鼓励案主积极主动和父母交流，同时督导父母及时关心孩子的身体及心理问题。

(3)通过小组活动帮助案主寻找兴趣相同的朋友，学习人际交往的技巧。

(4)辅导案主学习，并指导案主掌握学习方法和技巧，减少学业上的困扰。

(5)通过小组活动使案主发现生活中的小美好，发现城市生活的便利，增强案主的城市认同感和归属感。

四、介入计划及过程

本小组计划分为五个环节，这五个环节的主题分别为：认识自我、我很棒、我是你的朋友、我和我的家、一座城一家人。项目名称为“共享阳光：流动儿童社会适应服务项目”。活动对象为从X社区招募的8名流动儿童。活动开展5期，每期一个单元，每期时间为1小时左右。活动地点为X社区服务中心多媒体会议室。具体活动过程如下：

(一)认识自我阶段

目标：使成员了解团队的运作方式及目标；协助成员互相认识并建立正式的关系，明确组员期望并确定团队规则。通过科学的测试、游戏和服务对象间的分享，协助成员正确认识自我。根据自我认识结果，结合案例，协助服务对象确立科学的生活学习规划，并鼓励执行。

主要活动内容：①社工自我介绍，介绍整体活动。②通过科学的测试、游戏和服务对象间的分享，正确认识自我。③热身活动：带领组员做“揉揉肩、捶捶背”热身游戏。④分组，制定小组规范和小组名称。⑤通过报数游戏分组，共分为四组，社工进入小组，协助制定小组规范和小组名称，熟悉小组成员。⑥带领小组成员做“传递表情”游戏，让成员谈感受，相互之间友好相处。⑦进行“自画像”游戏，画完后在组内让成员相互欣赏，欣赏完毕，请每位组员对自己的画像解释并答疑。⑧请大家回忆今天的活动内容，邀请每一位组员用一句话表达参加小组的感受。社工给小组成员留家庭作业，即发放“拥有与丧失”表。

(二)自信心提升训练

目标：通过服务对象之间的分享与讨论，解决制订和执行计划过程中遇到的问题；自信心提升训练，提高服务对象更好地学习、生活、实现梦想的信心。

主要活动内容：①社工引导成员回顾上一节小组活动的内容（自画像），同时收集作业，介绍这次活动目标（了解自己、自信）。②热身游戏“手解千千结”活跃小组气氛，使组员快速进入角色。③让组员拿出上次发放的“拥有与丧失”表，组员选择生命中最重要的东西，请组员解释为什么认为这些东西最重要，然后逐一删除，每删除一项要说明原因，启发组员珍惜拥有。④开展游戏“我有，我可以”，使组员珍惜自己所拥有的，同时自我发现、自我肯定、提升自信心。⑤回顾本次活动，发放梦想卡。

（三）朋辈关系建构

目标：①通过游戏和分享增进班级同学的信任，使同学们学会欣赏他人，树立合作意识，建立良好的同学关系。②鼓励成员通过努力去提高自我表达能力和沟通能力。③增强班级凝聚力，营造互助合作的群体氛围。

主要活动内容：①社工引导成员回顾上一节小组活动的内容，同时收集作业（梦想卡），鼓励组员实现梦想。②介绍这次活动目标（增强自信、团队合作）。③热身游戏“我倒你扶”。④游戏“建塔”，各组汇报评比和分享。⑤游戏“你真棒。⑥回顾本次活动，布置家庭作业，对人员初步分工，确保下次活动的顺利开展。

（四）亲子关系改良

目标：①通过情境分析等方式使成员思考自己和家人相处的方式，学会如何处理和父母相处的矛盾。②通过访谈，有针对性地帮助部分亲子关系出现障碍的对象解决矛盾。

主要活动内容：①社工引导成员回顾上一节小组活动的内容；几位组员谈自己在“建塔”过程中的感受；重申小组理念，增强小组凝聚力，相互信任友爱。②热身游戏“你很棒”，活跃小组气氛，使组员快速进入角色。③活动“我眼中的父母”：每位组员用一句话或者几个词形容自己的父母，社工收回后和组内成员分享，总结大家对于父母的整体感受，注意引导大家理解两代人观念等各方面的差异。④情境分析：“当你遇到以下情况你会怎么做?”讨论中搜集组员和父母相处存在的问题，并给予指导；着重讨论遇到问题怎么做，引导思考。⑤回顾本次活动；布置家庭作业：“我想对您说……”让组员表达对于父母的爱和理解；传达“有爱就有奇迹”这一观点，父母是最爱你的人，加强沟通，没有问题是不能解决的。

（五）一座城一家人

目标：帮助成员认识生活的城市，了解城市的历史；通过互动，使服务对象熟悉城市生活的基本安全知识和生活常识，帮助他们适应城市生活；处理小组离别情绪，小组结束。

主要活动内容：①社工引导成员回顾上一节小组活动的内容，同时收集作业；介绍这次活动目标(了解自己、自信)。②热身游戏“词语接龙”。③活动“我对武汉知多少”：以武汉地图为道具讲述自己对整个武汉的认识，每位组员都要发言谈谈自己心目中的武汉样子；讨论在城市生活中遇到的困难，以及遇到困难后怎么办；介绍可以更好地了解城市的途径：读书、关注报纸新闻、积极参加社区活动等。提示：社工注意引导组员学会主动适应环境，指导具体困难的处理办法，对于共性问题作好记录。④游戏“过去的我和现在的我”。⑤问卷调查，检查整个小组活动的效果，为日后的评估报告收集资料。⑥社工发放感谢卡，升华小组成员间的感情，表达社工对组员的真诚感谢和美好祝愿。

五、效果与评估

(一)服务效果

通过5次小组活动，我们按原定计划完成了预期的各节小组活动的所有内容及各项任务，基本实现了小组的主要目标，表现在以下几个方面：

小组活动得到普遍认可。小组的形式及小组的内容能适合小组成员的问题解决，并且小组成员对活动表现出浓厚的兴趣，在小组评估中，小组的组员们均表示小组的活动形式新颖、内容丰富，从中获益良多。

组员间建立了良好的合作关系。在分享和协作中小组产生了团队凝聚力和小组动力。组员在做活动时，能体会到合作的重要性，并且学会了与他人合作，建立了亲密朋友关系。

组员能更好地认识自我，自信心得到提升。原来自卑的组员已经能和别人正常交往，并主动与别人搭讪，面临问题也会主动向别人寻求帮助。

组员学习了很多解决问题的新方式，并且学会了如何应用它们。例如面对亲子关系，能主动与父母沟通交流，及时分享自己的感受与想法；面对朋辈关系，小组成员能主动结交朋友，与朋友之间的交往逐渐密切，面临问题时主动向别人求助，与朋友的合作能力得到了加强。

(二)服务评估

(1)过程评估。过程评估是在每一次活动后，对于服务对象的满意度、服务提供的程度等进行评估。过程评估采用两种方法：一种是观察法，在小组活动中社会工作者密切注意组员的参与度和积极性；一种是访谈法，可采用以下问题进行访问：你觉得这些活动设计得合理吗？你觉得这些活动对你有帮助吗？活动中社会工作者的表现如何？社会工作者是否协助你做出改变？你对于活动安排的意见，例如，时间安排、顺序安排、活动次数、小组人数等。

(2)效果评估。效果评估指对活动开展后取得的效果进行评估，包括服务对象参与度与满意度、目标完成度。

服务对象参与度。经过统计，组员的参与度为100%，所有组员都能积极参与活动中。

目标完成度。流动儿童更好地认识了自我，自信心得到提升。原来自卑的组员已经能和别人正常交往，并能主动与别人搭讪，面临问题时也会主动向别人寻求帮助。组员学习了很多解决问题的新方式，对城市的了解增多，对城市生活的适应能力得到增强。

服务对象满意度。这部分包含两方面内容，一方面是对于社会工作者的满意度，另一方面是对于活动的满意度。通过评估，流动儿童对于社会工作者的满意度整体偏高，认为社会工作者在本项目中给予自己很大的鼓励和帮助，对于自己认识问题、做出改变有很大的推动作用。

总的来说，从评估结果来看，本次项目的预期目标得到实现：帮助流动儿童发现自己的内在优势，发掘自己的内在潜力，能利用自身及周围有利资源去解决问题。帮助流动儿童改善了人际关系，能与家长、老师、同辈建立正面的社交关系，提升了与人沟通的技巧。帮助留守儿童正确认识自我，学会表达自己。有效地帮助留守儿童适应周围环境，适应城市生活。

六、结论与反思

虽然本次项目取得了一定效果，但在服务过程中也存在相应问题和有待改进之处，总的来说表现在以下几个方面：

一是要根据服务对象的不同确定相应的介入方式。对于本项目中的服务对象来说，虽然都是流动儿童，但有的来武汉已经5年多了，有的却只有1年不到，这两类儿童显然对于武汉这座城市的适应程度是不同的，所以在最初选择服务对象时应该有更为详尽的考虑，如果需要选择同质性更强的群体开展活动，这两类儿童是需要分开进行活动的。

二是制定服务目标时要考虑各种客观条件。本项目主要是为流动儿童社会适应问题服务，对于这样一个宽泛和宏大的目标来说，5次活动显得有点少。其实每个单元的小活动都可以单独拿出来做成一个大的项目，对于“提升城市适应性”这样一个大的目标而言，更适合开展长期连续的活动，这样效果会更好，所以服务目标应该根据客观条件来明确和细化。

三是可以配合使用多种工作方法。本项目的工作手法比较单一，主要是以小组活动为主。但事实上，流动儿童的问题大多是社会环境和生活环境造成的，针对这些问题，单靠小组活动所发挥的作用有限。如果能将个案辅导、社区工作等方法配合使用，相信效果会更好。在活动中，社会工作者也的确遇到了需要个案辅导的组员，而且流动儿童周围环境的改善也至关重要，但因为本项目人力物力资源有限，所以并没有展开个案辅导和社区工作。

四是服务的深入性和后续性有待加强。因为本次项目所开展的时间较短，加上方法单一，所以对于突出问题的案主，没有办法进行更深入的辅导与治疗。另外，由于本地区社会工作发展缓慢，对于那些问题较严重的案主，也没有能够进行转介和跟进服务。

五是活动周期过短，小组目标完成得较为仓促。一些小组目标最好能通过多次小组活动来完成，以便充实小组任务，体现小组意义。

六是由于资源和经验有限，没有对涉及流动儿童的家长和教师开展相关社会工作，如支持性家长小组等，如能在这方面有所跟进，对于流动儿童生态系统的改善、社会支持网络的构建等将会带来促进作用，使活动效果大幅提升。

◎案例应用指南

一、教学目的与用途

(一)适用的课程

本案例适用于“社会工作实务”“儿童社会工作”“社会工作理论”“小组社会工作”等课程的辅助案例教学，也可作为流动儿童、社会适应问题、生态系统理论、优势视角理论等单一知识点的教学。

(二)适用的对象

本案例适用对象包括高年级社会工作专业本科生及硕士生等。

(三)教学目标规划

1. 覆盖知识点

本案例在“社会工作实务”“儿童社会工作”“社会工作理论”“小组社会工作”等课程应用中主要覆盖的知识点有：

(1)流动儿童社会问题产生的背景与表现。

(2)流动儿童成长和发展过程中每个阶段的需要及分析方法。

(3)流动儿童成长和发展的生态系统。

(4)优势视角下流动儿童成长中的潜能和优势。

(5)儿童社会工作服务项目的设计和实施。

(6)儿童社会工作服务开展过程中的文化和伦理议题。

2. 能力训练点

(1)学会分析儿童成长和发展的现实需求，特别是流动儿童不同于其他儿童群体的特殊需要。

(2)学会运用生态系统的理论框架，分析儿童成长和发展中的生态环境，分析不同环境系统对于儿童的影响。

(3)学会运用优势视角的理论框架，分析儿童的内在优势和发展潜力。

(4)通过本案例的学习，能够设计出通用社会工作服务方案。

(5)儿童社会工作中社会工作者应具备的专业能力和素质。

(6)结合本土经验开展流动儿童社会工作服务项目。

二、启发思考题

本案例的启发思考题要结合案例教学目标，将案例和思考题同时呈现给学生，另外尽量让学生在课前对相关内容进行资料收集及分析。思考题的设置应根据项目开展步骤来进行，主要包括流动儿童需要评估和问题分析、社会工作介入的理念和策略、小组工作的介入过程、社会工作服务成效与评估、社会工作服务的反思等。

(1)你如何界定流动儿童？你认为流动儿童有哪些方面的需要和问题？

(2)你认为“共享阳光”项目满足了流动儿童哪些需要？解决了流动儿童哪些问题？

(3)结合优势视角理论分析流动儿童有哪些对抗困境的优势？

(4)“共享阳光”项目面临的困境是什么？为什么会造成这些困境？

(5)“共享阳光”项目链接了哪些资源？这些资源如何应用？

(6)“共享阳光”项目中社会工作者承担了哪些角色？

(7)如何评估“共享阳光”项目的服务效果？

三、分析思路

本案例分析的基本逻辑是：

(1)对比分析“共享阳光”项目与传统的社会工作介入流动儿童项目有哪些区别。本项目引发了哪些思考，探讨项目最初设计时的价值理念背景和流动儿童现实需要及困境产生的原因。为了设计合理的服务方案，开展有效的社会适用服务，“共享阳光”项目采用生态系统理论和优势视角理论建立理论框架。但是，在服务开展过程中，社会工作者遇到了一系列困难，有些甚至影响了服务效果，社会工作者并不气馁，深入分析流动儿童的现实困境和迫切需求，进一步丰富和完善了服务方案和执行环节的内容。

(2)分析“共享阳光”项目中如何将价值理念与服务方案相匹配。系统梳理项目开展的主要内容，把握本项目中的服务理念、介入策略、介入方法、服务主体和服务对象等方面内容，分析本项目在这些方面的具体表现，探讨如何通过项目总结与评估提升社会工作者反思问题的能力，不断补充与完善“共享阳光”项目的相关内容。思考如何将本项目的服务模式和经验推广应用到其他困境儿童群体，如留守儿童、孤儿等，在其他不同儿童群体中应用时，应如何结合儿童特征与需求调整服务理念和服务策略。

(3)深入思考社会服务项目中社会工作者的专业素养与项目可持续推进之间的关系。从本项目的方案设计、实施过程、评估总结中发现社会工作者应具备的综合能力与专业素质，并启发社会工作者如何提升工作能力和专业素养。

四、理论依据与分析

本项目秉承社会工作“助人自助”的价值理念，在项目实施过程中体现尊重、平等、个别化的原则。项目方案设计及实施依据生态系统理论和优势视角理论两大理论。

(一)生态系统理论

生态系统理论是社会工作理论中应用较为普遍的理论。该理论将案主的生态系统分为微观系统、中观系统和宏观系统三个方面。生态系统理论认为，案主问题产生的根本原因是个人对于环境产生的不适应，其注重个人和生态系统间的互动，并且在界定案主问题时应从案主周围的系统环境入手寻找原因。从生态视角下看流动儿童的问题，可以得出流动儿童的问题不是其自身的问题，而是因为其与外在环境的不适造成的。流动儿童随父母来到陌生的环境，原有的社交网络断裂，新的社交网络未建立，与外界的沟通交流会受到影响，加上由于其父母工作的原因，家庭沟通缺乏，自然会产生一系列问题。

(二)优势视角理论

优势视角理论认为，每个人或群体等都有其自身的内在优势和能力，只要机会或条件适当，个人就能够发挥自身的潜力。本案例采用优势视角理论，优点在于它能分析、探索流动儿童自身的优势和潜能，并且能够培养或利用那些能够帮助流动儿童解决自身困境的外在资源，协助他们达到自己的目标，满足自己的需求。在优势视角理论指导下，社会工作者应该立足于寻求、探索并利用流动儿童自身的优势和资源去帮助他们达成目标。优势视角理论通过以下几个方面来帮助流动儿童建立增能概念：建立与流动儿童间的伙伴关系，注重增强流动儿童自身的能力和优势，将流动儿童视为能动主体。流动儿童虽然是弱势群体，但是拥有其自身潜能和优势，社会工作者不能将流动儿童视为问题主体，要相信他们有改变的欲望和能力，要发掘流动儿童自身和周围环境的优势，帮助流动儿童整合各方面的资源，引导流动儿童构建与各个系统间的和谐关系，从而促进其潜能的开发，使他们有能力更好地面对当前困境，适应城市生活。

五、方法分析

“共享阳光”项目采取发展性小组工作模式，强调以人的发展为核心，认为每个人都有成长的可能性和潜能，重视运用组员间的互动和小组内部机制解决矛盾，从而帮助组员获得成长。本案例通过小组工作的方法介入流动儿童的服务，根据流动儿童的特点和需要，设计了五次小组活动，通过逐步递进的活动，充分调动流动儿童的内外资源，发掘流动儿童的潜力，提高面对生活中的困难的解决能力。

六、关键要点

本案例分析的关键在于厘清“共享阳光”服务项目整个实务过程，明确项目开展的具体步骤，包括需求评估、服务计划、社会工作介入、效果评估、项目反思，以及每一个阶段所涉及的方法。本案例教学的关键要点在于：

(1)寻找流动儿童社会适应项目的理论框架和价值理念。

(2)将儿童社会工作相关理论与社会工作实务开展有机结合。

(3)在社会工作理论与实务有机整合的前提下设计介入方案和实施步骤。

(4)注重服务前期与服务对象专业关系的建立，以及必要的资源链接，在此基础上开展介入服务。

(5)流动儿童不同于其他群体的特殊需求评估与所拥有的优势评估。

(6)流动儿童社会工作服务介入的策略与方法。

(7)流动儿童社会工作服务介入效果的评估。

(8)重视社会工作者专业素质与综合能力的培养。

七、课堂教学计划建议

由于本案例篇幅较长、内容较多，可按照2个学时进行设计。课堂计划首先应使学生课前了解案例信息，并要求学生对案例中服务对象的需求和优势进行分析。在课堂教学中，先进行案例回顾，有条件的可对案例进行模拟，然后分小组进行讨论，讨论完后各个小组派出代表对本案例中的相关问题进行陈述，然后由教师进行知识梳理总结，接下来进行课堂练习，由学生分组设计相似社工服务项目，最后进行反思性总结，阐述本案例学习的心得体会。

具体课堂安排如下：

案例回顾与模拟：20 分钟。

小组讨论：20 分钟。

知识梳理总结：10 分钟。

课堂练习：25 分钟。相似社会工作服务项目设计、实施与管理(只需呈现服务项目的主要思路、基本框架以及社会工作介入的方向、方法与途径)。

学生反思性总结：10 分钟。

教师答疑：5 分钟。

在案例教学的组织引导上，教师应遵循案例分析的基本逻辑，结合启发思考题和关键要点进行有序引导。引导过程中注意学生的个体特征、投入程度、教学互动，以及学生对问题的理解程度，根据课堂反馈情况与案例教学效果，及时调整时间及内容安排。

附录　访谈提纲

第一部分：个人基本信息

1. 你的户口在哪里？来武汉几年了？
2. 家里有几口人？父母的职业是什么？父母的婚姻、健康状况如何？
3. 住宿条件如何？家庭经济状况如何？

第二部分：自我认识和状态

1. 你认为自己是个自信的人吗？为什么？能举例吗？
2. 你觉得自己成绩怎么样？爱学习吗？有什么兴趣爱好？
3. 你觉得自己优点多还是缺点多？有哪些优点和缺点？

第三部分：朋辈关系

1. 你和班里的同学关系怎么样？
2. 有知心朋友吗？他/她是哪里人？你们关注什么(在一起常做什么、谈什么)？
3. 喜欢和武汉本地的同学玩吗？认为他们和你有什么不同？

第四部分：亲子关系

1. 父母关注你的成绩吗？他们对你的期望是什么？
2. 父母每天与你相处的时间有多长？
3. 你与父母的关系如何？(请举例说明)
4. 你会做家务吗？

5. 觉得父母工作累吗？为什么？

第五部分：城市环境适应性

1. 你有困难的时候会找谁？为什么？

2. 喜欢武汉还是家乡？觉得自己是哪里人？为什么？

3. 适应武汉的生活吗？(从吃、住、行、环境等方面考虑)为什么？

4. 走在街上，觉得和在家乡感觉一样吗？为什么？

5. 和邻居的关系怎么样？

6. 在武汉除了家里和学校，还去过别的地方吗？(什么地方，做什么)

7. 觉得外地人在武汉生活容易吗？你在武汉生活有什么感受？

农村留守儿童隔代教育的个案社会工作介入

一、背景介绍

为发挥大学生在新农村精神家园建设中的积极作用，市委市政府开展了“新青年下乡”活动，号召青年大学生走出象牙塔，奔赴社会大熔炉。在学院的组织协调下，中南财经政法大学哲学院“哲般年华”社工小分队带着“农村留守儿童隔代教育问题的社会工作研究”课题深入武汉市黄陂区罗汉寺街开展暑期实践活动。黄陂区农村社会经济发展相对滞后，大部分农村青壮年劳动力外出务工，农村留守儿童问题日益凸显。

本案例的案主来自黄陂区一个偏远落后的F村。F村距离镇政府有将近20分钟的车程，但山路崎岖，仅有一条交通干线连接着村子与小镇，交通不便。社工在项目初期开展需求调查时发现，F村共有24名留守儿童，多为正在上幼儿园和小学年龄段的孩子，其中还有一名残疾儿童。此案例中的案主名叫紫纤(化名)，是一名10岁的小女孩，目前由外婆在家照料。紫纤的父母并没有取得合法婚姻身份，在紫纤很小的时候父母关系破裂，父亲以外出打工为由一去不返，2014年紫纤的母亲因患癌症不幸去世，给原本处于贫困的家庭更添风霜，一家的重担压在了外公外婆肩上，日子过得十分拮据。村委会虽对她家进行了一定程度的扶助，但无法解决实质问题。紫纤是个懂事早熟的孩子，在生活上为外婆分担重担，小小年纪就自己洗衣做饭，并帮助外婆照料年幼的表弟，但外公微薄的打工收入仅能勉强维持一家的基本生活。在学习上，紫纤成绩一般，平时作业不会做时，只能与同学探讨，性格内向的紫纤不愿意主动询问老师，家庭的主要照料者外婆也没有能力辅导紫纤功课，成绩一直处于中游水平。在个案跟进过程中，紫纤及外婆明确表示，如果经济条件允许，她们非常愿意报名参加镇上教育培训机构组织的培训活动，希望能提高学习成绩。尤为值得注意的是，紫纤曾多次遭到其他同学的欺负和排挤，甚至因为父母的原因而受到嘲笑和讥讽，这给紫纤幼小心灵带来严重伤害，对此，班主任曾进行多次干预，但没有取得实质性效果。

二、核心问题的确定及介入目标

(一)核心问题

根据社工前期与案主的多次会谈，及与其“重要他人”的沟通交流，我们发现案主具有以下几个问题：

(1)缺失父爱，虽然对母亲印象模糊，但对失去母亲的现实难以接受。

(2)具有超乎同龄孩子的独立性，看似性格活泼开朗，实则内心孤僻。

(3)学习成绩停滞不前，囿于各种条件无法提高。

(4)在校不受老师重视，成为同学们的排挤对象。

(5)家庭经济条件不容乐观。

(二)介入目标

社会工作者将拟定的问题与案主再次确认后，协助案主列出与问题相关的因素，以便再次确定焦点问题，并协助案主确定问题解决的优先次序，明确案主想要的结果，社会工作者为此拟定了以下服务目标：

(1)直接目标。直接目标也是案主最迫切的需求。针对案主提出的想在下学期提高英语学习成绩的想法，社会工作者制定出了明确的目标。在个案工作过程中，社工持续激发案主自我改变的愿望和动机，协助链接案主周围社会环境的有利资源，提高案主的学习成绩。

(2)中间目标。针对案主家庭负担过重、性格自卑内向、被同学欺负等现象，社会工作者协助案主认识自己、接纳自己，建立清晰的自我形象，发挥自身潜能，协助案主从丧母的悲痛中走出来。此外，与老师积极沟通交流，利用学校资源，改善案主的校园生活环境。

(3)终极目标。这是个案服务希望达到的最高目标，即案主能够自我激励、自我促进，并建立良好的人际关系，形成有机的生态系统，最终促进案主的健康成长。当然这个目标是案主渴望和追求的目标，也是需要社会工作者和案主持之以恒、长期努力和奋斗要达到的目标。

上述三个目标是层层递进、顺序而为的关系，不能割裂，服务方案的设计和介入过程都是按照这些目标顺序推进的，这些目标也反映了案主不同层次的需求。

三、介入计划与过程

(一)接案与专业关系建立

暑期实践小分队在实践老师的带领下深入黄陂区F村了解留守儿童现状。通过居委会工作人员的协助，开展留守儿童隔代抚养入户调研工作。在与案主多次会谈、接触的过程中，社会工作者始终保持专业敏感性，通过倾听、接纳、尊重、同理心等技巧，逐渐与案主建立专业关系，获得了案主的信任。

(二)资料搜集与计划

本阶段主要目标在于全面搜集整理案主相关信息与资料，深入了解案主存在的问题，并根据问题的严重性排列先后顺序，逐步制订工作计划。

首先，通过对案主紫纤和她的监护人外婆进行结构化访谈，了解案主家庭的基本情况及存在的问题和需求。课题组设计的问卷包括两类，一类是以留守儿童为调查对象，主要目的在于了解留守儿童生活、学习上面临的问题和困境，以及隔代教育在具体家庭生活中的特点及表现形式。而另一份问卷则是针对留守儿童监护人的，主要了解其在照料留守儿童的日常生活中存在的困难，以及其教育方式、教育观念等。其次，社会工作者在此期间多次进行个案会谈、邻里访谈、村委会座谈、学校走访等，全方位掌握案主个人及家庭信息。帮助案主列举现阶段生活中、学习上遇到的种种困难，并分析这些困难产生的原因。最后，社会工作者结合目前的实际情况，协助案主将迫在眉睫、亟待解决的若干问题进行了顺序排列。

服务计划的设计应结合案主需求的迫切程度和介入目标的层次依次进行。在个案介入过程中，应该从提高案主的学习成绩这一直接目标入手开展服务，具体做法是：通过链接街道的对口扶贫项目、培训机构、村委会、村社工站儿童之家等资源，为案主报名参加镇上的教育培训，系统地进行一段时间的强化学习，提高英语成绩，同时解决案主学习资料不足的问题。中长期的目标是通过提高案主学习成绩，让其拥有自信的态度并与老师、同学积极沟通，和谐相处。

(三)服务过程与策略

这个阶段主要是社会工作者针对前期确定的问题进行介入的过程。在此过程中，社会工作者主要运用了理性情绪疗法、优势视角理论和结构家庭治疗模式等专业知识。

1. 理性情绪与信念的建立

在与案主交谈时，社会工作者发现案主一直存在自卑的负面情绪，认为自己的家庭条件比其他家庭差，自己学习成绩不如同辈群体，同学们都瞧不起自己，并且非常避讳谈及与父母相关的话题，不敢直面如何看待父亲的问题。社会工作者采用理性情绪疗法，指出案主的这些非理性信念，协助案主对非理性信念不合理的地方进行质疑，动摇其非理性信念的基础。

2. 缓解家庭经济困难

社会工作者分析了案主的家庭结构，通过与案主的外婆沟通交流，得知家里的主要经济来源是靠案主的外公在外打工寄回家的生活费维持最基本的生活开支。针对这种情况，社会工作者首要的介入方案是链接 F 村村委会的资源，试图得到村委会的经济补贴，但是经过社会工作者与村委会工作人员的对接后得知，村委会已经尽最大努力资助了案主，村里也没有更多的资金拿出来。于是，社会工作者借助某大学与黄陂区对口扶贫的契机，将案主的家庭情况反映给了 F 村所在的街道，并在街道办事处作了登记。街道办事处将案主的情况记录在案，许诺争取给案主家庭更多的援助。

3. 教育资源的链接

社会工作者积极联系镇上的教育培训机构，希望可以让案主旁听，为案主提供一个学习的平台。在社会工作者多方资源链接与争取下，案主紫纤来到了镇上一家私人开办的、在当地声誉极好的教育培训机构进行试听。在这段时间里，社会工作者和培训机构老师都给予紫纤极大的关爱和帮助，这使得案主重新找回了学习的兴趣和信心。同时，班上的同学们对于乖巧的紫纤的到来也十分欢迎，大家都热情地帮助她。由于当地教育培训机构中的学员多为留守儿童，社会工作者和培训机构合作开展了主题为“以爱之名，共同进步”的学习小组，小组工作的目标是让小组成员在学习上共同进步。活动历时 2 个月，共计开展活动 5 次，紫纤和其他留守儿童共同参与其中，小组结束时基本达到了最初设定的目标。

4. 亲子关系的重建

社会工作者在“以爱之名，共同进步”学习小组中开展了一次亲子连线活动，多数留守儿童与远在他乡的父母通了电话，案主紫纤也有机会通过电话与阔别已久的父亲进行了交谈。社会工作者希望能够借机打破案主内心与父亲之间的隔阂，希望案主能够正确处理与父亲的关系。在通话过程中，案主一直支支吾吾，难以启齿，在社会工作者及小组其他成员的鼓励下，案主开始与父亲交谈起来。虽然不像其他孩子和父母那样撒娇、亲昵，但紫纤跨出了走出心理障碍的重要一步。在接下来的介入过程中，社会工作者协助案主与父亲多次取得联系，父亲承诺年底会回来看望紫纤。社会工作者明显发现案主变得更加活泼了，不再那么拘束。

5. 学校支持系统的搭建

为了保证案主能长期得到更多的教育机会和资源，社会工作者也试图链接紫纤所在学校，但是由于处于暑假期间，学校的相关领导不在学校，社会工作者只能联系紫纤的班主任，班主任得知社会工作者的来访目的后，表示在日后的学习及生活中会更加关心案主。

另外，在整个服务过程中，社会工作者还要扮演好辅导者、支持者的角色，因为案主很在意自己在别人心中的形象，害怕别人说自己是没有爸爸妈妈的孩子。社会工作者及时让她认识到自己有失偏颇的想法，帮助其树立正确的认知。在整个面谈中，社会工作者结合优势视角理论和增能理论，赋予案主积极的正面能量，使案主感受到自己的力量和来自社会各界的帮助，社会工作介入效果明显。

(四)结案与效果巩固

社会工作者与案主一起回顾服务过程，肯定案主的成长和改变，并给与一定的建议意见。社会工作者在结案时，应该提前作好结案准备，处理好离别情绪，注意移情和反移情问题，做好后续跟进工作。在结案时，社会工作者从镇上教育培训机构的老师那里得知，案主在班上表现良好，经过一段时间的学习，案主的成绩比没来培训班之前有了不小的进步，尤其是英语，单词听写正确率从原来的不到40%提高到了70%，而且案主的学习态度得到了老师们的一致好评，外婆也为此而感到高兴。告别之际，社会工作者与案主就目前已达到的目标和尚未完成的目标进行了沟通交流，并鼓励案主今后要更加努力学习。

四、服务效果与评估

(一)目标的达成

经过一段时间个案工作的开展，在个案工作结案之际，社会工作者通过面谈、开展小组工作、链接社会资源等方式，达到的既定目标包括：

(1)向上级政府反映了案主家庭困难的情况，并登记备案，获得了一定的经济援助和帮扶。

(2)在面谈和开展小组活动的过程中，逐步打开了案主的心扉，为案主提供了宣泄消极情感的机会。

(3)通过多方资源链接，为案主提供了一个良好的学习平台和朋辈环境，激发了案主的学习兴趣，提高了案主的学习成绩，增强了案主的自信。

(4)通过亲子连线等形式，消除了案主与父亲之间的隔阂，为亲子关系重建奠定了良好基础。

(二)尚未解决的问题

由于本次个案工作开展的时间有限，再加上社会工作者实务经验的不足，依然存在一些尚未解决的问题：

(1)尚未使案主完全从失去母亲的悲痛中走出来。

(2)未能在个案工作开展期间为案主的家庭争取到更多的资金援助。

(3)没有对案主所在学校环境进行干预，无法改变案主在学校的学习环境与生活环境。

五、总结与反思

通过本次暑期社会实践活动，课题组共对武汉市黄陂区 5 个村作了详细的调研。在课题组成员的共同努力下，收集了近百份问卷，对留守儿童情况有了一定的了解和认识。通过对资料的收集整理和数据分析，对留守儿童的区域分布情况和就学情况有了更深层次的了解。同时，按时完成了暑期社会实践报告，并附有调查活动记录表、留守儿童调查问卷表、留守儿童区域分布和生活情况分析表等资料。

在服务过程中，社会工作者合理运用理性情绪疗法、优势视角等理论针对案主情况进行个案跟进，以增权和心理重建为目的来引导整个服务过程，并且希望借由该个案来反思当前社会环境下留守儿童在心理生理、隔代教育、校园生活等方面的问题以及社工介入的可能性。

本案例虽然帮助案主重建了理性认知和思考问题的方式，构建了一定的社会支持网络，但案主家庭的经济状况仍然没有得到太大改观。在整个项目推进过程中，尽管社工已经尽了最大努力，但由于社会工作专业认同度低、资源整合难度高等，没能给予案主更多的帮助，只能期望后续专业机构和扶贫组织的跟进来解决这一问题。

在资源链接过程中，社会工作者以答应为培训机构开展学习小组的方式换来案主的免费旁听资格，并将案主纳入小组活动之中。虽然这一做法达到了“双赢”的目的，但从社会工作伦理的角度来说，这是不符合伦理规范要求的，除此之外社工想不到更好的办法来解决案主参加教育培训的问题，或者这是社工能想到的付出代价和成本最小的解决之法。伦理的要求和现实的困境使社会工作者深刻感受到开展专业社会工作的艰难，启示社会工作者进一步加强专业学习和自身能力建设，只有成为一名合格的社会工作者，才能用专业的方法去帮助更多需要帮助的人。

◎案例应用指南

一、教学目的与用途

(一)适用的课程

本案例适用于作为“社会工作实务”“儿童社会工作”“社会工作理论”“个案社会工作”等课程的辅助教学案例，也可作为留守儿童、隔代教育问题、优势视角理论、生态系统理论、结构家庭治疗模式等单一知识点的教学使用。

(二)适用的对象

本案例适用对象包括高年级社会工作专业本科生、社会工作专业硕士生等。

(三)教学目标

(1)掌握留守儿童的概念、特征、存在的问题和特殊需求。

(2)掌握留守儿童隔代教育存在哪些问题，以及导致问题出现和问题持续的原因。

(3)使学生掌握优势视角理论、生态系统理论、结构家庭治疗模式的相关知识，并尝试运用此理论分析类似群体问题。

(4)掌握优势潜能、生态系统、社会支持、朋辈互助、资源链接等实务策略在实务过程中的应用。

(5)把握个案工作开展的过程及各阶段任务和目标，掌握实务分析的脉络。

(6)掌握本案例中个案服务的直接目标、中间目标、最终目标，以及三个目标层次及其内在关系。

(7)对留守儿童问题有清晰的认识，能运用专业方法为该群体提供服务，改善留守儿童困境。

二、启发思考题

本案例的启发思考题要结合案例教学目标，将案例和思考题同时呈现给学生，另外尽量让学生在课前对相关内容进行资料收集及分析。思考题的设置应根据项目开展步骤来进行，主要包括留守儿童需要评估和问题分析、社会工作介入的理念和策略、个案工作的介入过程、社会工作服务成效与评估、社会工作服务的反思等。

(1)如何通过社会工作方案设计和社会工作介入行动来改变案主境况？

(2)项目整合了那些社会工作理论？分别体现在哪？

(3)本项目面临的困境是什么？为什么会出现这些困境？

(4)根据项目的相关内容，请举例说明社会工作者在该过程中表现出哪些专业性？

(5)社会工作专业认知度会对服务过程造成困难吗？

(6)你认为帮助留守儿童解决隔代教育问题有哪些途径？

(7)如何让该年龄段的案主接纳社工服务？

(8)该案例反映了哪些伦理困境？社会工作者应如何应对？应遵循的原则有哪些？

三、分析思路

案例分析的基本思路是将案例相关所需信息通过社会工作者事先设计好的提纲和问题，采用无结构式访谈的形式进行搜集和整理，并有针对性地对案主采取个案工作介入。因此，本案例分析设计的教学目的是掌握社会工作介入过程中应该考量的因素，包括需求评估、介入方式、服务困境、评估与反思等。

本案例的个案社会工作实施过程主要有：

(1)个案社会工作服务的具体目标是什么？

(2)个案社会工作服务应该如何开展？

(3)有哪些因素会影响到个案社会工作服务实施的效果？

围绕社会工作介入，相关的内容有：

(1)社会工作者应该采取何种工作方式介入？

(2)在社会工作服务提供的过程中社会工作者应该秉持何种价值观？

(3)社会工作者应当如何应对服务过程中出现的伦理困境？

(4)社会工作介入效果最后的评估标准是什么？

四、理论依据与分析

(一)优势视角理论

“优势视角”相信优势会使人发生变化，每个人都相信他拥有自己的力量和资源来解决问题，即使在困难的局势下被压迫和无能为力的个人，他们也拥有着绝对未知的潜在优势。在社会工作中帮助他人时注意的焦点不在于问题和症状，而是个人和环境的优点和资源。变化的重要资源来自个人的优势，个人的经验是一种优秀的资源。优势视角是把重点放在案件的优点和可能性上，超越传统理论范畴看待问题。

社会工作者在此次个案工作中，充分相信案主的自我潜能，让案主想想比现在更糟的境况，来让案主对自己所处状况有更清晰的认识，不再因为自己所处的环境而产生心理困扰。

(二)理性情绪疗法

阿尔伯特·艾利斯提出了以“ABCDE”为治疗整体的理性情绪疗法模型。他认为不是因为人们的情绪和行动障碍而导致事件发生，而是因为经历过事件的人们错误的感知和评价，最终导致了特定的认知和行为结果，这被称为 ABC 理论。A 指的是触发事件，B 指的是服务对象的信念系统，C 指的是触发事件导致出现的各种认知、情绪和行为。这种趋势表明两者在实际生活中的不同倾向，一是发展健康合理的生活方式，另一种则是不合理的非理性生活方式。这种不合理的发展趋势如果遇到一些外部环境因素，比如生活不幸等，会导致服务对象产生不合理的信念。针对这些非理性信念，社会工作者应该采取专业的技巧去协助案主重新获得认知，其中常见的技巧包括辩论、理性功课、放弃自我评价、自我表露、示范、代替性选择、去灾难化和想象等。

在本次个案工作中，由于案主认为自己母亲去世、父亲失联以及家庭情况不好会让别人瞧不起，会受到其他人的歧视，进而产生了自卑心理，社会工作者在个案会谈中帮助案主扭转这种错误认知，进而改变案主的行为。

(三)结构家庭治疗模式

结构家庭治疗模式认为个人问题和家庭本身的整体结构密切相关。结构家庭疗法的特点不是理解，而是它的作用。它不是改变成员的观念，而是用行动改变家庭，带动家人改变固有观念和家庭组织结构的机会。结构化的家庭治疗遵循的是行动优先原则。

社工通过与服务对象的外婆交流沟通，得知家里的主要经济来源是靠服务对象的外公在外打工寄回家的生活费，维持着一家人最基本的生活，为此社会工作者积极链接多方资源，帮助案主解决了家庭困难。

五、关键要点

本案例分析关键在于把握个案社会工作服务项目实施过程，项目实施的步骤包括：需要和资源评估、个案社会工作介入、效果评估、反思和重构，以及每一个步骤后面涉及的方法等。教学中的关键要点包括：

(1)寻找个案社会工作服务项目的理论和理念支持。

(2)建立个案社会工作理论与社会工作实务的有效整合框架。

(3)在社会工作理论与实务整合框架下确定服务方案和步骤。

(4)链接开展服务需要的资源，建立关系，进入服务区域。

(5)社会工作服务对象内心需要和资源评估方法。

(6)社会工作服务介入的要素。

(7)社会工作服务的效果评估方法和内容。

(8)社会工作者的反思能力的重要性。

六、课堂教学计划建议

由于本案例篇幅较长、内容较多，可按照2个学时进行设计。课堂计划首先应使学生课前了解案例信息，并要求学生对案例中服务对象的需求和优势进行分析。在课堂教学中，先进行案例回顾，有条件的可对案例进行模拟，然后分小组进行讨论，讨论完后各个小组派出代表对本案例中的相关问题进行陈述，然后由教师进行知识梳理总结，接下来进行课堂练习，由学生分组设计相似社工服务项目，最后进行反思性总结，阐述本案例学习的心得体会。

具体课堂时间安排如下：

案例回顾与模拟：20分钟。

小组讨论：20分钟。

知识梳理总结：10分钟。

课堂练习：25分钟。相似社会工作服务项目设计、实施与管理(只需呈现服务项目的主要思路、基本框架以及社会工作介入的方向、方法与途径)。

学生反思性总结：10分钟。

教师答疑：5 分钟。

在案例教学的组织引导上，教师应遵循案例分析的基本逻辑，结合启发思考题和关键要点进行有序引导。引导过程中注意学生的个体特征、投入程度、教学互动，以及学生对问题的理解程度，根据课堂反馈情况与案例教学效果，及时调整教学时间及内容安排。

成长之路：任务中心模式下单亲困境青少年服务介入

一、问题背景

随着现代化思潮的涌动，传统家庭婚姻观念发生了变化，家庭结构呈现出多元化的趋势，单亲家庭数量逐渐增多，由此而引发的单亲家庭问题令人担忧，单亲家庭中的青少年由于母爱或父爱的缺失以及残破的家庭环境而带来的心理问题不容忽视。青少年时期是人生发展的重要阶段，经历着生理、心理、情感和社会关系的不断变化。在这人生成长的关键时期，青少年却面临一系列成长困境与危机。近年来，青少年问题逐渐成为社会焦点问题，网瘾、早恋、厌学、校园霸凌等问题频发，青少年成长的话题已引起人们越来越多的关注和讨论。处于困境中的青少年缺乏自我调解与突破的力量，往往陷于困境中不自知，进而产生自我放弃的想法。因此，借助外部力量为处于困境中的青少年指明方向与道路显得尤为重要。正确引导不仅能帮助困境中的青少年健康地度过青春期，更能实现青少年的自我突破与成长，这对青少年以后的成长、发展具有非常重要的意义。

案例来源于某市民政局联合某社工机构以“携手共进，展望明天”为主题开展的困境青少年服务项目：在全市各社区及村庄内筛选合适的家庭作为服务对象，旨在帮助困难家庭中处于困境的青少年，通过社工的专业帮扶与介入，为困境青少年提供正确的指导与方法，帮助困境青少年走出困境，实现自我成长；从青少年所面临的诸多成长困境如亲子关系疏离、行为偏差、人际交往困境等问题入手，同时挖掘孩子家庭、学校及其同辈群体等社会支持网络，整合资源为孩子的健康成长铸造一个良好的成长空间；在个案的实施过程中更加注重发挥孩子的自身潜能，提升案主解决问题的能力。

经过初期筛选，全市范围内共选取20个目标家庭。20个家庭还需通过某社工机构作进一步的评估以确定服务对象的困境等级以及不合乎规范的“误报家庭”。本案中的小赵家在经由机构评估后定性为二级帮扶对象，推荐纳入困境青少年服务项目。

二、案例背景

小赵是一名初二在读学生。父母在小赵出生后离异，母亲抛下小赵父子，与小赵断绝了联系。此后，小赵在父亲和爷爷、奶奶的抚养下成长。父亲为了撑起家庭，长期在外打工早出晚归，陪伴在小赵身边的时间很少。奶奶在小赵五岁时去世，爷爷成了小赵唯一的陪伴。临近初三，小赵父亲对小赵的学习情况感到担忧，但苦于自身没有时间也没有能力辅导小赵功课，于是向社区求助，社区将小赵家庭情况上报至市民政局后转介给某社工机构。社工接到求助后，分别前往小赵家社区及小赵学校了解情况。在社区中社工进一步了解到小赵家属于低保救助对象，爷爷长期患病，家中仅靠小赵父亲一人微薄的收入支撑生活。父亲与某啤酒厂签订了十年合同，只承诺在旺季时进入啤酒厂工作，淡季时父亲要四处打零工才能勉强维持家庭开支。社工进一步了解到小赵在学校不仅学习成绩差，处于班级末尾，在班上还是一个性格内向的孩子，没有朋友，还对女性表现出一定的抗拒和排斥心理。

三、核心问题及介入目标

（一）核心问题

社工通过前期在社区与学校的走访及数次家访了解到小赵面临的困境或者问题主要有以下三个方面：

1. 家庭结构不完整，缺乏成长必要的陪伴

青少年有获得良好家庭环境的需求，良好的家庭环境能够为青少年提供和谐的亲子关系与家庭教育，对青少年性格的形成有着不可忽视的影响。案例中小赵母亲在小赵出生后便与赵父离婚，随后更是与赵家断绝了联系，十几年来赵母从未联系过小赵，于小赵而言，母爱的缺失对其成长有着不可磨灭的影响，小赵至今对母亲怀有恨意。父亲在小赵成长过程中同样处于长期缺位的状态，作为家庭唯一的经济支柱，赵父不得不长期在外工作以支撑家庭，与小赵相处的时间少之又少。奶奶虽然疼爱小赵，但在小赵五岁时便离世，爷爷成为小赵成长路上的引路人。家庭结构不完整，母亲在成长过程中的缺席以及父爱的长期缺失，对小赵性格的形成有着重要影响，是小赵性格内向、不敢与人交流的主要原因。

2. 缺乏同辈群体支持，与女性交往有障碍

同辈群体在青少年成长中扮演着重要的角色，不仅是青少年群体获得生活经验和社会信息的主要来源，还是青少年群体重要的社会支持力量，是青少年群体塑造其生活目标和价值观的途径之一。案例中小赵在社区中没有同龄的朋辈群体，经常与低年级小朋友玩耍。在学校里，小赵与同龄人交流时十分自卑，性格较内向和孤僻，难以融入班级群体，处于班级边缘位置，在班上甚至同年级中没有朋辈群体。此外，在家庭环境中，由于家庭性别结构单一导致小赵缺乏与女性的正常交流，加之爷爷长期向小赵灌输“女人是恶毒的，是坏人，只会破坏别人的家庭”这一思想，导致小赵对女性形成了错误认知，进而在人际交往中表现出抗拒女性的非正常行为。

3. 学习成绩差，升学前景堪忧

这是案例中小赵父亲前来求助的主要原因。小赵的学习成绩在班级排在倒数，且临近初三升学，父亲十分担忧小赵的升学前景。赵父表示，希望小赵能考上当地的高中，哪怕是最差的高中，甚至是职高都行，这样小赵以后才有出路。案主小赵除了学习成绩差，还存在自我效能感低，缺乏良好的学习习惯等问题，具体表现为，在学习中小赵认为现在所学的内容都很困难，不想学，不愿意学，也听不懂，只能接受小学阶段的学习内容。

（二）介入目标

结合上述困境及基于社工自身能力与资源考虑，介入总目标首先为提升小赵的学习成绩，改善小赵的学习方法，增强服务对象的学习能力。其次以改善小赵的人际关系为次级目标，帮助小赵走出当前困境。

具体目标：①协助案主提高自我效能感，提升案主学习兴趣；②培养案主学习习惯，提升案主自我学习能力；③引导案主与人交流，传授案主人际交往中的技巧；④提高案主人际交往能力，积极融入群体。

四、介入计划

社工采用任务中心模式对案主进行干预，与案主一同制定任务目标。在这一过程中，首先，提升案主学习的自我效能感，培养案主学习习惯，最终实现案主学习成绩的提升。其次，对案主的人际关系设定任务目标，通过阶段性的任务达成，提升案主的自信心，结合暑期夏令营活动培养案主与人接触交流的技巧，并增加案主与他人交流的机会，构建案主同辈支持网络。具体内容如下：

接案，初步了解收集案主信息，做接案前预评估。

建立专业关系，了解案主的基本生活状况，协助案主确定目前需要解决的问题。

与案主一同定下学习计划，增强案主学习时的自我效能感，培养案主学习习惯，提升案主的学习成绩。

带领案主主动参与团体活动，引导案主与他人交流，通过团体活动引导案主融入群体。

建立支持网络，强化学校社区的朋辈网络，形成支持性的社会支持网络。

结案，做好结案准备，评估案例成效及结案后的回访。

五、介入过程

(一)服务前期：建立专业关系

服务开展前，社工已通过社区了解到案主家庭的一些基本信息——家庭贫困，母亲在案主很小的时候与案主父亲离婚，之后案主由父亲抚养长大。根据已掌握的信息，社工来到案主家，进一步了解案主家庭以及案主个人信息情况。社工第一次上门，案主反应较为冷淡。在被父亲唤出后，出于礼貌与尊重，坐下倾听社工的讲述与提问，反馈较少，通常是两三字的简短回答，面无表情，眼神飘忽不定，与社工几乎无目光接触。社工没有因为案主反应冷淡而进一步逼问案主，反而将对话对象转向案主父亲和爷爷，通过与他们的对话了解案主的学习情况以及朋辈人群。

通过与案主父亲和爷爷的对话，社工了解到案主目前学习成绩差，家中又无人能辅导案主学习，爷爷和爸爸十分担心案主的学习情况，希望社工能尽快帮助案主提升学习成绩。对于案主的朋辈情况，父亲和爷爷均表示不太了解，认为案主没什么朋友，也不太重视这些问题。社工还了解到爷爷对案主管束较严，周末基本不让案主出门玩，所以案主周末基本上是在家里看影碟度过。谈话中，社工发现案主的爷爷对于当今社会抱有一种较为阴暗的想法：认为老师是坏人会抽学生的血，女人都是破坏家庭的坏蛋，路上车多不能出门等。社工认为这样的认知会对案主带来许多负面影响，于是社工在此后的访谈中，注重与案主爷爷的沟通交流以纠正他错误的认知。初步的信息了解完毕，社工基于案主父亲对于案主学习的急切关心以及青少年社会工作应以学业为主这两条原则，制订了以学习为主的目标计划。

随后的几次走访，社工发现案主的学习基础、学习能力、学习注意力等各个方面均存在极大的问题。学习基础差，社工就在学业辅导时注重基础教育，社工为案主的基础知识漏洞制作了补全表，并要求案主每天拿出来复习；学习能力差，社工就为案主制订明确的学习计划，社工在辅导案主学习时集中辅导基础知识，强调解题思路，通过带领案主做题，反复练习，最后达到案主能自主解题的效果；案主学习注意力不集中，社工就在辅导时投入更多的精力确保案主能集中注意力学习。案主在面对难题时有十分明显的畏难情绪，一旦遇到需要思考的问题就放弃思考，甚至连最简单的加减法也频繁出错。面对案主频繁出神的情况，社工将解题过程放慢确保案主能够充分理解吸收每一步过程。经过一段时间的努力，案主爷爷反映案主的学习成绩取得了明显的进步。

（二）服务中期：危机频发，反思前期服务及服务方法的调整

服务进行到中期，社工逐渐发现前期的服务出现了许多问题。急功近利式的单一学习辅导型服务方式，导致了与案主间专业关系的弱化。在一次学习辅导时，案主爷爷为社工拿来两瓶饮料，案主看到这一举动后转过头小声嘀咕了一句“真浪费”。声音虽然小，落在社工的耳中却十分刺耳。起初社工简单地将案主的这种行为归因案主不愿意与他人分享，但案主之后的表现让社工不得不反思：我们所提供的服务到底有没有被案主接受，我们提供的服务是案主真正需要的吗？案主对于社工提供的学习辅导方式渐渐麻木，只机械性地完成学习任务，学习效率逐步下降，一个简单题目反复讲解多次案主也无法理解，走神情况越来越多。他不愿完成学习任务，将作业和课本放在学校，不让社工辅导学习。最为沮丧的是，一个寒假过后，案主基本回归到个案刚开始时的样子。

面对困境，社工反思后发现，在服务中社工忽视了对于案主成长的陪伴。长期的学习辅导使社工在案主心中的形象与补习老师无异，没有人情味，导致案主与社工间的距离越来越远，不愿与社工分享零食也是理所当然的事情。接下来，社工调整服务思路，在学习中加入了对案主成长的陪伴，重新制订了新的学习计划。每周依旧给案主布置一定的学习任务，如果案主能按时完成任务，作为奖励社工可以陪案主玩游戏，如果没有完成，那么案主只有先完成任务才能玩游戏。

（三）服务后期：转换服务方式，打破困境，切实增强案主的学习能力

转换服务理念后，社工与案主进行了多次面谈，共同探讨合适的学习方式以培养学习习惯，确定了以游戏与学习相结合的新学习模式。

自社工将游戏加入学习中后，社工与案主间的关系得到了实质性的改善。社工与案主的交流从简单的一问一答到一问多答，案主对于社工的问题会展开式地回答，同时也不再是面无表情的叙述而是眉飞色舞式的描述。案主从不愿与社工分享转变为主动与社工分享。学习方面，案主学习自觉性逐渐提升，能按时完成学习任务，学习中不再走神。

虽然案主的学习成绩还没有得到明显的提升，但学习习惯已逐渐养成，爷爷对于案主的一些错误教导也逐步消失，案主的朋辈关系逐渐拓展。

六、服务效果与评估

(一)服务成效

(1) 学习成绩方面：首先，经过为期一年的个案工作，案主在学习成绩方面有所提升，从个案开始前的班级排名倒数上升至班级中下游。其次，在学习效能感方面，案主学习的自我效能感有所提升，能够接纳当下学习的知识，面对中等难度的题目敢于进行尝试。最后，在学习习惯方面，通过一系列任务目标的设定，良好习惯基本养成。如每周将作业带回家完成，完成作业后复习、练字等，且会对一周的学习情况进行复习。

(2)人际交往方面：对女性的抗拒方面，社工在介入时考虑到案主对女性的错误认知，因此每次的介入活动均会主动由一名女性社工带领案主完成任务目标。通过长期的接触交流，案主对女性的抗拒感明显减弱，由最开始不与女社工交流，到后期主动与女社工谈论自己的理想信念，案主已经逐渐适应了与女性交流的情境。

(3)社会支持网络方面：通过前期的活动以及暑期的夏令营小组活动，案主虽然在行为上仍有些许自卑，但通过小组活动等中介环节，他与其他小朋友建立起了良好的伙伴关系。在学校及社区中，社工鼓励案主主动与他人交朋友，建立同辈支持网络，得到案主良好回应。

(二)服务评估

(1)过程评估：社工在个案开始初期与案主一同商议制定任务目标，在后续任务目标完成过程中，由于前期评估的误差，导致任务目标难以实现，不得不对目标进行调整。经过几次调整，社会工作者将学习习惯的培养设定为第一任务目标，其次是课程补习。案例中后期，在社工的帮助下案主能够逐一完成设定的任务，实现自我效能的提升。

(2) 结果评估：经过为期一年的个案工作，个案的总目标和分目标基本达成。案主的学习成绩有所提升，形成了一定的学习习惯。在人际交往方面，案主破除了对女性的错误认知，能够正确认识女性，并敢于与女性接触。此外，案主在人际交往中的自信心有所提升，对于他人的接触能够与之回应并形成互动，逐步建立起同辈支持网络。

七、案例反思

对任务目标设定的反思。任务目标的设定需要考虑多方面因素，尊重案主的意愿是第一要素。除此之外，案主家庭内成员的意愿，尤其是家中对未成年案主的期望对案例任务目标的设定有着重要的影响。在案例开展前期，社会工作者对案主自身的资源与能力并未加以重视，过分重视案主家长的期望，导致案例前期任务目标设定存在不足。在后续服务中，社工及时认识到这一错误，与案主一起重新制定任务目标，并顺利完成了目标任务。

建立专业关系的反思。在案例开展前期，由于任务目标过于重视案主学习成绩的提升，导致社工与案主间并未形成良好的专业关系，反而形成了补课老师与学生之间的关系。案主并未真正接纳社会工作者，这对服务的开展带来了阻碍。在认识到这一错误后，社会工作者及时调整工作计划与服务目标，积极主动地与案主进行互动，建立良好的专业关系，通过小游戏、课外活动等形式拉近社会工作者与案主间的关系。形成良好的专业关系后，由于案主的接纳与信任，任务目标的实现就水到渠成了。

◎案例应用指南

一、教学目的与用途

（一）适用的课程

本案例适用于MSW“高级社会工作实务”“青少年社会工作”“个案社会工作”课程的教学，也可作为社会工作实务通用过程模式、青少年个案工作的主要内容与方法、个案工作技巧、社会工作服务方案设计、社会工作价值伦理等知识点的教学。

（二）适用的对象

本案例适用对象包括高年级社会工作专业本科生及社会工作专业硕士生。

（三）教学目标

本案例的教学目标有：

（1）掌握社会工作实务通用模式的特点及其内容。

（2）分析案例中的社会工作实务过程的步骤和方法。

（3）通过分析本案例中服务对象的困境与需求，明确社会工作服务的目标和思路。

（4）通过分析本案例的社会工作理念，学会如何将基础理论置于社会工作服务之中。

（5）对整个案例进展进行深入解析与评判，培养学生在社会工作实务中的综合分析能力和决策能力。

二、启发思考题

本案例的启发思考题要结合案例教学目标，将案例和思考题同时呈现给学生，另外尽量让学生在课前对相关内容进行资料收集及分析。思考题的设置应根据项目开展步骤来进行，主要包括社会工作实务通用过程、个案工作技巧、青少年社会工作实务以及社会工作价值观等内容。

(1)在本案例中，存在何种伦理困境？社会工作者是如何处理这些困境的？你对于处理这些困境有什么建议？

(2)在本案中社会工作者承担了哪些角色？哪个角色最重要？

(3)在本案例中，从接案、预估、计划、介入、评估到结案的服务过程中，你认为社会工作者在每个不同阶段分别使用了哪些服务技巧？还有哪些地方需要改进？如果是你，你会如何处理？

(4)本案例中社会工作服务的理论基础是什么？你认为还有哪些方面的理论可以用到本案例的实施过程中？

(5)本案例解释了困境青少年面临的哪些社会问题？你学到了哪些实务方面的知识？

三、分析思路

(1)分析和梳理案主及其家庭背景，分析其家庭结构。

(2)梳理社会工作实务通用模式的过程，回顾个案工作中，社会工作者扮演的角色类别与个案社会工作技巧。

(3)运用优势视角理论对案主及其家庭进行分析。

(4)回顾社会工作的伦理守则，对案例中出现的伦理冲突进行分析，探讨社工在面对伦理冲突时该如何处理。

四、理论依据与分析

在案例中选用优势视角理论作为案例介入的理论基础，在实务模式上选择任务中心模式对案主进行介入。

(一)优势视角理论

优势视角是社会工作领域的一个重要范畴，是近代西方社会工作领域中被广泛应用的模式之一。优势视角理论强调把焦点从“问题”转移到“强调个人能力、重视个人长处和潜能的发掘”，有助于提升案主自我效能感，建立正面的自我概念。优势视角理论强调即便是处于困境中备受压迫和折磨的个体，也具有自己从来都不曾知道的与生俱来的潜在优势。社会工作者应努力发现服务对象本身的优势与资源，其周边环境所拥有的资源与潜能，引导服务对象认识并发现自身潜能，并不断强化自身优势资源与能力，通过运用自身优势及资源，不断改变自身存在的问题。

在本案中，社工从多个角度挖掘案主及其周围存在的资源及优势。

从个人层面出发，社工通过多次访谈，不断引导案主发现自身的优点。社工在交流中发现案主想法独特，对未来有理想抱负等。在后续的工作中，社工注重对案主自身想法的挖掘，引导案主表达自身的意见与想法。此外，强调并支持案主的理想抱负，在学业辅导中通过理想抱负信念强化案主的学习动机。

从人际层面出发，案主与同龄人交往时出现怯弱与不自信，但案主与五六年级的小学生交往时却能表现自如。社工关注到这一差异现象后，认为案主并非不能与同龄人交往，在人际交往方面有自身的优点，如会打羽毛球、下五子棋、看过很多影碟等，但案主自己并未意识到这一点，需要社工引导案主发掘并运用这些优点。

从社区层面出发，案主家庭属于低保家庭，社区及区民政局会不定时地提供物资、社会服务等援助活动。社工的介入也是民政局对案主家庭的援助服务。社工在介入案主家庭后，除了对案主本身的介入，还需要充分挖掘案主家庭能够加以利用的资源，并帮助案主家庭建立资源网络，形成正式社会支持网络。

(二)任务中心模式

任务中心模式是个案工作的模式之一，该模式要求案主与社会工作者一同制订任务计划与目标，通过协同完成任务目标，帮助案主克服困难，度过生活危机，实现自我能力的提升。

在本案中，社工与案主一同设定任务目标，通过完成一个又一个的小目标以提升案主的自我效能感，进而实现最终目标。本案的任务目标如下：

学习任务一：周末按时完成本周作业。

学习任务二：制作错题纠正本，收集作业中的错题进行回顾反思。

学习任务三：每周阅读英语课文，练习字帖，尝试解决中等难度的数学题。

学习任务四：自觉完成上述任务，社会工作者由引导者转变为监督者。

学习任务五：期末考试成绩在班级排名上升五到十名。

终极目标：养成自主学习的习惯。

案例进行中，案主每完成一个任务目标社工都会予以口头奖励。任务目标完成后的自我成就感与他人的夸奖是激励案主完成下一个任务目标的动力来源。

五、关键要点

本案例分析关键在于如何正确地评估案主困境与案主优势，结合案主的特点进行任务布置。教学中的关键要点包括：

(1)优势视角理论的内容与假设。
(2)案主困境及需要的评估。
(3)案主环境资源的分析。
(4)链接开展服务需要的资源，建立关系，进入服务区域。
(5)任务目标的确定与完成。
(6)任务目标完成评估。
(7)社会工作者反思能力的重要性。

六、课堂教学计划建议

本案例学习要求学生事先预习到位，需要一定时间量来阅读相关资料和文献，然后在课堂上进行小组讨论、案例分析、提问和回答，以及知识归纳与总结。课堂教学详细安排计划如下：

(1)课堂教学安排(180分钟)：
案例回顾：10分钟。
课堂回顾与模拟：对案例中的场景进行现场还原(30分钟)；
分组讨论:30分钟。
集体分析小组讨论成果:30分钟。
知识梳理总结:30分钟。
学生提问和教师解答：20分钟。
教师提问：20分钟。
机动安排：10分钟。
(2)课前阅读(至少一小时)。

附录(节选)

本案采取任务中心模式对小赵开展了为期一年的个案工作服务，其间共完成个案服务20余次，素质拓展的夏令营活动一次。以下为节选的三次服务记录：

1. 第四次介入记录

介入目标：检查服务对象小赵学习任务完成情况，培养学习习惯；咨询服务对象有关暑期夏令营参与意愿，以及六一礼物等相关信息。

介入内容：工作者在前几次的走访中观察到赵爷爷卧病不起有一段时日了，决定这次走访时买一箱牛奶前去慰问。

工作者来到小赵家时，发现卧病在床的赵爷爷已经能下床活动了。工作者送上牛奶并询问小赵爷爷近期的身体情况。随后，赵社工检查小赵上周的学习任务。在检查过程中，赵爷爷向工作者反映小赵的学习成绩近期有所下滑，排名由班级中游下滑了四五名。于是工作者向小赵询问近期在学校的学习情况。通过一番询问工作者了解到，小赵在初一阶段确实在班上排过第六名，但之后因为学习难度增加小赵对学习失去了兴趣，导致学习成绩下滑。工作者得知这些消息后十分震惊，遂进一步与小赵沟通有关学习情况。小赵告知工作者，对于有兴趣的学科他会认真学习，而不感兴趣的学科他就根本不想学，并且现在各个科目学习难度都比较大，学习兴趣不高，能跟得上的几门课程的学习成绩也仅仅是刚及格。工作者了解到这些信息后，为小赵分析了目前的情况，强调学习兴趣和学习习惯的重要性，提出当下任务是培养学习习惯。小赵认真听完工作者的分析后，说他能理解工作者的想法，相信自己能完成学习任务，养成良好的学习习惯。

随后，赵社工为小赵布置本周的学习任务，李社工询问小赵有关六一礼物和夏令营去向意愿问题。对于六一礼物小赵提出想要一套影碟，因为家中的光碟都看过了，想看一些新的，其次就是想要一套积木玩具(乐高积木一类的玩具)。有关夏令营活动，小赵听工作者提到后，毫不犹豫地答应了(小赵在回答问题时眼神十分明亮，表现得很开心)，但小赵的爷爷在一旁表示不同意小赵参加夏令营。工作者开始以为是赵爷爷担心夏令营收费以及儿童安全问题，便详细为赵爷爷做出解释。听了工作者的解释，赵爷爷还是不赞同，工作者很疑惑，询问赵爷爷原因。赵爷爷说，小赵身上有点毛病，不能出很多汗，在外面不方便，并让小赵拉起衣服给工作者看。工作者发现小赵身上的汗毛都没有长出来，都在毛孔里面，长出来的汗毛也很容易脱落。工作者便询问爷爷这样的症状出现多久了，日常生活有什么影响？

爷爷说，这个情况很早就出现了，一直没有去医院检查。工作者闻言还是十分担心，多次强调并要求赵爷爷近期带小赵去医院做一下检查。赵爷爷在工作者的多次强调下终于答应在本周带小赵去做身体检查。

正当工作者要陪小赵玩游戏的时候，小赵的伙伴来叫小赵出门玩，于是工作者决定离开小赵家，让小赵跟伙伴一起玩。

目标达成情况：检查并布置了学习任务，进一步强化小赵的学习习惯培养；完成了有关六一礼物以及夏令营事宜的意向询问。

工作反思：通过此次走访，工作者发现对于小赵的许多信息都存在缺漏甚至误解，导致之前走访中出现的种种失误以及服务对象的不配合现象。对于这次走访所了解到的小赵的学习兴趣，工作者要重点运用，培养小赵的学习习惯。

2. 第十次介入记录

介入目标：与服务对象父亲探讨下阶段社工的工作方式，并送去中秋慰问品。

介入内容：由于约定时间是服务对象小赵上课的时间，所以到服务对象家中时，只有服务对象父亲(以下简称赵父)在家。

一见面工作者就送上了中秋慰问品。随后工作者与赵父交流这几次工作的情况，以及相关的一些想法。赵父表示，支持并感谢社会工作者的工作，随后工作者与赵父谈论了前阶段的工作情况以及工作中出现的一些问题。就前阶段工作中发现的问题工作者与赵父展开了讨论。这些问题中，最明显的是服务对象小赵学习态度存在一定的问题，工作者通过观察发现，赵父在家时，服务对象小赵会表现出主动学习的样子，当赵父外出工作时小赵的学习自主性降低。赵父在家与否会影响案主小赵的学习兴趣。赵父了解这个情况后表示，一旦他外出工作，家里只有爷爷一个人，管束较松这也是没办法的事。(赵父此时双手互相拿捏，面露尴尬神情。)李社工注意到赵父的表情，表示这些问题已经纳入下阶段的工作范围，会制定相应的对策来解决这个问题。

此外，工作者表示前阶段的工作由于过度重视小赵的学习，导致工作者与小赵之间并未形成一种相互信任、相互接纳的伙伴关系，阻碍了工作目标的推进。所以，工作者提出下一阶段的工作除了辅导学习外，将会更加注重信任关系的培育，运用游戏及户外活动等形式强化学习以外的陪伴关系，让小赵信任工作者。希望赵父能够理解并支持工作者带小赵游戏娱乐的想法。赵父听了之后再次表示支持，也感谢工作者如此用心。(赵父此时露出了笑容)随后，工作者进一步解释有关下阶段工作的具体事宜，考虑到信任以及感情关系的培育，工作者在下阶段会安排更多的活动及游戏，想通过这些方式强化小赵与工作者之间的信任关系。

目标达成情况：与赵父就下阶段工作方式达成了一致，并送上了中秋祝福。

工作反思：诚恳地与服务对象交流，能从较为深层次的方面得到服务对象或其家长的认同与理解；当问题出现时，应从多个角度思考解决的办法。

3. 第十六次介入记录

介入目标：陪服务对象玩游戏，强化与服务对象间的情感纽带；进一步强化培养服务对象的学习习惯。

介入内容：工作者到家时，小赵已经将象棋盘摆放在客厅中，准备和工作者一起玩游戏。

李社工：“我们先检查之前布置的学习任务，任务完成了我们再玩游戏。”

小赵立马拿出工作者周五布置的学习任务，交给赵社工检查，赵社工在检查中将小赵写得好的一些字单独标出，并鼓励小赵。随后，赵社工随机抽查了一些字，要求小赵在另一个本子上写出指定的几个字，借以检查小赵的笔画是否正确。抽查过程中工作者发现了小赵的几个错误之处，此时赵社工想起之前在教小赵练字时为小赵制作了一本笔画顺序的本子，而这次检查小赵却没有拿出那个本子。

赵社工问道："我之前不是给你做了一个本子吗？你按照本子上面的笔画来写就不会出现这些错误啊。本子呢，你放哪了。"

小赵："嗯，不好意思，本子我不小心弄丢了。"（露出愧疚的神色，认识到自己的错误。）

赵社工："弄丢了就要注意，下次不要再弄丢了。这次我再教你写一遍，然后给你制作一个。你要好好保存，把教笔画的本子和练字帖放在一起知道吗？"

小赵点了点头表示一定做到，然后认真地向赵社工学习练字笔画，纠正自己的笔画错误。纠正完上次的作业，赵社工为小赵布置下周的练字作业，此时小赵对于工作者布置的作业并未表现出厌烦的神情。

完成了学习任务，按照之前的承诺工作者想带小赵玩一玩游戏放松一下。李社工看外面天色比较阴沉，提出想玩一些室内游戏，而小赵则想去室外玩耍。在布置作业时小赵就多次去阳台观察天气情况。李社工想，既然是玩游戏，那就按小赵的想法来吧。

小赵："今天没有什么风，可以下去玩一会。"

工作者："天色有点不好，不过确实没什么风。你是想打羽毛球是吧？"

小赵点了点头。赵社工说："那行，我们就下去打羽毛球吧。刚好姐姐不怎么会打羽毛球，你可以教一教姐姐打羽毛球。一直是姐姐教你，现在反过来你教姐姐了，开不开心？"

小赵："哈哈哈，我教姐姐。"

工作者在楼下陪小赵打了十几分钟的羽毛球，突然来了一个小朋友（大概四年级左右）。小赵说这个是他的伙伴，询问我们能不能让他也加入打羽毛球的队伍。工作者欣然答应了小赵的要求，并让小赵和他的小伙伴两人对打，而李社工和赵社工则在一旁观察小赵和他的小伙伴。通过观察，工作者发现小赵身上的许多特征表现得与他的玩伴相似，在行为层面表明小赵的心理年龄相较于他的实际年龄还存在一定的差距。

打了一会羽毛球，小赵的朋友拿出了一副卡牌邀请小赵和一旁的一个六七岁的小孩一起玩。李社工将羽毛球拍送回小赵家中，并告知小赵爸爸，小赵在楼下和伙伴一起玩，工作者将要结束这次任务离开小赵家。随后，李社工和小赵爸爸一同下楼，小赵爸爸去照看小赵，而李社工和赵社工在对小赵强调完学习任务的重要性后离开了小赵家。

目标达成情况：陪伴服务对象玩游戏，进一步加强了与服务对象之间的感情；小赵学习习惯培养得到进一步深化。

工作反思：对于服务对象的良好表现，工作者应及时把握并加以运用。现行的学习习惯培养方式效果良好，工作者应重视并完善相应的工作计划。

参 考 文 献

[1][美]T. 莫拉莱斯，W. 谢弗. 社会工作：一体多面的专业[M]. 顾东辉，译. 上海社会科学院出版社，2009.

[2][美]Timberlake E M，Cutler M M. 临床社会工作游戏治疗[M]. 肖萍，包雪华，荆春燕，译. 华东理工大学出版社，2004.

[3]阿雷桑德洛·西科拉. 意大利社会工作教育与实践：面临的问题、挑战和关注[J]. 刘蕾，许金菁，译. 国外社会科学，2019(4).

[4]蔡启源. 台湾地区儿童性侵害防治的政策与实务[J]. 浙江工商大学学报，2017(6).

[5]蔡忠. 阳光点亮心灵——上海市青少年事务社会工作案例汇编[M]. 华东理工大学出版社，2007.

[6]陈彪. 埃里克森宗教心理学思想及其贡献[J]. 世界宗教研究，2003(4).

[7]陈涛，杨锡聪，陈锋. 发展性社会工作的本土化理论及实践[J]. 新视野，2018(4).

[8]邓玮. 社区为本：农村留守青少年犯罪风险的社工干预策略——以抗逆力提升为介入焦点[J]. 西北农林科技大学学报(社会科学版)，2014(5).

[9]段成荣，杨柯. 我国流动儿童最新状况——基于2005年全国1%人口抽样调查数据的分析[J]. 人口学刊，2008(6).

[10]范明林. 行动研究：社区青少年社会工作的服务改善[J]. 浙江工商大学学报，2015(4).

[11]范明林. 社会工作理论与实务[M]. 上海大学出版社，2011.

[12]方晓义，徐洁，等. 家庭功能：理论、影响因素及其与青少年社会适应的关系[J]. 心理科学进展，2004(4).

[13]高文，徐斌艳，吴刚. 建构主义教育研究[M]. 教育科学出版社，2008.

[14]葛忠明. 长度访谈：经验社会研究的一种质性方法[J]. 中国海洋大学学报(社会科学版)，2012(3).

[15]龚尤倩，夏林清. 行动研究的社会探究之道——以台湾社工专业实践为例[J]. 中国农业大学学报(社会科学版)，2017(3).

[16]古学斌. 道德的重量：论行动研究与社会工作实践[J]. 中国农业大学学报(社会科学版)，2017(3).

[17]古学斌. 为何做社会工作实践研究？[J]. 浙江工商大学学报，2015(4).

[18]郭伟和，徐明心，陈涛. 社会工作实践模式：从"证据为本"到反思性对话实践——基于"青红社工"案例的行动研究[J]. 思想战线，2012(3).

[19]郭伟和，徐明心. 从抗逆力到抵抗：重建西方社会工作实务中的优势视角[J]. 思想战线，2013(5).

[20]郭伟和. 中国社会工作专业实践的研究理路——整合结构主义和实用主义、实证知识和实践智慧的本土创新[J]. 社会工作，2019(4).

[21]郭占锋，李卓. 发达国家农村社会工作研究及启示意义[J]. 中国农业大学学报(社会科学版)，2017(4).

[22]何明升. 司法模式与社会工作的关系及其渐进式亲和[J]. 学术交流，2012(11).

[23]何雪松，侯慧. 社会工作专业化进程之中的"分"与"合"——以上海医务社会工作为案例的研究[J]. 河北学刊，2018(4).

[24]胡韬. 流动儿童社会适应的发展特点及影响因素研究[D]. 西南大学，2007.

[25]华耀龙. 招收流动子女入学　全面普及义务教育[J]. 天津教育，1994(6).

[26]黄锐. 重构社会工作实践理论：学科建构意义上的思考[J]. 社会科学，2019(8).

[27]江娅. 老年社会工作的理论基础[J]. 中国青年政治学院学报，1998(2).

[28]赖浩明，孙飞. 如何为社会经济建设培养应用型人才——以社会工作实务案例教学法为例[J]. 山西财经大学学报，2015(S2).

[29]李迎生，郭燕. 推动社会工作精准介入反贫困实践[J]. 中国人民大学学报，2018(5).

[30]李正东. 企业社会工作的时代议题与本土视角[J]. 学术论坛，2012(6).

[31]林崇德，杨治良，黄希庭. 心理学大辞典(下)[M]. 上海：上海教育出版社，2003。

[32]刘芳，吴世友，等. 案主满意度评估：一种有效的社会工作实务评估方法[J]. 华东理工大学学报(社会科学版)，2013(4).

[33]刘华丽，卢又华. 从儒家思想看社会工作在中国实践的本土化[J]. 华东理工大学学报(社会科学版)，2014(4).

[34]刘继同. 社会工作"实务理论"概念框架、类型层次与结构性特征[J]. 社

会科学研究，2012(4).

[35]刘继同. 社会工作专业“实务”概念框架的内涵外延、类型层次与基本特征[J]. 福建论坛(人文社会科学版)，2012(1).

[36]刘继同. 英美社工实务的八种类型及其结构性变迁[J]. 学海，2013(4).

[37]刘继同. 中国健康社会工作实务体系范围与现代医生人文关怀型社会工作角色[J]. 人文杂志，2016(4).

[38]刘继同. 中国特色现代少年司法体系建构与儿童家庭社会工作者专业使命[J]. 福建论坛(人文社会科学版)，2016(3).

[39]刘玉兰，彭华民. 儿童抗逆力：一项关于流动儿童社会工作实务的探讨[J]. 华东理工大学学报(社会科学版)，2012(3).

[40]刘玉兰，彭华民. 家庭抗逆力视角下流动儿童家庭社会工作服务实践重构[J]. 中州学刊，2016(11).

[41]陆士桢，王志伟. 中国社会工作本土化发展的双重机理及其实践路径[J]. 新视野，2020(1).

[42]马凤芝. 政策实践：一种新兴的社会工作实践方法[J]. 东岳论丛，2014(1).

[43]马伊里，吴铎. 社会工作案例精选[M]. 华东理工大学出版社，2007.

[44]钱锦. 西方学者关于移民城市适应性研究的理论综述[J]. 理论界，2010(3).

[45]权福军. 现象学社会学对社会工作理论与实践的启示[J]. 山东社会科学，2015(3).

[46]沈冠辰，陈立行. 社会工作介入我国农村留守儿童的实务模式研究[J]. 吉林大学社会科学学报，2018(6).

[47]沈再新，龙少林. 农民工法律心态特征与社会工作干预策略——基于湖北省武汉市新生代少数民族农民工578个案例的分析[J]. 湖南社会科学，2013(6).

[48]史柏年. 城市边缘人——进城农民工家庭及其子女问题研究[M]. 社会科学文献出版社，2005.

[49]陶宇，朱晓玙. 中西方“家文化”差异下的家庭社会工作实践路径探究[J]. 新视野，2018(6).

[50]童敏，林丽芬. 参与式实务研究的经验与反思：一项城市社区社会工作的研究[J]. 浙江工商大学学报，2015(4).

[51]童敏，周燚. 从需求导向到问题导向：社会工作“中国道路”的专业合法性考察[J]. 社会工作，2019(4).

[52]万仞雪，林顺利. 社会工作评估活动理论取向之反思[J]. 黑龙江社会科

学，2014(2).

[53]汪鸿波，费梅苹. 话语结构、实践本位：我国社会工作本土化的逻辑再审视[J]. 学习与实践，2019(8).

[54]王步青，周祯怡. 其乐无穷——社会工作专业活动游戏集[M]. 中国劳动社会保障出版社，2014.

[55]王恩见，何泳佳，高冉，等. 服务的内卷化：对政府购买失独家庭社会工作服务的省思——以X失独家庭社会工作服务项目为例[J]. 人口与发展，2018(6).

[56]王思斌. 中国本土社会工作实践片论[J]. 江苏社会科学，2011(1).

[57]王醒之. 慈善的考掘：以关系为方法的社区社会工作实验/实践[J]. 中国农业大学学报(社会科学版)，2017(3).

[58]王杨，邓国胜. 社工机构与社区居委会合作机制的理论解释——四个合作案例的比较分析[J]. 中国行政管理，2017(11).

[59]魏爽. 近十年我国社会工作实务发展回顾与反思——基于全国优秀社会工作案例的文献研究[J]. 北京工业大学学报(社会科学版)，2020(1).

[60]文军，何威. 从"反理论"到理论自觉：重构社会工作理论与实践的关系[J]. 社会科学，2014(7).

[61]文军，何威. 社会工作"选择性服务"现象及其反思[J]. 学习与探索，2016(7).

[62]文军，刘昕. 近八年以来中国社会工作研究的回顾与反思[J]. 华东理工大学学报(社会科学版)，2015(6).

[63]文军. 论社会工作理论研究范式及其发展趋势[J]. 江海学刊，2012(4).

[64]吴帆，吴佩伦. 社会工作中的"赋权陷阱"：识别与行动策略[J]. 华东理工大学学报(社会科学版)，2018(5).

[65]香港社会服务发展研究中心. 社区社会工作实务手册[M]. 中山大学出版社，2013.

[66]向荣. 创新、共融、整合：突破当下社会工作教育困境的路径探索[J]. 中国农业大学学报(社会科学版)，2017(3).

[67]肖克，冯帮. 流动儿童面临的心理健康问题[J]. 河北教育，2008(3).

[68]熊景维，钟涨宝. 新时期我国农村社会工作的典型实践、经验与挑战[J]. 华东理工大学学报(社会科学版)，2016(5).

[69]徐选国，杨威威，徐永祥. 人工智能时代的多重挑战与社会工作的专业回应[J]. 人文杂志，2018(6).

[70]颜科建. 构建流动儿童社会工作支持体系[D]. 河北大学，2009.

[71]杨梨. 文化生产与预防欺凌：基于一个社会工作服务项目的案例研究[J]. 社会工作，2020(1).

[72]杨善云，时明德. 中国农民工问题分析[M]. 中国经济出版社，2005.

[73]杨文登. 社会工作的循证实践：西方社会工作发展的新方向[J]. 广州大学学报(社会科学版)，2014(2).

[74]姚进忠. 社会工作服务评估再检视[J]. 社会与公益，2018(4).

[75]姚进忠. 社区为本：农民工城市融入的赋权路径建构[J]. 西北农林科技大学学报(社会科学版)，2014(1).

[76]易艳阳. 残障社会工作循证实践模式本土化探究[J]. 社会工作，2019(5).

[77]张和清，闫红红，尚静. 社区为本的农村社会工作实务模式探索——国内外农村社会工作研究文献的综述[J]. 学海，2019(2).

[78]张默，卢磊. 我国企业社会工作发展的历程和趋势[J]. 中国劳动关系学院学报，2015(4).

[79]张昱. 社会工作：从本质上实现人的改变[J]. 社会科学辑刊，2019(6).

[80]朱智贤. 心理学大辞典[M]. 北京师范大学出版社，1989.